TEXTES
SUR
LA MORALE

BIBLIOTHÈQUE DES TEXTES PHILOSOPHIQUES

Fondateur : H. GOUHIER   Directeur : J.-F. COURTINE

THOMAS D'AQUIN

TEXTES
SUR
LA MORALE

Traduction et commentaire par
Étienne GILSON

Avant-propos, index et guide de lecture par
Ruedi IMBACH

Nouvelle édition augmentée

PARIS
LIBRAIRIE PHILOSOPHIQUE J. VRIN
6, Place de la Sorbonne, V e

2011

A ma mère

La première édition a été publiée en 1925
sous le titre *Saint Thomas d'Aquin*
(« Les moralistes chrétiens, textes et commentaires »,
Paris, J. Gabalda)

© *Librairie Philosophique J. VRIN*, 2011
Imprimé en France

ISSN 0249-7972
ISBN 978-2-7116-2329-7

www.vrin.fr

AVANT-PROPOS

Le bien ou le mal de l'homme dépend de la raison.
Thomas d'Aquin

La première édition de cet ouvrage a été publié en 1925. Le lecteur d'aujourd'hui est donc en droit de demander à l'éditeur une justification de sa réédition, car on peut dire à juste titre de ce volume qu'il date pour deux raisons : d'abord il est pour l'essentiel constitué de textes du XIIIe siècle de Thomas d'Aquin (1224/25-1274), traduits du latin en français, et ensuite il a été composé par Étienne Gilson (1884-1978) au début de sa carrière. Il venait d'être nommé à la Sorbonne (1921) et il venait de publier non seulement en deux petits volumes *La philosophie au Moyen Âge* (Paris, 1922) mais encore la première version du *Thomisme. Introduction au système de s. Thomas d'Aquin* (Strasbourg, 1920). Ce dernier ouvrage connaîtra six éditions revues et corrigées (la dernière est de 1965), et il reste jusqu'à ce jour la plus complète et la plus intéressante initiation à la philosophie de Thomas d'Aquin en langue française. Il convient cependant de se souvenir du fait que la manière dont il concevait le thomisme et notamment le rapport entre philosophie et théologie a considérablement évolué au cours du temps, sans toutefois pousser Gilson à modifier l'ouvrage que nous publions aujourd'hui, ouvrage confirmé par plusieurs éditions. Il est donc légitime de se demander de quelle manière Gilson concevait la *signification historique* de la pensée de Thomas d'Aquin au moment de la première publication de ce volume.

Si j'apprécie correctement le propos de Gilson, ce dernier tenait d'abord à souligner que «nous devons voir dans cette œuvre le premier système de vérités purement rationnelles qu'ait engendré la spéculation occidentale et l'une des origines directes de la philosophie moderne». Dans l'introduction même de l'ouvrage de 1925, insistant sur «l'extraordinaire nouveauté du thomisme», il interprète la pensée de Thomas, bien avant que ce syntagme soit devenu le titre d'un fameux ouvrage de Jacques Maritain, comme un *humanisme intégral*; ce qui signifie selon lui non seulement que dans le christianisme l'humanisme tout entier est inclus mais encore implique la reconnaissance d'une nature qui a une valeur *en soi*.

Lorsqu'on lit et étudie les textes de Thomas que Gilson a réunis, ordonnés de manière systématique et admirablement traduits en français, on est assez rapidement stupéfait par ce que Gilson, dans un autre texte plus tardif, appelle «une sorte de culte»: parlant des textes de Thomas, il précise qu'il «est difficile de ne pas sentir le climat de confiance et d'admiration qu'ils créent autour de la raison». Dans les textes éthiques qu'on pourra lire dans ce volume, Thomas ne cesse assurément de répéter que «le bien de l'homme est de se conformer à la raison» de telle sorte que la conformité à la raison devient le critère même de la bonté de l'action. Je me contente de citer un texte particulièrement éloquent et clair:

> Ce qui fait l'espèce humaine c'est l'âme raisonnable. Voilà pourquoi ce qui est contre l'ordre de la raison est proprement contre la nature de l'homme en tant qu'homme, et ce qui est selon la raison est selon la nature de l'homme en tant qu'homme: «Le bien de l'homme, dit Denys, est de se conformer à la raison (*secundum rationem esse*), et son mal est de s'en écarter.» Par conséquent, la vertu humaine, celle qui rend l'homme bon, et son œuvre aussi, est en conformité avec la nature humaine dans la mesure même où il est en harmonie avec la raison, et le vice est contre la nature humaine dans la mesure où il est contre l'ordre de la raison. (*ST*, Ia IIae, q. 71, art. 2)

Il est impossible d'oublier que ce que Thomas appelle *raison* n'est pas exactement ce que Kant ou un philosophe contemporain entendra par ce terme mais il ne reste pas moins que Thomas désigne en parlant de la sorte un critère de moralité que l'homme peut appréhender et possède *par lui-même*. Il en résulte, dans tous les cas, que l'éthique de Thomas n'est en aucun cas conçue comme une éthique de l'obéissance dont les derniers critères seraient inaccessibles à l'homme et qu'il devrait accepter comme quelque chose qui lui est étranger.

Sans doute, Gilson, quant à lui, considère l'éthique de Thomas comme *exemplaire* et il adhère pleinement à tout ce que Thomas propose. À mon avis, il n'est pas indispensable de partager cette conviction pour trouver digne d'intérêt les textes réunis dans ce volume car, et cela me semble incontestable, il s'agit d'un *paradigme éthique* qui mérite d'être examiné et discuté, non pas seulement en raison de l'influence qu'il a exercé à travers les siècles mais encore en raison de sa cohérence et de son poids argumentatif.

Le dossier rassemblé par Gilson – les textes largement commentés par lui – obéit à une logique que l'auteur a lui-même clairement formulée lorsqu'il dit que la « fin que vise tout historien de la philosophie, c'est de remettre ses lecteurs, le plus tôt et le plus sûrement possible, entre les mains des grands philosophes ». Un tel *exercice de lecture* auquel Gilson nous invite – et nous partageons ce projet – ne vise pas d'abord la persuasion mais plutôt l'examen critique qui consiste à évaluer l'argumentation et à situer dans le devenir historique l'auteur et surtout les textes. Une telle approche *nécessairement critique*, Thomas d'Aquin lui-même la conseille par exemple lorsqu'il dit que nous lisons nos prédécesseurs non pas pour savoir ce qu'ils ont pensé mais pour découvrir la vérité. Plus explicite est cet autre passage, dans son *Commentaire de la Métaphysique*, où il affirme qu'une telle recherche de la vérité implique l'exploration de ce qui est objet de doute, il parle même d'une *universalis dubitatio de veritate* (n. 339, 343). Comparant la démarche du philosophe à celle du juge, il propose d'auditionner toutes les parties en présence : « Comme dans les procès, personne ne peut juger à moins qu'il entende les arguments des deux parties, de même celui qui veut avancer en philosophie sera nécessairement mieux à même de juger s'il entend tous les arguments comme s'il s'agissait d'arguments avancés par des adversaires qui doutent » (n. 342).

Sans oublier que Thomas d'Aquin était théologien et qu'il convient donc, comme le dira Gilson au terme de son cheminement, de le lire « en théologien », il *faut* aujourd'hui le lire en historien et il est certainement permis et légitime de le lire *en philosophe*. Ce qui veut dire deux choses : découvrir dans son œuvre ce qui est rigoureusement philosophique (et il sait lui-même très bien distinguer l'ordre de la raison du règne de la foi) et le lire avec l'attente et les critères du philosophe. Je crois donc que ce volume s'adresse à un lecteur intéressé par la réflexion éthique dans son devenir et sa transformation historique. Dans sa lecture, un tel lecteur pourra se souvenir de ce que le Thomas d'Aquin imaginé par le poète Dante affirme à propos de toute démarche intellectuelle :

> Que ceci te soit toujours plomb aux pieds,
> pour te faire aller lentement, comme homme las,
> vers le oui et le non que tu ne vois pas ;
> qu'il est parmi les sots bien bas celui
> qui sans distinguer affirme et nie,
> dans l'un tout comme dans l'autre cas,
> car il arrive que souvent penche
> vers l'erreur l'opinion hâtive
> et puis la passion lie l'intellect.
> (*Paradis* XIII, 112-120 ; traduction Lucienne Portier)

Ruedi IMBACH
Novembre 2010

Né en 1225, au château de Roccasecca, de la noble famille des comtes d'Aquino ; offert par ses parents à l'âge de cinq ans, en qualité d'oblat, à l'abbaye voisine du mont Cassin dont ils espéraient le voir devenir abbé au plus grand profit de leur influence ; envoyé après une dizaine d'années de vie bénédictine à l'Université de Naples, où il se trouve en contact avec l'Ordre de Saint-Dominique et prend la résolution d'y entrer ; combattu par sa famille dont cette résolution contrariait les projets ; puis victorieux de cette résistance, saint Thomas étudie à l'Université de Paris de 1245 à 1248, sous la direction d'Albert le Grand, puis à Cologne, de 1248 à 1252, sous le même maître ; revenu à Paris en 1252, il prend ses grades en théologie et y enseigne jusqu'en 1259 ; de 1259 à 1268 il enseigne en Italie, le plus souvent à la curie pontificale, et revient à Paris pour y enseigner de nouveau de 1268 à 1272, date à laquelle il part pour l'Italie afin d'y enseigner la théologie à l'Université de Naples ; appelé par le Pape Grégoire X au concile de Lyon, il tombe malade en cours de route et meurt le 7 mars 1274, au monastère cistercien de Fossanuova, près de Terracine.

En mourant, après une vie relativement courte mais consacrée tout entière au travail intellectuel, saint Thomas laissait une œuvre considérable : toute une série de commentaires sur les principaux ouvrages d'Aristote, dont la rédaction s'est échelonnée de 1265 jusqu'à la fin de sa vie, et qui nous permettent d'étudier les éléments philosophiques de sa synthèse doctrinale ; le *Commentaire sur les Sentences de Pierre Lombard*, la *Somme contre les Gentils*, le *Manuel de Théologie* et la *Somme théologique*, qui contiennent l'exposé systématique de cette synthèse doctrinale ; toute une série de **8** *Questions quodlibétiques* et de *Questions | disputées* où l'on trouve la discussion la plus approfondie que saint Thomas nous ait laissée des nombreux problèmes qu'il y étudie ; toute une série d'opuscules philosophiques enfin, dont l'un au moins nous sera indispensable pour exposer la pensée de saint Thomas, relativement à la politique. L'extrême richesse de cette production intellectuelle ne s'expliquerait pas sans un heureux naturel et les habitudes d'une vie de labeur exceptionnellement bien réglée. En effet, la tradition nous le représente comme un homme de haute taille, de corpulence forte, de manières habituellement taciturnes, et nous verrons, par sa propre doctrine, qu'il considérait la vie humaine idéale sous la forme d'une vie perpétuellement contemplative, sauf les quelques trêves nécessaires pour la détendre sans l'interrompre. On se ferait d'ailleurs d'une telle vie l'idée la plus fausse, si l'on oubliait que le ressort secret qui ne cessa de l'animer fut une inspiration profondément religieuse. Bien que tout l'effort de sa pensée se soit employé à constituer une synthèse intégrale de la doctrine chrétienne, et principalement à mettre en évidence l'unité d'un système d'idées qui permit d'exprimer dans la même langue et d'interpréter à l'aide des mêmes concepts les vérités de la raison et celles de la foi, saint Thomas a su réserver à la vie mystique la place qui lui revenait dans ce système, et la manière dont il en parle s'accorde avec le témoignage de ses biographes sur l'esprit dans lequel il savait la pratiquer. On sait que peu de temps avant sa mort, à la suite d'une extase, saint Thomas s'était arrêté de composer la *Somme Théologique*, et comme on lui demandait de reprendre l'œuvre interrompue, il répondait simplement : « Je ne puis plus ; tout ce que j'ai écrit ne me semble maintenant que de la paille ». On peut d'ailleurs présumer ce qui fut pour saint Thomas l'objet préféré de ses méditations mystiques, lorsqu'on voit quelle place centrale occupe dans les poésies qu'il nous a laissées le mystère de la transsubstantiation. Il est vraiment le poète de l'Eucharistie ; là est la source religieuse profonde où son intelligence n'a jamais cessé de puiser.

De cette œuvre immense, c'est la morale seule que nous avons charge de faire connaître ; mais la tâche serait vaine de prétendre en définir l'esprit indépendamment de celui qui anime l'œuvre tout entière. La première condition pour comprendre la morale thomiste, c'est de comprendre que, dans le thomisme, il n'y a pas de morale | à part ; aussi ne peut-on **9** définir l'esprit qui préside à son élaboration sans définir l'esprit du thomisme tout entier.

Pour l'historien, qui replace l'œuvre de saint Thomas dans l'histoire de la pensée chrétienne, les deux caractères qui apparaissent sous l'aspect le plus frappant, sont l'extraordinaire nouveauté du thomisme, et, en même temps, l'extraordinaire rapidité du succès que, malgré les oppositions qui durent encore, cette doctrine remporta.

Si l'on cherche à préciser ce qui faisait la nouveauté de la doctrine, on pense immédiatement à l'importance exception-nelle du rôle qu'a joué la pensée d'Aristote dans l'élaboration du système de saint Thomas. Pour nous en tenir au domaine propre de la morale, il est clair que la *Somme Théologique* est le premier ouvrage de ce genre où l'*Éthique à Nicomaque*

d'Aristote ait occupé une telle place. En réfléchissant à ce fait, on ne peut pas pas être frappé de l'importance décisive qu'il présentait pour l'histoire de la pensée, non seulement chrétienne, mais humaine. Qu'une œuvre qui se donne pour la synthèse complète des vérités religieuses que l'homme doit croire pour assurer son salut par la foi en Jésus-Christ, croie pouvoir intégrer à ce système l'idéal hellénique de la vie humaine tel qu'Aristote l'avait conçu par les forces de la raison seule, c'est pour nous l'indice que la pensée thomiste venait d'intégrer au christianisme, en plein XIIIᵉ siècle, tout le capital acquis de la civilisation. En prenant cette initiative, le génie de saint Thomas apportait la solution d'un différend dont la pensée humaine avait longtemps souffert dans le passé, et il inaugurait un fécond avenir. Ce différend, c'était l'opposition qui, depuis l'avènement du Christianisme, avait maintes fois mis aux prises les représentants de la culture antique et les confesseurs de la foi nouvelle; opposition qui ne dressait pas seulement des hommes les uns contre les autres, mais qui dressait encore, et beaucoup plus souvent, deux hommes l'un contre l'autre à l'intérieur du même individu : celui qui ne voyait le chemin du salut nulle part ailleurs que dans le surnaturalisme radical de la religion chrétienne, et celui qui ne pouvait se résigner à renier la nature, en présence de l'intelligibilité et de la beauté dont les Grecs l'avaient parée. Cet avenir fécond, c'était celui même de ce que nous appelons la Renaissance et de toute la civilisation moderne. Si vraiment, avec l'*Éthique à Nicomaque*, c'était l'homme de la cité grecque
10 qui réclamait sa place dans la | chrétienté et s'y installait sans rien abandonner de ses exigences légitimes, on peut dire que le problème de l'unité de l'histoire humaine, résolu dans le passé, assurait l'unité de cette histoire dans l'avenir. Bien plus, et la solution du problème dans une doctrine chrétienne n'était

possible qu'à ce prix, saint Thomas n'entendait pas montrer simplement que l'homme grec pouvait, à l'extrême rigueur, s'accommoder du christianisme, mais encore que le christianisme lui était nécessaire, que seul il pouvait garantir complètement son idéal et encore en permettre sa complète réalisation. Le christianisme, avec tout son surnaturalisme de la foi et de la grâce, venant accomplir les vœux de l'hellénisme qui l'ignorait et qui osait à peine l'espérer, voilà quelle philosophie de l'histoire nous apporte la morale de saint Thomas d'Aquin. Voilà aussi pourquoi la coordination de l'aristotélisme au christianisme ne s'est pas faite chez lui comme un rapprochement de deux réalités hétérogènes, mais comme l'exaucement du vœu de la nature par le don de la grâce qui parfait cette nature même, et comme l'achèvement inespéré de l'hellénisme qui ne se satisfait pleinement que dans la chrétienté. Voilà enfin pourquoi la Renaissance, quant à son fond, date du XIIIe siècle, la Renaissance purement esthétique et de la forme qui devait en résulter, n'en ayant été, aux XVe et XVIe siècles, que la dernière et non la plus importante conséquence. Lorsque Guillaume Budé se posera en 1535 le problème *De transitu hellenismi ad christianismum*, il y aura longtemps que la théologie de saint Thomas aura supprimé le problème du passage en trouvant dans le christianisme l'hellénisme tout entier. Si nous voulions résumer d'un mot ce premier caractère distinctif de la morale thomiste, nous dirions qu'elle est un *humanisme chrétien*, entendant indiquer par là, non qu'elle résulte d'une combinaison en des proportions quelconques d'humanisme et de christianisme, mais qu'elle atteste l'identité foncière d'un christianisme en qui l'humanisme tout entier se trouverait inclus et d'un humanisme intégral qui ne trouverait que dans le christianisme sa complète satisfaction.

Il est vrai que cette nouveauté et cette fécondité du thomisme peuvent paraître, et ont souvent paru mettre en danger son accord avec l'esprit de la tradition chrétienne. Et en effet, l'acceptation de tout ce que le christianisme pouvait assimiler d'éléments empruntés à l'aristotélisme supposait l'acceptation des fondements philosophiques sur lesquels une telle doctrine reposait. Il fallait admettre | notamment qu'il pût exister, au sein du christianisme même, un moment où l'humanisme grec est légitime ; qu'il y a par conséquent un moment où une nature pourrait être définie et envisagée à part, avec des droits et des devoirs qui dériveraient pour elle de son essence, et qui auraient, par conséquent, une valeur en soi, même avant que le surnaturel ne fût venu les sanctionner. Mais alors aussi, le thomisme ne va-t-il pas soulever l'éternel reproche de l'augustinisme ? On ne peut accorder à la nature que ce que l'on ôte à la grâce ; introduire Aristote dans le christianisme, c'est faire à la philosophie une place que l'on dérobe nécessairement à la religion. En second lieu, la pensée grecque s'était intéressée surtout à l'homme ; entendons par là : cet être concret dont l'essence implique le corps non moins que l'âme, et qui, devant se défaire au moment de la mort, jouit actuellement d'une vie qui n'aura pas de lendemain. La pensée chrétienne, au contraire, promet à l'homme l'immortalité que la spiritualité de son âme rend possible, et elle assure, durant cette vie, la communication entre Dieu et l'homme par cette indépendance même où l'âme de l'homme se trouve à l'égard de son corps.

Telle est, pour l'essentiel, la protestation de la tradition augustinienne. Si l'on se demande dans quelle mesure elle est légitime, on admettra sans doute qu'elle l'est dans la mesure où l'augustinisme exprime l'une des exigences les plus impérieuses de la pensée chrétienne : permettre à l'homme de rejoindre Dieu et, dans l'ordre même de la nature, ramener tout à Dieu. Il ne serait pas impossible, en faisant l'histoire de la pensée augustinienne, de mettre en évidence les dangers que furent sa raison d'être et contre lesquels elle constituait une nécessaire réaction. L'éternelle raison d'être de l'augustinisme, c'est de rester une philosophie de la conversion et de la communication de l'âme à Dieu, contre toutes les fausses prétentions à l'indépendance ou à la suffisance que l'âme ou la nature pourraient élever à l'encontre des droits de Dieu. Mais cette tradition n'est pas la seule ; il en existe une autre qui, contrairement à ce que l'on croit, n'est pas moins ancienne dans le christianisme que l'augustinisme lui-même, et c'est de celle-là que saint Thomas aurait pu légitimement se réclamer. Que l'on consulte tous les Pères grecs ou latins du IIe au IVe siècles, on verra que tous s'intéressent avant tout à l'homme, et que c'est l'homme, corps et âme indissolublement unis, non l'âme seule, qu'ils s'efforcent de | sauver. Qui méprise le **12** corps, qui dénigre la nature sous prétexte de mieux assurer les droits de l'âme ou de Dieu, sort par le fait même de la communion de l'Église chrétienne ; la profondeur de la pensée, la pénétration du génie philosophique, l'ardeur même de la foi n'y peuvent rien, et si l'on doutait du caractère inéluctable de cette loi, l'histoire des Gnostiques chrétiens, celle de Tertullien, celle d'Origène, serait là pour en témoigner. De même donc que l'augustinisme reprend vigueur dans l'histoire de la pensée chrétienne chaque fois que le péril qui la menace consiste dans un empiètement de la nature sur les droits de Dieu, – après un Pelage, par exemple, ou après le naturalisme de la Renaissance – de même le thomisme déploie toute sa vigueur et manifeste sa raison d'être chaque fois que le péril consiste dans une dissolution de l'individualité humaine, par confusion, soit avec l'espèce, soit avec la nature, soit même avec Dieu; tel fut le cas lors de la crise moderniste inaugurée au début du XIXe siècle par le romantisme allemand. C'est pourquoi l'on peut dire que la réforme thomiste, si nouvelle qu'elle parût et qu'elle fût, n'était cependant novatrice ni d'intention ni de fait, mais qu'elle plongeait au contraire des racines profondes au cœur même de la tradition, et c'est là sans doute l'explication de son éclatant succès. S'il nous fallait désigner d'une seule expression cet aspect de la doctrine, nous la définirions un naturalisme chrétien; entendant par là, non pas une combinaison en proportions quelconques de naturalisme et de christianisme, mais une doctrine où la pure nature exige la foi chrétienne comme garantie de son parfait développement, et où le christianisme exige à son tour une nature distincte qu'il vienne parfaire et sauver.

Lorsqu'on a compris ce rôle capital du thomisme dans l'histoire de la pensée chrétienne, et reconnu la tradition dont il s'inspire, il reste, pour s'en faire une idée d'ensemble qui soit juste, à voir comment il a voulu satisfaire, lui aussi, aux exigences de l'autre tradition. Car la pérennité du thomisme comme celle de l'augustinisme à l'intérieur de la pensée chrétienne serait un fait inexplicable si ces deux doctrines étaient dans leur fond contradictoires; et elles le seraient si chacune d'elles ne s'efforçait de satisfaire aux exigences légitimes que l'autre a pour fonction propre de maintenir. Délimiter une raison, une nature, une individualité humaine qui se sauve tout entière corps et âme, l'Augustinisme le veut aussi, **13** et il ne serait pas impossible, si c'en était ici le lieu, de | montrer comment il y a réussi. Mais inversement, mettre l'homme et les choses à leur place, rendre à la nature ce qui est à la nature et à Dieu ce qui est à Dieu, c'est ce que saint Thomas veut non moins expressément assurer. Que si l'Augustinisme objecte qu'il n'y a point de mesure en pareille matière et qu'il veut que tout soit à Dieu, on ne dirait rien de vrai en répondant que le Thomisme le veut aussi. Il le veut en morale, plus manifestement encore que partout ailleurs, et c'est pourquoi nous y verrons une nature qui ne serait rien, ne pourrait rien, n'aboutirait à rien sans Dieu ; dont le bien propre consiste à se vouloir telle que Dieu la veut, et condamnée, s'il s'avère que sa fin propre excède ses atteintes, à chercher en Dieu même son complet achèvement. De là cette morale toute intellectualiste, parce que le Dieu auquel elle subordonne l'homme est pur intellect ; morale de la loi et de l'ordre, parce que le problème du gouvernement libre de l'homme par lui-même se résout par son insertion volontaire dans le gouvernement général divin ; morale sans obligation ni sanction, si du moins on considère l'obligation et la sanction, comme s'imposant du dehors à l'acte humain pour lui conférer ou garantir son caractère de moralité ; car la seule obligation que la morale thomiste reconnaisse à l'homme est celle d'être parfaitement un homme, étant assuré qu'il sera par là même ce que Dieu veut qu'il soit ; et quant à la sanction, on se tromperait étrangement en l'imaginant comme un dispositif complémentaire qui déterminerait du dehors la vie même de la moralité, s'il est vrai qu'elle résulte au contraire de la moralité de l'acte une fois acquise et marque l'équilibre spontané entre l'acte et ses conséquences dans un univers régi par la justice et la raison.

Comment de telles intentions se sont réalisées dans l'œuvre de saint Thomas, c'est ce que l'on verra par les pages qui suivent, où nous nous sommes efforcé précisément de mettre en évidence les articulations de la morale thomiste et l'unité de l'esprit qui l'anime. La doctrine du Souverain Bien, par laquelle nous avons commencé notre exposé, constitue la clef de voûte de cette morale tout entière et montre en même temps comment elle se coordonne à la métaphysique. Ce qu'est cette métaphysique, nous avons essayé de le montrer ailleurs (*Le Thomisme, Introduction au système de saint Thomas d'Aquin*); mais nous nous étions heurté alors contre l'impossibilité de faire tenir, dans un exposé qui visait à rendre sensible l'armature métaphysique du système, le détail prati-

14 quement | infini de la morale; or, comme nous le dira saint Thomas lui-même, c'est seulement lorsque la morale en arrive à régler le détail de notre conduite qu'elle prend sa pleine signification. On comprendra donc que nous ayons accepté volontiers d'exposer la morale de saint Thomas dans cette collection des Moralistes chrétiens, dès qu'il nous fut possible d'accueillir la proposition qui nous en était faite par notre collègue et ami M. l'abbé Baudin, professeur à l'université de Strasbourg. La forme même du travail qui nous était demandé, plus modeste en apparence qu'aisée en réalité, correspondait à l'une de nos constantes préoccupations. Nous avons souvent déploré l'extrême difficulté que rencontre le professeur d'Histoire de la philosophie à détacher les étudiants des manuels ou des travaux de seconde main pour leur faire aborder directement l'étude des textes eux-mêmes. Or, la fin que vise tout historien de la philosophie, c'est de remettre ses lecteurs, le plus tôt et le plus sûrement possible, entre les mains des grands philosophes; c'est de leur apprendre à les lire, pour qu'ils réapprennent avec eux comment l'on doit penser. Puisque la langue nécessairement difficile de saint Thomas décourage en fait beaucoup de débutants de s'atteler à cette tâche, nous avons espéré que des textes relativement simples comme le sont les textes de la *Somme théologique*, choisis et traduits, seraient un moyen efficace d'engager certains d'entre eux à pratiquer l'œuvre même de saint Thomas. On voudra bien chercher également dans ce dessein la raison du mode de traduction auquel nous avons essayé de nous tenir : sans nous interdire les transpositions qui nous ont semblé indispensables pour obtenir une rédaction intelligible en langue française, nous avons cependant visé surtout à faire passer dans le texte traduit le caractère technique de l'original, afin que la réflexion sur cette traduction fût une préparation efficace à l'étude du texte même et, le cas échéant, un guide assez précis pour aider vraiment à s'y retrouver.

Conseils de lecture

16 | En ce qui concerne l'usage du présent volume, nous nous permettons de conseiller aux débutants de s'en tenir d'abord à la *Première partie*, chap. I, III, VI, et à la *Deuxième partie* en entier. Ils pourront revenir ensuite à l'étude des chap. II, IV, V de la *Première partie* qui contiennent les fondements philosophiques de la doctrine et qui leur opposeraient, au début, des difficultés excessives. Pour écarter ces difficultés, on observera les points suivants :

1) Il y a des livres qui sont clairs à la première lecture, mais qui deviennent de plus en plus obscurs à mesure que l'on y réfléchit davantage ; il y en a d'autres qui sont obscurs à première lecture et qui deviennent de plus en plus clairs à mesure que l'on y réfléchit davantage ; ceux des grands philosophes, et de saint Thomas d'Aquin en particulier, sont de ce nombre.

2) Pour dissiper cette obscurité, il faut *expliquer des textes*, c'est-à-dire : *a*) apprendre la langue de l'auteur, ce qui conduit à donner aux termes dont il use le sens que lui-même leur donnait ; *b*) s'initier à l'ordre particulier selon lequel il conçoit ses idées.

3) En ce qui concerne saint Thomas d'Aquin, cet ordre est *analytique* dans presque tous les cas où son lecteur le

trouve obscur ; c'est-à-dire qu'il pose sa thèse en la supposant démontrée, et remonte, souvent dans la même phrase, jusqu'au principe qui la justifie ; il arrive même qu'une seule phrase contienne : la thèse, sa preuve analytique, l'exemple qui l'éclaire, sa confirmation par allusion au rôle qu'elle a déjà jouée dans une autre démonstration.

4) On aura donc compris et expliqué le texte, lorsqu'on aura : établi le sens des termes techniques auxquels le raisonnement fait appel, rétabli ce raisonnement dans l'ordre synthétique des principes aux conséquences, et mis à part du raisonnement lui-même l'exemple qui n'est là que pour l'illustrer.

5) Rien ne fait foi de la pensée d'un philosophe, ni livre d'un historien, ni traduction si attentive qu'elle ait pu être ; rien sauf le texte même de ce philosophe, lu dans la langue même où il l'a écrit.

Note de l'éditeur

Liste des abréviations utilisées pour la présente édition (2011) :

ScG	*Somme contre les gentils* (*Summa contra gentiles*), suivi du Livre (I-IV) et des chapitres
ST	*Somme théologique* (*Summa theologiae*) I : première partie ; Ia IIae : première partie de la seconde partie ; IIa IIae : deuxième partie de la seonde partie ; III : troisième partie

Sent.	*Commentaire des Sentences (Scriptum super IV libros Sententiarum)*
Compendium theologiae	*Abrégé de theologie*
Q. disp. de Veritate	*Questions disputées sur la vérité*
Q. disp. de Virtutibus	*Questions disputées sur les vertus*
Q. disp. de Malo	*Questions disputées sur le Mal*
Quodl.	*Questions quodlibetales*
Du royaume	*Traité du royaume (De regno ou De regimine principum)*

Q.	Quaestiones
q.	question
art.	article
dist.	distinction
Concl.	corps de l'article (réponse)

Pour la présente réédition nous avons non seulement adapté les renvois internes et unifié les systèmes des abréviations, mais nous avons également complété les références aux œuvres d'Aristote en indiquant la page et la colonne de l'édition Bekker.

Par ailleurs, nous donnons en marge la pagination de la première édition poche de l'ouvrage, 1974.

On trouvera dans le *Guide de lecture* en fin du volume une bibliographie des éditions et des traductions des œuvres de Thomas d'Aquin ainsi qu'une brève description des ouvrages d'où les traductions sont extraites. Ces indications sont complétées par quelques repères chronologiques, une bibliographie commentée des ouvrages critiques et quelques conseils concernant l'utilisation du volume.

Thomas d'Aquin

TEXTES SUR LA MORALE

MORALE GÉNÉRALE

Chapitre premier

LE SOUVERAIN BIEN

I. Métaphysique et moralité

L'étude de la morale ne peut être isolée de celle de la métaphysique dans le système de saint Thomas d'Aquin. Et cela se comprend, si l'on songe qu'une morale à part dans le système des sciences supposerait que l'homme et son activité morale subsistent à part dans le système des choses. Or il n'en est rien. L'activité morale et sociale de l'homme prolonge un mouvement dont l'origine, l'efficace et la direction sont indépendantes d'elle. En abordant l'étude de Dieu, qui constitue l'objet propre de la *Somme théologique*, saint Thomas indique en un raccourci puissant l'unité foncière de l'abondante matière qui va se morceler, pour l'étude, en parties, questions et articles :

| Comme l'intention principale de cette Science sacrée est **18** de nous faire connaître Dieu, et non seulement selon ce qu'il est en lui-même, mais encore en tant qu'il est le principe des choses, et leur fin, et spécialement celle de la créature raisonnable, voulant exposer cette science :

Premièrement, nous traiterons de Dieu.

Deuxièmement, du mouvement de la créature raisonnable vers Dieu.

Troisièmement, du Christ, qui en tant qu'homme, est notre voie pour nous diriger vers Dieu.

Il résulte de là que la moralité est, en quelque sorte, un prolongement de la création. Car si l'on ne peut étudier Dieu sous tous ses aspects accessibles à l'homme sans l'étudier en tant que Créateur, et si l'acte par lequel Dieu crée les choses hors de lui est substantiellement identique à l'acte par lequel il les ramène vers lui, l'étude de la moralité se réduit à cette question métaphysique : que deviennent l'efficace et la direction du mouvement imprimé par Dieu à la créature au moment où il parvient à l'être humain ? Comment ce problème se pose pour l'ensemble de la création, et quel caractère spécial il revêt dans le cas de la créature raisonnable, qui est l'homme, c'est ce que montre le texte suivant, où l'on voit la notion de moralité s'introduire au moment où des êtres doués de raison reçoivent le pouvoir de se diriger d'eux-mêmes vers leurs fins, et de les choisir, parmi l'immense multitude de ceux qui sont dirigés du dehors et qui les subissent.

19 Qu'il existe un être premier de tous, possédant | la pleine perfection de tout l'être, et que nous appelons Dieu, c'est chose démontrée ; et aussi, que de l'abondance de sa perfection il dispense l'être à tout ce qui existe, en sorte qu'il faille le reconnaître, non seulement comme le premier, mais encore comme le premier principe de tous les êtres. Or cet être, il ne le confère pas aux autres par nécessité de nature, mais par une décision de sa volonté. En conséquence, Dieu est le maître de ses œuvres, car chacun domine ce qui est soumis à sa volonté. Mais cette domination de Dieu sur les choses qu'il a produites est absolue ; étant donné qu'il n'a pas besoin du secours d'un agent extérieur pour les produire, ni d'un fondement matériel, puisqu'il est le producteur universel de l'être total. Or lorsque c'est par la volonté d'un agent que des choses sont produites, chacune d'elles est ordonnée par cet agent en vue d'une certaine fin, car, le bien ou la fin étant l'objet propre de la volonté, il faut nécessairement que ce qui procède de la volonté soit ordonné en vue d'une certaine fin. Quant à sa fin dernière, chaque chose l'atteint par son action, mais il faut que cette action soit dirigée par Celui qui a conféré aux choses les principes par lesquels elles agissent. Il est donc nécessaire que Dieu, qui est en soi naturellement parfait, et dont la puissance dispense l'être à tout ce qui existe, régisse tous les êtres et ne soit dirigé par aucun; | et il n'y a rien qui soit soustrait à son **20** gouvernement, comme il n'y a rien qui ne tienne de lui son existence. De même donc qu'il est parfait comme être et comme cause, de même aussi, dans son gouvernement, il est parfait.

Si nous considérons maintenant le résultat de la direction que Dieu imprime aux choses, il nous apparaîtra différent chez les divers êtres selon la différence de leurs natures.

Certains êtres en effet, ont été produits par Dieu de telle manière que, possédant un intellect, ils portent sa ressemblance et représentent son image; c'est aussi pourquoi ceux-là sont non seulement dirigés, mais capables de se diriger eux-mêmes, au moyen de leurs actions, vers la fin qui leur convient. De tels êtres, lorsqu'ils se soumettent dans leur propre conduite au gouvernement divin, sont admis, de par ce gouvernement même, à atteindre leur fin dernière; ils en sont exclus au contraire s'ils se sont comportés autrement dans leur conduite.

Mais il existe d'autres êtres, dépourvus d'intellect, et qui, ne se dirigeant pas eux-mêmes vers leur fin, sont dirigés vers elle par un autre. Et parmi ceux-là, il en est d'incorruptibles qui, n'étant exposés à souffrir d'aucun manque dans leur être naturel, ne dévient jamais non plus, dans l'accomplissement des actions qui leur sont propres, de l'ordre qui leur a été

21 assigné en vue de leur fin, mais | demeurent indéfectiblement soumis au gouvernement du maître suprême. Tels sont les corps célestes, dont les mouvements se poursuivent toujours uniformément. D'autres, au contraire, étant corruptibles, peuvent subir dans leur être naturel un dommage, qui se trouve d'ailleurs compensé par un profit pour un autre être, car, une chose corrompue, une d'engendrée. De la même façon, si nous les considérons dans leurs actions propres, ces êtres manquent à leur ordre naturel, mais d'un manque compensé par quelque bien qui en résulte. D'où il apparaît, que pas même celles d'entre les choses qui semblent dévier de l'ordre fixé par le gouvernement divin ne se soustraient en réalité au pouvoir du maître suprême, puisque même ces corps corruptibles, ainsi qu'ils ont été créés par Dieu, demeurent parfaitement soumis à sa puissance (*ScG*, l. III, chap. I). Cf. *Q. de Veritate*, q. 13, art. 1 et 2.

On voit immédiatement que la morale, précisément parce qu'elle n'est qu'un cas particulier du gouvernement divin, se réduit au problème suivant : comment une créature raisonnable et libre peut-elle et doit-elle utiliser le mouvement vers Dieu qu'elle a reçu de lui ? C'est dire que la notion centrale de la morale sera la notion de finalité, ou, plus exactement encore, de finalité libre, non de finalité subie comme l'est celle des êtres dépourvus de raison, dont saint Thomas nous dit qu'ils ne sont que des instruments entre les mains de Dieu (*ST*, I, q. 22, art. 2, Concl., et q. 105, art. 8, Concl., Ia IIae, q. I, art. 2, Concl.) :

22 | Des actions qui sont accomplies par l'homme, celles-là seules sont des actions « humaines » proprement dites, qui sont propres à l'homme en tant qu'il est homme. Or l'homme diffère des créatures sans raison en ceci qu'il est maître de ses actes, et c'est pourquoi les seules actions que l'on appelle

« humaines » au sens propre, sont celles dont l'homme est maître. Mais l'homme est maître de ses actes grâce à la raison et à la volonté, et c'est d'ailleurs pour cela que le libre arbitre est appelé : « faculté de la volonté et de la raison ». Sont donc dites « humaines », au sens propre, les actions qui procèdent d'une volonté délibérée ; que si d'ailleurs certaines actions autres que celles-là conviennent à l'homme, on peut les appeler « actions de l'homme », mais non « humaines » au sens propre, car elles ne sont pas des actions de l'homme en tant qu'homme. Mais il est évident que toutes les actions qui procèdent d'une certaine faculté sont produites par elle selon ce que requiert la nature de son objet ; or l'objet de la volonté est la fin, et le bien ; il faut par conséquent que tous les actes humains soient en vue d'une fin (*ST*, Ia IIae, q. 1, art. 1, Concl.).

Voilà donc en quoi consiste la dignité de l'homme ; seule ici bas, cette créature de Dieu n'est pas un instrument passif aux mains du Créateur. Mais c'est en quoi consiste aussi la responsabilité qui pèse sur elle, | responsabilité effroyable, lorsqu'on pense que c'est son **23** propre sort qui se trouve ainsi remis en son pouvoir. Il s'agit pour l'homme de se maintenir dans l'ordre, et de se sauver, ou de se soustraire à l'ordre, et de se perdre. Tel est le drame d'une destinée dont il est à la fois l'acteur et, par une délégation de la liberté parallèle à la délégation divine de la causalité aux êtres, l'auteur. La morale est la science de la manière dont l'homme doit se comporter pour que l'histoire de sa vie ait une issue heureuse, et nous verrons que, par une conséquence nécessaire du principe dont nous sommes partis, le souci de diriger sa vie vers une fin heureuse coïncide avec celui de porter à son degré suprême de perfection sa propre humanité.

S'il en est ainsi, nulle tâche plus urgente pour celui qui étudie la morale, que d'exercer une critique sévère des fins que se proposent les actions humaines et de pratiquer entre elles un judicieux discernement.

II. Fin dernière et moralité

Toute action humaine proprement dite est en vue d'une fin ; tantôt cette fin est extérieure à l'acte, comme la maison que construit l'architecte ou la santé que cause le médecin ; tantôt au contraire, c'est l'acte même qui est sa propre fin, comme l'acte de connaître, qui se suffit à lui-même et n'est pas voulu en vue d'autre chose (*ScG*, l. III, chap. II, ad *In his enim*). Mais tous ces actes, qu'ils se suffisent ou qu'ils s'ordonnent vers un objet extérieur, doivent s'ordonner les uns par rapport aux autres, et, tous ensemble, vers une seule fin. Ce n'est pas d'une simple question de convenance qu'il s'agit. C'est l'existence même de ces actes qui est en jeu. On ne comprendra donc pas le sens de la morale thomiste si l'on ne se représente pas le parallélisme rigoureux de l'argumentation par laquelle nous allons établir que toutes les actions humaines s'ordonnent en vue d'une seule fin 24 dernière, avec celles qui, dans la | métaphysique thomiste, établissent l'existence de Dieu. Il n'y aurait pas de mouvement ni de causalité dans l'ordre des causes secondes s'il n'existait une cause première, à laquelle les mouvements et les effets que nous observons sont reliés par un nombre fini d'intermédiaires hiérarchiquement ordonnés. De même, il n'y aurait pas actuellement d'actions humaines orientées vers des fins particulières, s'il n'existait une fin dernière qui communique leur finalité aux objets que désirent les hommes, et cela par un nombre fini d'intermédiaires hiérarchiquement ordonnés. Rien de plus naturel, si l'on songe que l'une et l'autre argumentation répondent à deux aspects d'un seul et même problème : comment s'exerce la causalité divine, d'abord dans l'ordre de la cause efficiente, ensuite dans l'ordre de la cause finale ? Cette correspondance métaphysique s'exprime bien dans le texte suivant :

Si l'on se place au point de vue des essences [*per se loquendo*, par opposition à *per accidens*], il est impossible de remonter à l'infini dans l'ordre des fins, quel que soit le sens du mouvement que l'on envisage. En effet, chaque fois qu'il s'agit d'êtres dont les essences sont ordonnées les unes par rapport aux autres, si l'on supprime le premier, tous ceux qui ne sont là qu'en vue du premier se trouvent nécessairement supprimés. C'est en se fondant là-dessus qu'Aristote prouve, au livre VIII de la *Physique* (chap. v, 256a17), qu'il n'est pas possible de remonter à l'infini dans les causes motrices, parce qu'alors il n'y aurait plus de premier moteur, et que, si on le supprimait, tous les autres deviendraient incapables de mouvoir, | ne mouvant eux-mêmes que parce qu'ils sont mus **25** par le premier. D'autre part, il existe deux sortes d'ordre dans le domaine des fins : l'ordre d'intention et l'ordre d'exécution ; et dans chacun de ces deux ordres il doit y avoir un terme premier. En effet, ce qui est premier dans l'ordre de l'intention est, pour ainsi dire, le principe qui met l'appétit en mouvement, à tel point que, si l'on supprimait ce principe, l'appétit ne serait plus excité par rien. Quant au principe dans l'ordre de l'exécution, c'est ce par quoi l'opération commence, et il est également clair que, si l'on supprimait cet autre principe, personne ne commencerait d'agir. Or, qu'est-ce que le principe de l'intention ? C'est la fin dernière. Et qu'est-ce que le principe de l'exécution ? C'est ce qui vient le premier en vue de la fin. Ainsi donc, ni d'un côté ni de l'autre il n'est possible de remonter à l'infini ; car s'il n'y avait pas une fin dernière, rien ne serait désiré, aucune action n'aurait de terme, et l'intention de celui qui agit ne pourrait même pas se reposer ; et si, de l'autre côté, rien ne venait en premier de ce qui est en vue de la fin, personne ne commencerait d'agir et la délibération ne s'achèverait pas, mais se prolongerait indéfiniment.

Que s'il s'agissait de choses qui n'ont plus un ordre fondé sur leurs essences, mais qui ne se trouvent qu'accidentellement en rapport les | unes avec les autres, rien n'empêcherait **26** qu'il n'y en eût une infinité. En effet, les causes par accident sont de nature indéterminée, et c'est de cette manière seule qu'il peut se rencontrer une infinité accidentelle de fins ou de moyens en vue d'une fin (*ST*, Ia IIae, q. 1, art. 4, Concl.). *Cf.* dans le même sens, *ScG*, l. III, chap. II.

Reste maintenant à définir les rapports qui s'établiront nécessairement entre la fin dernière et notre activité morale. Et tout d'abord, cette fin dernière sera unique pour chaque homme en particulier. En effet, toutes nos actions sont morales parce qu'elles sont volontaires; or on reconnaît qu'une action est volontaire à ce qu'elle tend vers une certaine fin qui est un bien perçu par l'intellect. C'est donc la nature de l'objet, ou de la fin, vers lesquels tend un certain mouvement, qui nous permet de le classer dans l'espèce des mouvements volontaires (*ST*, Ia IIae, q. 1, art. 3, Concl.). Mais, s'il en est ainsi, ce qui est vrai de chacun de nos actes pris à part doit l'être également de tous nos actes pris ensemble; car de même que dans chaque genre il y a un premier principe qui le définit, de même dans le genre des actes volontaires, nous avons vu qu'il y avait une fin dernière, et que même c'était cette fin dernière qui constituait le vrai principe de tous les actes de volonté. Le fait que nous pouvons classer tous nos actes volontaires dans une seule espèce implique donc qu'ils aient une seule fin (*ST*, Ia IIae, q. 1, art. 5, Concl.), pour laquelle seule, l'homme veuille tout ce qu'il veut, et qui soit la même pour l'espèce humaine en général que pour chaque individu pris en particulier.

Ajoutons enfin que ce terme ultime et unique de toutes les actions de l'homme, précisément parce que nous l'avons assigné en partant de la définition de la nature | ou essence de l'homme, est valable pour tous les hommes, mais pour eux seuls. Ici, cependant, une distinction capitale s'impose. On peut considérer la fin dernière de l'homme à deux points de vue; ou bien en elle-même, ou bien dans la manière dont il l'atteint. Si l'on se place au premier point de vue, la fin dernière de l'homme est identique à celle de toutes les autres créatures, car il existe une sorte de morale immanente aux choses insensibles, et qui est en quelque sorte vécue, au lieu d'être comme la nôtre réfléchie et connue. Tout s'efforce en effet de ressembler à Dieu (*ScG*, l. III, chap. XIX) et c'est pourquoi, même sans le connaître, tout le désire.

C'est ce qu'exprime un beau chapitre de la *Somme contre les Gentils*. Après avoir rappelé que, selon la physique aristotélicienne, les astres sont mus et régis par des Intelligences pures, et que les mouvements de ces astres sont voulus par ces Intelligences en vue d'appeler à la vie les êtres inférieurs, saint Thomas continue :

Ainsi donc il n'est pas difficile de voir comment sont mus les corps naturels dépourvus de connaissance et en quel sens ils agissent en vue d'une fin. Ils tendent en effet vers leur fin en ce qu'ils sont dirigés vers elle par une substance intelligente, de la même manière que la flèche tend au but parce que l'archer l'y dirige ; de même en effet que la flèche tient de l'impulsion que lui communique l'archer sa tendance vers le but, c'est-à-dire vers une fin déterminée, ainsi, les corps naturels tiennent les tendances qui les portent vers leurs fins naturelles des moteurs naturels dont ils reçoivent leurs formes, leurs facultés et leurs mouvements. D'où il résulte encore évidemment que toute œuvre accomplie | par la nature est d'abord l'œuvre d'une sub- **28** stance intelligente, car un effet doit être attribué en première ligne au premier moteur qui dirige l'opération vers sa fin, avant de l'être aux instruments qu'il dirige ; et voilà pourquoi les opérations de la nature se développent avec ordre en vue de leur fin, comme les actes d'un sage.

Il est donc clair que même les êtres dépourvus de connaissance peuvent agir en vue d'une fin, désirer le bien par un désir naturel, désirer même la ressemblance divine et leur propre perfection. Et l'on peut dire l'un ou l'autre indifféremment. Car ces êtres tendent vers leur perfection par le fait même qu'ils tendent vers le bien, puisque chacun d'eux est bon dans la mesure de son propre achèvement. Mais dans la mesure où chacun tend à être bon, il se rapproche de la ressemblance divine, car toute chose ressemble à Dieu en tant qu'elle est bonne ; et comme tel ou tel bien particulier n'est désirable qu'en tant qu'il porte la ressemblance du bien suprême, c'est parce qu'il tend vers la ressemblance divine qu'il tend vers son propre bien, et non inversement. Toutes choses désirent donc manifestement de ressembler à Dieu, comme leur dernière fin.

D'autre part, le bien d'une chose peut s'entendre en plusieurs sens différents. En un premier sens, on peut l'entendre comme le bien de | ce qui appartient en propre à cette chose, à titre d'individu ; et c'est en ce sens que l'animal désire son bien lorsqu'il désire la nourriture qui lui conserve la vie. En un second sens, on l'entendra comme le bien qui lui convient en raison de son espèce ; et ainsi c'est encore son bien propre, que l'animal désire en désirant engendrer des petits, les nourrir, ou faire quoi que ce soit pour conserver ou défendre les individus de son espèce. En un troisième sens, on entendra par là le bien du genre, et c'est ainsi que le ciel, par exemple, désire son propre bien lorsqu'il cause l'existence d'êtres d'une autre espèce que lui. En un quatrième sens enfin, ce bien devient la similitude d'analogie qui relie les effets à leur principe ; et c'est ainsi qu'on peut dire de Dieu, qui est en dehors de tout genre, que c'est pour son bien qu'il confère à toutes choses l'être.

Il résulte évidemment de là que, plus la puissance active d'un être est parfaite et éminent le degré de sa bonté, plus aussi son désir du bien sera général, et le cherchera dans des êtres plus distants de soi, pour l'y réaliser. Car les êtres imparfaits ne tendent qu'au seul bien de leur individualité propre ; les êtres parfaits tendent au bien de l'espèce ; de plus parfaits encore, au bien du genre ; et Dieu enfin, qui est souverainement parfait en bonté, tend au bien de tout l'être. Aussi n'est-ce pas sans raison que certains disent du bien en tant que tel, qu'il est | diffusif, puisque, plus une chose nous apparaît parfaite, plus aussi les objets vers qui sa bonté se diffuse sont éloignés d'elle. Et comme ce qui est le plus parfait dans chaque genre est le modèle et la mesure de tout ce qui rentre dans ce genre, il faut que Dieu, qui est très parfait en bonté et diffuse cette bonté d'une manière universelle, soit en cela le modèle de tout ce qui diffuse la bonté ; car plus la manière dont un être diffuse sa bonté aux autres est générale, plus aussi il est placé haut dans l'ordre de la causalité.

De là résulte enfin que, par le fait même qu'elle tend à être cause des autres, chaque chose tend à ressembler à Dieu, et qu'elle tend néanmoins par là vers son propre bien. Il n'y a donc pas d'inconvénient à dire que les mouvements des corps célestes et les actions des Intelligences qui les meuvent sont, en un certain sens, en vue de ces corps engendrables et corruptibles qui leur sont inférieurs ; car ils ne les visent pas comme leur dernière fin, mais, en se proposant leur génération, c'est leur propre bien qu'ils se proposent, et la ressemblance divine comme dernière fin (*ScG*, l. III, chap. XXIV).

Or, il n'en est plus de même lorsque nous considérons la fin dernière du point de vue de la manière dont chaque être l'atteint, car :

… Ainsi que le dit Aristote au livre II de la | *Physique* **31** (chap. II, 194a35), le mot fin désigne deux choses : ce pourquoi l'on veut, et ce par quoi on le veut ; en d'autres termes, la chose même dont la nature est bonne, et l'usage ou l'acquisition de cette chose. Nous pourrions dire, par exemple, que la fin du mouvement d'un corps pesant est, ou bien le lieu inférieur, ce qui est une chose, ou bien d'être dans ce lieu inférieur, c'est-à-dire la jouissance de cette chose ; et que la fin de l'avare est, ou bien l'argent, c'est-à-dire une chose, ou la possession de l'argent, c'est-à-dire la jouissance de cette chose. Si donc nous voulons parler de la fin dernière de l'homme, entendant par ce terme la chose même qui en est la fin, nous dirons qu'en ce sens tous les autres êtres ont la même fin que l'homme, parce que Dieu est la fin dernière de l'homme et de tous les autres êtres. Mais si nous parlons de la fin dernière de l'homme quant à l'acquisition de cette fin, nous dirons qu'en ce sens les créatures sans raison n'ont pas la même fin dernière que l'homme; car l'homme et les autres créatures raisonnables acquièrent leur fin en connaissant et aimant Dieu, au lieu que les autres créatures, n'atteignent leur dernière fin qu'en tant qu'elles participent une certaine ressemblance de Dieu, soit en ce qu'elles sont, soit en ce qu'elles vivent, soit même en ce qu'elles connaissent par les sens, mais sans raison (*ST*, Ia IIae, q. 1, art. 8, Concl.).

32 | Ainsi, l'homme et les choses ont la même fin dernière, mais les êtres qui l'imitent par leurs essences, leur vie ou même leurs connaissances sensibles, ne font que réaliser cette fin sans se la représenter, et par conséquent aussi sans en jouir. C'est pourquoi, si les choses ont une fin dernière, l'homme seul a une béatitude. En quoi consiste cette béatitude, c'est ce que nous allons maintenant rechercher.

III. En quête du souverain bien

Nous avons constaté, en abordant l'étude de la morale thomiste, qu'elle s'intégrait à une métaphysique. Mais le moment est venu de rappeler que cette métaphysique elle-même est établie sur une base résolument empiriste. Grâce à la notion fondamentale de l'analogie de l'être, le principe de causalité permet à saint Thomas d'élaborer une théologie naturelle en partant uniquement des données de l'expérience sensible interprétées par les principes premiers de la raison. De même en morale, et spécialement en ce qui concerne la détermination du Souverain Bien. Nous savons d'avance qu'il doit consister dans la fin dernière d'une créature douée de raison, donc aussi dans l'appréhension, par un acte de connaissance, du seul objet qui se manifestera

capable de combler totalement, et par conséquent de satisfaire pleinement sa faculté de connaître. Mais on ne voit pas évidemment par là
quel objet défini pourra satisfaire à ces exigences. De même que le
métaphysicien, immédiatement certain que le donné sensible requiert
un principe premier, doit cependant enquêter pour se composer un
concept de ce principe, de même le moraliste, immédiatement certain
que les actes moraux n'existeraient même pas en tant que tels si leur
fin dernière n'était pas déjà donnée, doit cependant explorer le champ
de notre expérience morale pour déterminer la nature de cette fin.
Saint Thomas commence donc la quête du Souverain Bien, et, partant
de ce qu'il y a de plus extérieur à l'essence de l'homme, | il se demande **33**
d'abord s'il ne consisterait pas dans les richesses.

Mais il est impossible que la béatitude de l'homme consiste
dans les richesses. Il existe en effet deux sortes de richesses,
comme le dit Aristote au livre Ier de sa *Politique* (chap. III,
1257a4) : les richesses naturelles et les richesses artificielles.
Sont naturelles les richesses par lesquelles l'homme s'efforce
de subvenir à ses besoins naturels, comme la nourriture, la
boisson, les vêtements, les véhicules, les habitations et autres
de même sorte. Sont artificielles les richesses qui n'apportent
par elles-mêmes aucun secours à notre nature, comme
l'argent, mais que l'art des hommes a inventées pour faciliter
les échanges et servir, pour ainsi dire, de mesure aux choses
qui se vendent.

Or il est manifeste que la béatitude de l'homme ne peut
consister dans les richesses naturelles, car on cherche ces
richesses en vue de sustenter la nature humaine, et par conséquent elles ne peuvent pas être la fin dernière, mais sont bien
plutôt ordonnées elles-mêmes en vue de l'homme comme en
vue de leur fin. C'est pourquoi, dans l'ordre de la nature, toutes
les richesses de ce genre sont soumises à l'homme, et faites pour
l'homme, selon la parole du Psaume VIII (v. 8) : *Vous avez tout*

assujetti sous ses pieds. Quant aux richesses artificielles, on ne les poursuit qu'en vue des naturelles, car on ne les poursuit que **34** | pour acheter les choses nécessaires à la vie, et par conséquent elles correspondent encore bien moins à la définition de la fin dernière ; il est donc impossible que la béatitude, qui est la fin dernière de l'homme, consiste dans les richesses (*ST*, Ia IIae, q. 2, art. 1, Concl.). Cf. *ScG*, l. III, chap. XXX.

Plus intérieurs que la richesse et les biens du corps sont les honneurs, car c'est à l'âme qu'ils s'adressent et c'est elle qu'ils satisfont. Ne sont-ils pas la récompense de la vertu, et ne dit-on pas même que l'honneur n'est dû qu'à Dieu seul ? (I *Ep. à Timothée*, I, 17).

On doit dire qu'il est impossible que la béatitude consiste dans l'honneur. L'honneur, en effet, ne s'adresse à quelqu'un qu'en raison d'une supériorité qui lui appartient, et ainsi, on peut y voir un signe, ou comme un témoignage de cette supériorité de la personne honorée. Mais la supériorité de l'homme consiste avant tout dans sa béatitude, car elle est le bien parfait de l'homme ; et secondairement dans ses parties, c'est-à-dire dans les biens qui nous font participer à quelque aspect de cette béatitude. Et c'est pourquoi l'honneur peut bien accompagner la béatitude, mais ce n'est pas principalement en lui que la béatitude consiste (*ST*, Ia IIae, q. 2. art. 2, Concl.). Cf. *ScG*, l. III, chap. XXVIII.

Il résulte de là, par voie de conséquence immédiate, que la fin **35** dernière de l'homme ne peut se trouver dans | la gloire humaine, ou renommée ; car, outre que l'instabilité de la gloire suffit à la distinguer d'une fin dernière permanente et immuable, elle résulte, elle aussi, de la béatitude (*ST*, Ia IIae, q. 2, art. 3). La renommée, à supposer encore qu'elle soit légitime, suit la perfection et accompagne le bien partout où elle le découvre, elle ne saurait donc le constituer. – De même encore, on pourrait se demander si la fin dernière ne serait pas dans la puissance ? Mais la puissance, dont le nom latin (*potestas*) est équivalent à celui de faculté (*potentia, vis*), est le principe des actions, elle ne saurait donc en être la fin. Et d'ailleurs, qu'il s'agisse des richesses, des honneurs, de la renommée ou du pouvoir, tous ces biens pèchent par les mêmes vices : ils sont moralement indifférents, insuffisants, nuisibles parfois à ceux qui les possèdent, et, surtout, extérieurs à la nature de l'homme.

On peut en effet alléguer quatre raisons générales pour montrer que la béatitude ne consiste en aucun des biens extérieurs dont nous venons de parler. Voici la première. Étant le souverain bien de l'homme, la béatitude n'est compatible avec aucun mal ; or tout ce qui précède peut se rencontrer chez les bons, mais aussi chez les méchants. La deuxième raison est qu'il est de la nature de la béatitude de se suffire à elle-même. Comme il ressort de l'*Éthique* (I, chap. VII, 1097b8), il faut nécessairement qu'une fois la béatitude acquise, aucun bien nécessaire à l'homme ne lui fasse défaut. Or, si l'on suppose acquis chacun des biens précédents, beaucoup de biens nécessaires à l'homme peuvent encore faire défaut, comme la sagesse, la santé | corporelle et autres du même genre. **36** Troisième raison : comme la béatitude est un bien parfait, cette béatitude ne peut être pour personne la source d'aucun mal ; or, c'est ce que l'on ne peut affirmer des biens précédents, car il est dit dans l'*Ecclésiaste* (V, 12) que les richesses se gardent parfois *pour le malheur de celui qui les possède* ; et l'on peut en dire autant des trois autres. La quatrième raison est que l'homme est ordonné en vue de la béatitude par des principes qui lui sont intérieurs, car il est ordonné vers elle de par sa nature ; or les quatre biens précédents dépendent plutôt de causes extérieures, et le plus souvent de la fortune ; c'est même pourquoi on les appelle des biens de la fortune. Il est donc évident que la béatitude ne consiste aucunement dans les biens extérieurs (*ST*, Ia IIae, q. 2, art. 4, Concl.).

Avec cette conclusion, la démonstration fait un pas en avant. Elle nous permet de comprendre que les quatre discussions qu'elle achève constituent comme une sorte d'induction par laquelle sont éliminés de l'essence du souverain bien tous les éléments extérieurs à l'essence de l'homme. Et en effet, la notion de « nature » qui joue toujours dans les argumentations thomistes le rôle décisif, intervient ici encore pour clore le débat. Si c'est par nature que l'homme est fait pour la béatitude, et il le faut bien pour qu'elle soit vraiment celle de l'homme, c'est à l'intérieur de sa nature qu'il convient d'en chercher le principe. L'enquête va donc se poursuivre, mais sur un autre terrain : de tout ce qui est dans l'homme, qu'est-ce qui peut constituer son souverain bien? Or l'homme est | composé d'un corps et d'une âme; il se pourrait donc que ce fût quelque bien du corps.

37

Je réponds : on doit dire qu'il est impossible que la béatitude de l'homme consiste dans les biens du corps, et cela pour deux raisons.

Premièrement, lorsqu'il s'agit d'une chose qui est ordonnée en vue d'une autre comme envers sa fin, il est impossible que sa fin dernière soit simplement de conserver sa propre existence; on ne voit pas, par exemple, que le pilote se propose comme fin dernière la conservation du navire qui lui est confié, car un navire est fait en vue d'une autre chose, qui est sa fin, à savoir, naviguer. Or de même que l'on remet le navire au pilote pour qu'il le dirige, de même l'homme s'est trouvé remis à sa volonté et à sa raison selon la parole de l'*Ecclésiastique* (XV, 14) : *Dieu, au commencement, a formé l'homme*, et *il l'a confié aux mains de sa prudence*. Or il est manifeste que l'homme est ordonné en vue de quelque chose comme envers sa fin; car ce n'est pas l'homme qui est le souverain bien; il est donc impossible que la fin dernière de la raison et de la volonté humaines soit la simple conservation de l'être humain.

Deuxièmement, même si l'on concédait que la fin de la raison et de la volonté humaines fût la conservation de l'être humain, on ne pourrait cependant pas dire que la fin de l'homme fût un bien du corps. L'être humain est en effet | composé d'une âme et d'un corps, et quoique l'être du corps **38** dépende de l'âme, l'être de l'âme humaine ne dépend pas du corps, ainsi qu'on l'a fait voir plus haut (*ST*, Ia Pars, q. 65, art. 1, et q. 90, art. 4); bien mieux, le corps lui-même est en vue de l'âme, comme la matière en vue de la forme, ou les instruments en vue de celui qui les utilise pour exercer son activité par leur moyen. C'est pourquoi tous les biens du corps sont ordonnés aux biens de l'âme comme à leur fin, et il est par conséquent impossible que ce soit dans les biens du corps que réside la béatitude, ou dernière fin (*ST*, Ia IIae q. 2, art. 5, Concl.). Cf. *ScG*, l. III, chap. XXXII.

Puisque nous avons échoué en cherchant du côté du corps, il nous reste à nous tourner du côté de l'âme, et tout d'abord vers les plaisirs des sens, car ils sont connus de tous et passent aux yeux de beaucoup pour être le souverain bien. Mais nous avons déjà de quoi les éliminer de notre enquête, car les voluptés sensibles sont communes aux animaux et aux hommes, donc elles ne sont pas spécifiquement «humaines»; et de plus, comme elles se rapportent toutes aux fonctions de notre organisme, elles ne nous élèvent nullement au-dessus des biens du corps (*ScG*, l. III, chap. XXXIII). Mais on peut en assigner une raison plus générale et plus profonde. C'est que la jouissance, à laquelle nous donnerons désormais son nom technique de *délectation*, ne peut jamais, et pour aucune raison, constituer elle-même le souverain bien. La jouissance, ou délectation, est une conséquence, un accompagnement ou, au plus, une partie de la béatitude, mais ce n'en est pas l'essence. Si nous formulons le rapport qui les unit en le ramenant | au rapport bien connu de l'essence à l'accident, nous **39** dirons : posséder la béatitude, c'est tenir le bien qui constitue la fin suprême, et c'en est là l'essence, et tout ce qui n'est pas inclus dans cette définition, n'étant pas l'essence de la béatitude, vient s'y ajouter à titre d'accident. Que cet accident l'accompagne toujours, à titre de propre, nous ne le contesterons pas, mais un accident, même inséparable d'une essence, demeure un accident. Rire est le propre de l'homme, mais son essence est d'être un animal doué de raison. D'où cette conclusion (*ST*, Ia IIae, q. 2, art. 6, Concl.) : même la délectation qui accompagne la possession du bien parfait ne constitue pas l'essence de la béatitude ; elle n'en est qu'une conséquence et en résulte par accident (*ST*, Ia IIae, q. 4, art. 2, Concl.).

Dès lors, il semble bien que nous nous acheminions vers une conclusion dont le seul énoncé nous eût semblé d'abord un paradoxe, et même que nous nous y trouvions dès à présent acculés : la béatitude humaine, qui ne se trouve ni hors de l'homme, ni dans le corps de l'homme, ne se trouve même pas dans l'âme de l'homme, et voici pourquoi :

Comme on l'a dit plus haut (p. 39), le mot « fin » s'emploie en deux sens : d'abord pour désigner la chose même que nous désirons acquérir, ensuite pour désigner l'usage, c'est-à-dire l'acquisition ou la possession de cette chose. Si donc nous parlons de la fin dernière de l'homme quant à la chose même que nous désirons comme fin dernière, il est impossible que la fin dernière de l'homme soit l'âme elle-même ou quoi que ce soit qui lui appartienne. En effet, l'âme elle-même, considérée en soi, est comme en puissance, car elle est instruite en **40** puissance avant de l'être en | acte, et vertueuse en puissance avant de l'être en acte. Or, comme la puissance existe en vue de l'acte qui lui confère son achèvement, il est impossible que ce dont c'est la nature même d'être en puissance joue le rôle de fin dernière ; et par conséquent aussi, il est impossible que l'âme soit à elle-même sa propre fin. Pour la même raison, cette fin ne sera pas non plus quoi que ce soit d'autre qui lui appartienne, soit faculté, soit acte, soit habitude. En effet, le bien qui constitue la fin dernière est le bien parfait, qui comble le désir du bien; or le désir humain, qui est la volonté, est le désir du bien universel, au lieu que tout bien inhérent à l'âme même est un bien participé et par conséquent fragmentaire; il est donc impossible que la fin dernière de l'homme soit l'un quelconque d'entre eux. Mais si nous parlions de la fin dernière de l'homme quant à son acquisition même, à sa possession, où à l'un des usages quelconques que nous pourrions en faire, alors il faudrait dire qu'en ce sens quelque chose de l'âme humaine intéresse la fin dernière, parce que c'est avec son âme que l'homme atteint la béatitude. Ainsi donc, *la chose même* que l'on désire comme fin est ce en quoi la béatitude consiste, et c'est elle qui nous rend bienheureux; mais l'*acquisition* de cette chose est ce que nous nommons béatitude et c'est pourquoi l'on peut dire que la béatitude fait partie de l'âme, au lieu qu'il faut considérer | comme extérieur **41** à l'âme l'objet même en quoi cette béatitude consiste (*ST*, Ia IIae, q. 2, art. 7, Concl.).

Il nous reste un dernier pas à franchir pour apercevoir distinctement le terme de la vie morale. Si la fin dernière n'est ni hors de nous, ni en nous, où donc est-elle? Évidemment au-dessus de nous. Mais comment elle peut être transcendante à nous tout en restant notre fin, et extérieure à nous tout en étant notre fin propre, voilà ce qui non seulement requiert une explication, mais encore ce dont on peut dire que l'éclaircissement doit apporter la solution complète du problème de notre destinée.

On observera tout d'abord que l'apparence contradictoire de la formule sous laquelle le problème se pose ne nous autorise pas à désespérer de le résoudre. Car sa formule exprime des faits d'expérience, et chercher à le poser autrement équivaudrait à falsifier les données que nous avons progressivement dégagées au cours d'une lente induction. Il est maintenant trop tard pour reculer, et nous devions songer plus tôt à contester la validité de notre enquête. Mais où l'erreur se serait-elle produite, et que pouvons-nous, avec une bonne conscience philosophique, regretter d'avoir concédé ? Serait-ce l'existence d'une fin dernière ? Mais alors, il fallait renoncer à rendre raison suffisante de l'existence même d'une activité humaine. Serait-ce plutôt de nous être laissé arracher par surprise les biens du corps et de l'âme qui nous semblaient proportionnés à notre nature, et, eux du moins, nous appartenaient ? Mais nous devons alors renoncer à découvrir le souverain bien de l'homme tel que le définit son essence. Et pourquoi donc, après tout, regretterions-nous d'avoir toujours accepté les faits tels qu'ils nous étaient donnés, et de n'avoir jamais renoncé à les interpréter par les principes premiers de la raison ? Ainsi, tout retour en arrière nous est interdit et c'est bien le problème dégagé **42** par notre analyse qu'il nous faut maintenant résoudre. Si | les données nous en semblent contradictoires, c'est sans doute que l'analyse doit en être poussée plus loin encore ; tout ce qui est réel est possible ; à nous de découvrir les conditions de sa possibilité.

Situons-nous donc au cœur de la difficulté. Nous hésitons, même alors que notre propre dialectique nous y contraint, à renoncer aux biens que nous croyons nous être proportionnés, pour accepter une fin dernière extérieure à notre nature. Mais c'est peut-être que cette fin extérieure et transcendante est en réalité la seule qui nous soit proportionnée et la seule capable d'exaucer complètement les vœux de notre nature. Il nous faudra donc, ici encore, en revenir à l'essence de l'homme, et nous demander si, bien loin d'être un scandale pour la pensée, la nécessité de situer sa fin dernière en dehors et au-dessus de lui, ne serait pas une exigence inscrite dans l'essence même d'un être doué de raison. Qu'est-ce, en effet, que la volonté d'un être raisonnable ?

Il faut considérer qu'à chaque espèce de forme correspond une certaine inclination. Le feu, par exemple, tend, en raison de sa forme, à monter et à engendrer une flamme qui lui soit semblable. Mais la forme des êtres qui participent à la raison est d'un ordre plus élevé que celle des êtres dépourvus de raison. En effet, chez les êtres dépourvus de raison, on rencontre seulement une forme qui les détermine à l'être unique qui leur est propre, et qui constitue l'être naturel de chacun d'eux. À cette forme naturelle correspond donc une inclination naturelle, que l'on nomme *appétit naturel*. Chez les êtres doués de connaissance au contraire, chacun d'eux est déterminé par sa forme naturelle à l'être naturel | qui lui est propre, **43** de telle manière cependant qu'il puisse recevoir les espèces des autres choses, comme le sens reçoit les espèces de tous les sensibles et l'intellect celles de tous les intelligibles. C'est de cette manière que l'âme de l'homme peut en quelque sorte tout devenir au moyen du sens et de l'intellect, car, avec lui, les êtres doués de connaissance approchent dans une certaine mesure de la ressemblance de Dieu en qui tout préexiste, comme le dit Denys (*De div. nominibus*, chap. v, § 5). De même donc que les formes se rencontrent chez les êtres connaissants sous un mode plus élevé que celui des formes naturelles, de même aussi nous devons trouver chez eux une inclination supérieure au mode de l'inclination naturelle, que l'on nomme l'appétit naturel. Cette inclination supérieure appartient à cette faculté de l'âme, par laquelle l'être vivant peut désirer les choses qu'il perçoit, et non pas seulement celles vers lesquelles il est incliné par sa forme naturelle (*ST*, I, q. 80, art. 1, Concl.).

Il apparaît dès lors clairement qu'une disproportion flagrante existe entre l'homme, pris avec la totalité de son expérience, et l'objet de son désir. Dieu est l'être total, et son amour infini peut trouver dans sa substance infinie de quoi s'assouvir parfaitement. Mais l'homme est trop parfait pour représenter la ressemblance de Dieu sans la connaître, et pas assez pour combler par ses propres moyens l'écart entre ce qu'il est et ce qu'il représente. Il n'est pas qu'une chose, comme le corps ou l'être naturel; il n'est pas tout, comme Dieu; il peut **44** | seulement tout devenir; et c'est parce qu'il devient les choses à mesure qu'il les connaît, que nous situons avec raison dans la faculté de connaître, par laquelle il imite l'infinité divine, la ressemblance propre de l'homme avec Dieu. Mais dès lors c'est bien la nature même de l'homme qui requiert impérieusement le transcendant et le divin. Puisqu'il peut imiter l'Être total, en connaissant et devenant par là même une série indéfinie d'autres êtres, la volonté et le désir de l'homme resteront toujours ouverts et insatisfaits, comme l'intellect qu'ils accompagnent. À moins cependant, ajoute saint Thomas, que cette volonté et ce désir ne rencontrent enfin l'objet infini qui leur donnera la paix et la béatitude.

Il est impossible que la béatitude de l'homme se rencontre en aucun bien créé. La béatitude est en effet un bien parfait, et qui apaise totalement le désir; car elle ne serait pas la fin dernière si, après elle, quelque chose restait encore à désirer. Or l'objet de la volonté, qui est la forme humaine de l'appétit, est le bien universel, de même que l'objet de l'intellect est le vrai universel; d'où il résulte évidemment que rien ne peut apaiser la volonté de l'homme si ce n'est le bien universel. Or ce bien ne se rencontre en rien de créé, mais seulement en Dieu, parce que toute créature ne possède qu'une bonté participée. C'est pourquoi Dieu seul peut combler la volonté de l'homme, comme il est dit au Psaume CII (v. 5): *C'est Lui qui comble de ses biens le désir*. C'est donc en Dieu seul que la béatitude de l'homme consiste (*ST*, Ia IIae, q. 2, art. 8, Concl.).

45 | Nous savons désormais quelle est la nature du souverain bien, il nous reste à définir l'acte par lequel nous parviendrons à l'appréhender.

IV. LA BÉATITUDE

La fin dernière, ou souverain bien, est transcendante à notre nature, parce que l'objet, ou cause, de notre béatitude, est un bien incréé, que l'on ne saurait inclure dans l'ordre du fini et du participé qui est le nôtre. Mais la saisie par l'homme, ou l'atteinte, ou la possession, ou l'usage ; en un mot, la jouissance de ce souverain bien, c'est cela qui est la béatitude au sens proprement humain. Et comme il s'agit ici d'un contact qui doit s'établir à l'intérieur de l'âme humaine, nous restons dans le domaine du fini, du participé, du créé. Chercher ce qu'est la béatitude, ou jouissance du souverain bien, c'est donc commencer une enquête sur un état de l'âme qui pourra sans doute la conduire à son plus haut degré de perfection et à la réalisation totale de son essence, mais dont nous savons d'avance qu'il la laissera hors de Dieu, face à face avec un infini qu'elle verra peut-être, mais sans jamais le devenir. Un être par participation ne deviendra jamais bienheureux que par participation (*ST*, Ia IIae, q. 3, art. 1, ad 1). Encore devons-nous définir selon quel mode cette participation pourra s'établir.

Et tout d'abord, nous savons qu'elle consistera inévitablement dans une opération, c'est-à-dire dans l'exercice d'une de nos facultés. Par définition, la béatitude ne nous laissera rien à désirer ; elle devra donc réaliser complètement toutes les possibilités de notre nature ; or elle ne le ferait pas si elle devait nous rendre capables d'accomplir l'acte le plus noble que l'on puisse imaginer sans nous conduire jusqu'à l'accomplissement même de cet acte (*ST*, Ia IIae, q. 3, art. 2, Concl.). Bien mieux, l'opération par laquelle nous deviendrons heureux ne devra pas être dirigée vers une matière | extérieure à **46** laquelle elle s'appliquerait pour la transformer, car nous agirions alors pour son bien, non pour le nôtre (*ibid.*, ad 3). Elle sera donc une opération intérieure à l'âme ou, comme disent les philosophes, immanente. Et comme on ne connaît que trois sortes d'opérations qui se terminent à l'intérieur de l'âme même : sentir, connaître, vouloir, nous n'avons le choix qu'entre l'une de ces trois-là. Mais nous pouvons même éliminer d'avance les opérations sensibles et les exclure du concours; car nous avons établi déjà que la béatitude consiste dans la conjonction de l'âme avec un bien incréé, donc incorporel, et qui ne saurait par conséquent tomber sous les prises de nos sens (*ibid.*, art. 3); nous ne pouvons donc plus hésiter qu'entre une opération de l'intellect ou une opération de la volonté.

On doit dire que, comme nous l'avons montré plus haut (p. 47) la béatitude comprend deux choses : l'une, qui est l'essence même de la béatitude et l'autre qui en est comme l'accompagnement naturel, savoir, la jouissance qui s'y ajoute. Je dis donc que quant à ce qui est de l'essence même de la béatitude, il est impossible qu'elle consiste dans un acte de la volonté. Il est en effet manifeste par ce qui précède que la béatitude est l'obtention de la fin dernière; or l'obtention d'une fin ne consiste pas dans l'acte même de la volonté, car la volonté se porte vers la fin en la désirant si elle est absente, et, si elle est présente, en jouissant de s'y reposer. Or il est manifeste que le désir de la fin pris en lui-même n'est pas l'obtention de la fin, 47 mais un mouvement vers cette fin; et quant à la jouissance, | on doit dire qu'elle advient à la volonté du fait que la fin est présente, et non pas, inversement, que quelque chose lui devient présent du fait que la volonté en jouit; il faut donc qu'il y ait quelque chose d'autre que l'acte de la volonté qui rende la fin elle-même présente à la volonté. Et c'est ce que l'on aperçoit clairement lorsqu'il s'agit de fins sensibles. Si l'on pouvait en effet se procurer de l'argent par un simple acte de volonté, l'avare obtiendrait de l'argent dès l'instant même où il commence à en vouloir; mais pour commencer, il n'en a pas; il ne l'acquiert que parce qu'il y porte la main, ou de toute manière analogue, et c'est de ce moment aussi que date sa joie de le posséder. Les choses doivent se passer de même lorsqu'il s'agit d'une fin intelligible; car pour commencer nous voulons obtenir une fin intelligible; mais nous ne l'obtenons que parce qu'elle nous devient présente par un acte de l'intellect, et c'est alors seulement que la volonté se repose dans la joie de la fin déjà possédée. Ainsi donc l'essence de la béatitude consiste dans l'acte de l'intellect, mais c'est à la volonté qu'appartient la jouissance qui résulte de la béatitude, et c'est pourquoi saint Augustin dit au livre X des *Confessions* (chap. XXIII, n. 33), que la béatitude est une joie née de la vérité : *gaudium de veritate*, parce qu'en effet la joie prise en elle-même est la consommation de la béatitude (*ST*, Ia IIae, q. 3, | art. 4, Concl.). **48** Cf. *Q. Quodl.*, q. 9, art. 19.

Ainsi les limites à l'intérieur desquelles se meut notre enquête se resserrent de plus en plus étroitement, et il pourrait même sembler que nous touchions déjà le terme, puisqu'il est évident désormais que le souverain bien ne peut consister que dans une opération de l'intellect. Mais l'intellect exerce deux fonctions, l'une par laquelle il appréhende les objets de la connaissance, et l'on dit alors qu'il joue le rôle d'intellect spéculatif; l'autre par laquelle il détermine les règles de l'action, et l'on dit alors qu'il joue le rôle d'intellect pratique. Comment choisir entre ces deux fonctions d'une même faculté? C'est un problème dont l'importance est décisive, car il s'agit ici de maintenir pour les temps à venir les droits de l'idéal humain le plus haut que l'on ait jamais conçu, en intégrant définitivement à la morale chrétienne l'idéal hellénique de la contemplation, ou de céder à la tendance qui nous fait prendre la course pour le but et situer notre fin dernière dans l'action. Mais avant de le résoudre il nous faut poser une distinction capitale. À partir du point où nous sommes parvenus, toute question concernant la béatitude recevra deux réponses, selon qu'il s'agira de la béatitude absolue et transcendante à notre actuelle expérience, ou de la béatitude relative par laquelle nous la préparons dès cette vie en l'imitant :

La béatitude désigne toujours une certaine perfection dernière, mais on doit nécessairement entendre ce mot en des sens différents selon que les différents êtres qui sont capables

de béatitude peuvent atteindre des degrés de perfection différents. Ainsi, en Dieu, la béatitude se trouve par essence, car,
dès lors qu'il ne jouit pas d'un autre, mais de lui-même, c'est
49 son être même | qui est son opération. Chez les anges, au
contraire la béatitude ou perfection dernière résulte d'une
certaine opération au moyen de laquelle ils s'unissent au bien
incréé, et, chez eux, cette opération est unique et éternelle.
Chez les hommes enfin, si nous les considérons dans l'état de
leur vie présente, la perfection dernière se trouve dans l'opération par laquelle l'homme s'unit à Dieu ; mais cette opération
ne peut pas être continue, et par conséquent elle ne peut pas
être unique, parce qu'elle se multiplie du fait de ses interrup-
tions ; et c'est justement pourquoi, dans l'état de notre vie présente, la béatitude parfaite est inaccessible à l'homme. Voilà
aussi pourquoi, lorsqu'Aristote place la béatitude de l'homme
dans cette vie, au livre I de l'*Éthique* (chap. x, 1101a20 ; de
S. Thomas, leç. 16), il la déclare imparfaite, et conclut, après
de nombreuses considérations : « nous les disons heureux,
autant que peuvent l'être des hommes ». Mais nous, nous avons
reçu de Dieu la promesse d'une béatitude parfaite, lorsque
« nous serons comme des anges dans le Ciel », ainsi que le dit
saint Matthieu (XXII, 30), et par conséquent, s'il s'agit de cette
béatitude parfaite, l'objection tombe, car c'est par une opération une, et continue, et éternelle, que la pensée de l'homme est
unie à Dieu dans l'état de béatitude. Mais s'il s'agit de la vie
présente, dans la mesure où l'unicité et la continuité d'une telle
50 opération | nous manque, dans la même mesure nous manque
aussi la perfection de la béatitude. Il nous reste cependant
quelque participation de cette béatitude, et plus notre opération peut être continue, et une, mieux aussi elle en réalise la
définition. C'est pour cela que la vie active, avec ses occupations multiples, réalise moins bien la définition de la béatitude

que la vie contemplative, où l'on ne s'occupe que d'une chose, la contemplation de la vérité. Car bien que parfois l'homme cesse pour un temps d'accomplir cette opération, comme elle est toujours à sa disposition, il peut toujours l'accomplir ; et comme, alors même qu'il l'interrompt, par exemple pour dormir ou pour quelque autre opération naturelle, ce n'est qu'en vue de la reprendre, cette opération paraît jouir d'une sorte de continuité (*ST*, Ia IIae, q. 3, art. 2, ad 4). Cf. *ibid.*, art. 5, Concl.

Nous apercevons du même coup pour quelle raison la béatitude, même considérée comme contemplation de la vérité, ne peut pas consister dans le simple exercice de la pensée scientifique :

On vient de dire en effet que la béatitude de l'homme est double, l'une parfaite, et l'autre imparfaite ; or il faut entendre par béatitude parfaite celle qui atteint à la vraie nature de la béatitude, et par béatitude imparfaite, celle qui n'y atteint pas, mais participe à la béatitude en ce qu'elle l'imite sous quelque aspect particulier. | C'est de la même façon que la prudence **51** parfaite se rencontre chez l'homme, parce qu'il sait la raison de ce qu'il faut faire, et une prudence imparfaite, au contraire, chez certains animaux, parce qu'ils ont certains instincts particuliers pour accomplir certaines opérations analogues à celles que dicte la prudence. Sous sa forme parfaite, ce n'est donc pas dans la considération des sciences spéculatives que la béatitude peut essentiellement consister. Pour s'en convaincre, on observera que le champ de la science spéculative ne s'étend pas plus loin que le pouvoir de ses principes, car dans les principes d'une science la science totale est virtuellement contenue. Or les principes premiers des sciences spéculatives sont acquis à l'aide des sens, comme le prouve Aristote au début de la *Métaphysique* (I, chap. I, 980b29) et la fin des *Seconds* *analytiques* (II, chap. xv, 100a6). C'est pourquoi le champ total des sciences spéculatives ne peut dépasser le point où la connaissance sensible peut nous conduire. Or ce n'est pas dans la connaissance sensible que peut consister l'ultime béatitude de l'homme, qui est aussi son ultime perfection ; car rien ne reçoit quelque perfection de ce qui lui est inférieur, si cet inférieur ne participe à quelque chose de supérieur ; et comme il est manifeste que la forme de la pierre, ou de n'importe quelle **52** chose sensible, est inférieure à l'homme, ce ne peut être | de la forme de la pierre en tant que telle que l'intellect humain reçoit sa perfection, mais en tant qu'il y a en elle, à l'état de participation, de la ressemblance avec quelque chose qui est au-dessus de l'intellect humain, comme la lumière intelligible par exemple, ou quoi que ce soit du même genre. Or tenir quelque chose d'autrui suppose quelqu'un qui l'ait par soi ; il faut donc que l'ultime perfection de l'homme se trouve dans la connaissance de quelque chose qui soit au-dessus de l'intellect humain. Et comme on a montré (*ST*, I, q. 88, art. 2) qu'au moyen du sensible on ne saurait parvenir à la connaissance des substances séparées qui sont au-dessus de l'intellect humain, il reste que l'ultime béatitude de l'homme ne puisse consister dans la considération des sciences spéculatives. Toutefois, de même qu'il existe dans les formes sensibles, à titre de participation, une certaine ressemblance des substances supérieures, de même la considération des sciences spéculatives est comme une participation de la vraie et parfaite béatitude (*ST*, Ia IIae, q. 3, art. 6, Concl.).

Ainsi l'analyse de plus en plus serrée de notre activité spirituelle nous ramène au point où nous avait conduit l'analyse de nos désirs : il y a dans l'essence de l'homme un besoin du transcendant et de l'absolu, et c'est comme notre définition même de ne pouvoir ni nous contenter de ce que nous sommes, ni nous donner ce que nous ne

sommes pas. Acceptons donc, sans en | retrancher arbitrairement **53**
aucune, toutes les exigences inscrites dans la structure même de notre
pensée ; si nous ne la mutilons pas dans son ambition la plus haute, elle
ne se reconnaîtra jamais satisfaite à moins d'avoir atteint l'essence
même de Dieu :

Il y a deux manières d'être en puissance. Une première,
c'est de l'être naturellement, c'est-à-dire à l'égard de ce qui
peut être réduit de la puissance à l'acte par un agent naturel.
Une deuxième manière, c'est de l'être à l'égard de ce qui ne
peut se réduire à l'acte par un agent naturel, mais par un agent
de quelque autre sorte ; et c'est ce que l'on constate d'ailleurs
dès le monde des corps. Que, par exemple, un enfant devienne
homme, c'est dans sa puissance naturelle ; ou encore que d'un
germe naisse un animal ; mais que du bois devienne un esca-
beau, ou qu'un aveugle devienne clairvoyant, cela n'est pas
dans leur puissance naturelle ; et il en est de même pour notre
intellect. Notre intellect est en effet en puissance naturelle à
l'égard de certains intelligibles, à savoir de ceux qui peuvent
être ramenés à l'acte par l'intellect agent, qui est en nous le
principe inné grâce auquel nous pouvons devenir intelligents
en acte. Or il nous est impossible d'atteindre notre fin dernière
par une telle réduction de notre intellect à l'acte, car la fonction
de l'intellect agent consiste à rendre intelligibles en acte les
phantasmes qui ne sont intelligibles qu'en puissance. | Et **54**
comme ces phantasmes sont reçus par les sens, notre intellect
ne peut être réduit à l'acte par l'intellect agent qu'à l'égard des
seuls intelligibles dont nous pouvons acquérir la connaissance
à l'aide du sensible. Mais il est impossible que la fin dernière
de l'homme consiste dans une telle connaissance, car, la fin
dernière une fois atteinte, le désir naturel doit entrer en repos.
Or, quelque progrès qu'un homme puisse faire en exerçant son
intellect dans le genre de connaissance où la science se tire du

sensible, il lui reste toujours le désir naturel de connaître autre chose. Nombreuses, en effet, sont les choses que nos sens ne peuvent atteindre et dont nous ne pouvons acquérir qu'une connaissance modique à partir du sensible, de telle sorte que nous arrivons peut-être à savoir qu'elles sont, mais non ce qu'elles sont, parce que les essences des choses immatérielles sont d'un autre genre que les essences des choses sensibles et leur sont pour ainsi dire incommensurablement transcendantes. Mais même si l'on s'en tient à ce qui tombe sous nos sens, il y a bien des choses dont nous ne pouvons connaître la nature avec certitude, car nous ne connaissons pas du tout certaines d'entre elles, et certaines autres fort mal; ainsi subsiste toujours le désir naturel d'une connaissance plus parfaite, et il est impossible qu'un désir naturel soit vain. Nous atteindrons donc notre fin dernière seulement si quelque 55 | agent supérieur à ceux qui nous sont connaturels réduit notre intellect à l'acte et apaise ainsi notre désir naturel de connaître. Or tel est notre désir de connaître que, connaissant l'effet, nous désirons connaître la cause, et, quelle que soit la chose dont il s'agisse, connaissant n'importe lesquelles de ses propriétés, notre désir n'a pas de repos que nous n'en connaissions l'essence. Ainsi donc le désir naturel de connaître ne s'apaisera pas en nous tant que nous ne connaîtrons pas la première cause, et non pas d'une manière quelconque, mais par son essence. Or la première cause est Dieu; la fin dernière d'une créature intellectuelle est donc de voir Dieu par son essence (*Compendium Theologiae*, chap. 104).

Unie à Dieu comme au seul objet en qui la béatitude de l'homme consiste, l'âme aura donc atteint la fin dernière vers laquelle tendait toute son activité morale (*ST*, Ia IIae, q. 3, art. 8, Concl.). Il pourrait sembler cependant qu'en reportant à une expérience future l'union de l'homme avec Dieu, on eût ajourné plutôt que résolu le problème de la béatitude. Car si Dieu nous est transcendant par essence, il nous le demeurera éternellement :

Comment cela est possible, voilà donc ce qu'il nous faut maintenant considérer. Or il est clair que notre intellect, ne pouvant connaître aucune chose que par son espèce, ne peut connaître par l'espèce d'une chose l'essence d'une autre chose ; et plus l'espèce par laquelle | l'intellect connaît est **56** éloignée de la chose connue, plus la connaissance qu'a notre intellect de l'essence de cette chose est imparfaite. Si par exemple il connaissait le bœuf par l'espèce de l'âne, il en connaîtrait l'essence imparfaitement, à savoir seulement quant au genre ; mais il le connaîtrait plus imparfaitement encore s'il le connaissait par l'espèce de la pierre, parce qu'il le connaî-trait par un genre plus éloigné. Que s'il le connaissait enfin par l'espèce de quelque chose dont le genre n'eût rien de commun avec aucun bœuf, il ne connaîtrait pas du tout l'essence du bœuf. Or il est manifeste par ce qui précède que rien de ce qui est créé ne communique en genre avec Dieu. Par aucune espèce créée par conséquent, non seulement sensible, mais intelligible, Dieu ne peut être connu dans son essence. Afin donc que Dieu lui-même soit connu dans son essence, il faut que Dieu lui-même devienne la forme de l'intellect qui le connaît, et qu'il s'unisse à lui, non pour constituer une seule nature, mais comme l'espèce intelligible s'unit à l'intellect qui connaît. Car Lui, de même qu'il est son être, il est sa vérité, qui est la forme de l'intellect. Or il faut nécessairement que tout ce qui acquiert une forme acquière quelque disposition en vue de cette forme. Mais notre intellect ne se trouve pas de par sa nature propre dans l'ultime disposition requise pour recevoir cette forme qu'est la vérité, sans quoi il l'eût acquise | dès le **57** commencement. Il faut donc que, lorsqu'il l'acquiert, il soit élevé vers elle par quelque disposition nouvelle et surajoutée. C'est cette disposition que nous appelons Lumière de Gloire. Grâce à elle notre intellect est conduit à sa perfection par Dieu qui possède seul cette forme propre en vertu de sa nature, de même que la chaleur qui dispose à la forme du feu ne peut venir que du feu ; et c'est d'elle qu'il est dit au Psaume XXXV (v. 10) : « c'est dans ta lumière que nous verrons la lumière », *In lumine tuo videbimus lumen*.

Or, si l'on suppose atteinte cette fin, le désir naturel doit nécessairement être satisfait ; parce que l'essence divine, qui s'unit de la manière que nous venons de dire à l'intellect de celui qui voit Dieu, est à la fois le principe suffisant de toute connaissance, et la source de toute bonté, de sorte qu'il ne peut plus rien rester à désirer. Et c'est là aussi la plus parfaite manière d'acquérir la ressemblance de Dieu que de le connaître de la manière dont lui-même se connaît, c'est-à-dire par son essence. Que si nous ne le comprenons pas comme il se comprend lui-même, ce n'est pas que nous en ignorions une partie, car il n'a pas de parties, mais c'est que nous ne le connaissons pas aussi parfaitement qu'il est connaissable ; c'est que le pouvoir de notre intellect, lorsqu'il le connaît, ne peut se faire l'égal de la vérité par laquelle il est connaissable, **58** car | sa clarté, ou vérité, est infinie, et notre intellect fini, alors que son intellect est infini comme sa vérité même ; et c'est enfin pourquoi Dieu lui-même se connaît autant qu'il est connaissable, comme celui-là comprend une conclusion démontrable qui la connaît par raison démonstrative, non celui qui la connaît d'une manière imparfaite, c'est-à-dire par une raison probable. Et comme nous disons que la fin dernière de l'homme est la béatitude, c'est en cela que consiste la félicité de l'homme, ou béatitude : voir Dieu par essence ; encore qu'au point de vue de la perfection, sa béatitude demeure fort

éloignée de celle de Dieu, parce que c'est en vertu de sa nature
que Dieu possède cette béatitude, et que l'homme, au contraire,
ne l'obtient que par une participation à la lumière divine, ainsi
que nous l'avons dit plus haut (*Compendium Theologiae*,
chap. 105-106). Cf. *Q. Quodlibetales*, quod. VII, q. 1, art. 1,
Concl.

Encore que ces pages radieuses soient à elles-mêmes leur propre
commentaire, nous soulignerons, pour ceux qui n'ont pas encore
présente à la pensée la structure organique du système, trois caractères
distinctifs de la doctrine qu'elles développent.

Le premier est la *transcendance* fortement accusée que la pensée
thomiste attribue à Dieu, caractère si éminemment intrinsèque à son
essence que non seulement aucune créature, considérée dans aucun
état, ne saurait jamais être ni devenir Dieu, mais encore qu'aucune
créature, considérée dans aucun état, ne peut prétendre à une connais-
sance « naturelle » de l'essence divine ; | la vue directe de Dieu dépas- **59**
sera toujours la capacité de l'intellect humain de toute la hauteur
dont Dieu dépasse l'homme, et, par conséquent, la vision béatifique
ne pourra jamais être qu'une grâce surnaturelle (*ST*, Ia, q. 12, art. 4,
Concl. et 5, Concl.; *ScG*, l. III, chap. LIII), qui n'introduira d'ailleurs
même pas l'intellect créé à l'intérieur de l'essence divine, mais se
déversera sur lui pour l'illuminer et le rendre capable de la voir.

Le deuxième est la *continuité* de la pensée thomiste, fondée sur
l'application du principe de causalité à un univers sensible. Saint
Thomas ne perd jamais, même dans ses spéculations les plus hautes, le
fil conducteur de l'« analogie » qu'il a saisi dès son point de départ.
L'expression de Lumière de la Gloire est une comparaison, mais elle
n'est pas sans raison. De même en effet qu'il existe des objets
sensibles, telle ou telle pierre ; un moyen par quoi nous les percevons,
l'espèce sensible ; et un moyen qui les fait percevoir, la lumière du
soleil ; de même aussi nous avons des objets intelligibles, comme
l'essence de la pierre ; un moyen par quoi nous les connaissons, le
phantasme des choses sensibles ; et un moyen qui nous les fait percevoir, l'intellect agent qui se comporte à leur égard comme une sorte de

lumière ; de même donc nous aurons enfin dans notre état de perfection un objet perçu, l'essence divine, mais comme cette fois la connais-sance sera directe et intuitive, il n'y aura pas de moyen par quoi nous la connaîtrons, mais seulement une sorte de lumière qui nous la fera connaître (*In III Sent.*, dist. 24, q. 1, art. 2, sol. 1.; *ScG*, l. III, chap. LIII, à *Quia vero in cognitionem*).

Le troisième est l'*unité* que cette analogie introduit entre l'activité morale de l'homme, avec la béatitude relative qui doit l'accompagner, et la béatitude absolue qui constitue la moralité parvenue à son degré suprême. Puisqu'en effet la perception de Dieu par l'intellect doit porter la nature humaine à son point le plus haut de perfection et actua-liser enfin pleinement cette « humanité » qui ne se réalisait que de **60** façon fragmentaire, il est | certain que la béatitude légitimera en les recueillant et les portant à leur point de perfection, toutes les opéra-tions, tous les désirs, toutes les joies qui, s'accordant avec les exi-gences les plus nobles et les plus « humaines » de notre nature, imitent, en le préparant, l'état d'une âme dont les aspirations infinies seront enfin comblées. Voilà pourquoi nulle morale ne mérite mieux que celle de saint Thomas l'épithète d'humaniste, et l'on peut, sans le moindre paradoxe, définir le thomisme comme un humanisme intégral :

Il résulte en effet, évidemment de ce qui précède que, dans la suprême félicité qui provient de la vision divine, tout désir humain se trouvera comblé, selon cette parole du Psaume CII (v. 5) : *C'est Lui qui comble de biens tous tes désirs*. Et en effet, tous les désirs humains trouvent là leur accomplissement, comme on peut le montrer en les considérant un à un.

C'est en effet, un désir de l'homme, puisqu'il a une intelligence, que de connaître la vérité, et c'est ce désir que les hommes satisfont en s'adonnant à la vie contemplative. Or il trouvera manifestement son accomplissement dans la vision béatifique, lorsque, par la vue de la vérité première, tout ce que l'intellect désire naturellement de connaître lui deviendra connu (*cf.* chap. LIX).

Il y a aussi chez l'homme, en tant que doué de raison, un désir d'ordonner les choses comme la raison l'exige, et c'est celui que les hommes cherchent à satisfaire en s'adonnant à la vie active et sociale. L'objet principal de ce désir est d'organiser toute la vie de l'homme | conformément à la raison, c'est- **61** à-dire de vivre selon la vertu, car la fin que se propose en agissant tout homme vertueux est le bien de sa vertu propre, comme la fin que se propose le fort est d'agir avec force. Or ce désir se trouvera complètement exaucé lorsque la raison sera au comble de sa vigueur, et éclairée par une lumière divine qui lui rendra impossible de s'égarer.

La vie sociale s'accompagne d'ailleurs de certains biens dont l'homme a besoin pour agir dans la société, comme par exemple l'élévation aux honneurs, qui rend les hommes excessifs et ambitieux lorsqu'ils la désirent désordonnément. Or, c'est au suprême sommet de l'honneur que cette vision de Dieu exalte les hommes, puisqu'ils y sont en quelque sorte unis à Dieu, comme on l'a montré plus haut (chap. LI). Et c'est pourquoi, de même qu'on dit de Dieu qu'il est le roi des siècles, on dit des bienheureux qu'ils règnent en union avec lui. *Ils régneront avec le Christ (Apocal.*, XX, 27). – Encore une autre chose que l'on désire dans la vie sociale, c'est la célébrité de la renommée, dont on dit que le désir désordonné rend les hommes avides de vaine gloire. Or, par la vision béatifique, les bienheureux sont rendus célèbres, non dans l'opinion d'hommes qui peuvent tromper et se tromper, mais dans la très véridique connaissance et de Dieu, et de tous les élus. Et c'est | pour cela que cette béatitude reçoit très souvent dans l'Écri- **62** ture le nom de gloire, comme on lit par exemple au Psaume CXLIX, v. 5 : *Les justes exulteront dans la gloire.* – Et il y a une dernière chose que l'on désire dans la vie sociale, ce sont les richesses, dont l'appétit et l'amour désordonné rendent les hommes avares et injustes. Mais dans la béatitude future tous les biens se trouvent en suffisance, parce que les bienheureux y jouissent de Celui qui contient la perfection de tous les biens. C'est pourquoi nous lisons dans la *Sagesse* (VII, 11) : *Tous les biens me sont arrivés en même temps qu'elle*, et, dans le Psaume III (v. 3) : *La gloire et la richesse habitent sa maison*.

Il existe aussi un troisième désir de l'homme et qui lui est commun avec les autres animaux, c'est de se rassasier de plaisirs. Les hommes cherchent principalement à le satisfaire par une vie voluptueuse, et son exagération les rend intempérants et incontinents. Or, ce qu'il y a dans la félicité de l'au-delà, c'est une joie très parfaite, et qui l'emporte sur celle des sens, dont les bêtes brutes elles-mêmes peuvent jouir, d'autant que l'intellect l'emporte sur le sens. Plus en effet ce bien dont nous jouirons est supérieur à tout bien sensible, intime, et continuellement délicieux, plus aussi cette délectation est pure de tout mélange avec ce qui peut attrister ou

63 inquiéter ; car c'est d'elle qu'il est dit au | Psaume XXXV (v. 9) : *Ils s'enivreront de l'abondance de ta demeure, et tu les abreuveras d'un torrent de volupté*.

Et il existe enfin un désir naturel, commun à toutes choses, qui leur fait désirer de se conserver dans la mesure du possible ; c'est celui dont l'exagération rend les hommes timides et les porte à trop s'épargner la peine. Or ce même désir se trouvera complètement satisfait lorsque les bienheureux, à l'abri de tout ce qui peut nuire, jouiront d'une perpétuité parfaite, comme l'annoncent *Isaïe* (XXXI, 10) et l'*Apocalypse* (VII, 16) : *Ils n'auront plus jamais ni faim ni soif, et le soleil ne frappera plus sur eux, ni aucune chaleur*.

Il résulte donc évidemment de là que c'est par la vision divine seule que des êtres intelligents peuvent trouver la vraie félicité, dans laquelle tout désir est satisfait, et où se trouve cette pleine suffisance de tous les biens qui, selon Aristote (*Éthique*, X, chap. VII) est requise pour le bonheur. Et c'est aussi pour cela que Boèce a dit (*De consolatione*, l. III, pros. 2) : « La béatitude est un état que rend parfait le concours de tous les biens ». Or, dans la vie présente, rien ne ressemble plus à cette suprême et parfaite félicité que la vie de ceux qui contemplent la vérité autant qu'il se peut faire en cette vie. C'est pourquoi, n'ayant pu connaître pleinement la félicité suprême, les philosophes ont situé la | plus haute félicité de **64** l'homme dans la contemplation qui nous est ici bas accessible. Et c'est également pourquoi, entre tous les genres de vie, l'Écriture Sainte recommande de préférence la vie contemplative, selon cette parole du Seigneur (*Luc* X, 42) : *Marie a choisi la meilleure part* (c'est-à-dire la contemplation de la vérité), *elle ne lui sera point enlevée*. Et en effet, la contemplation de la vérité commence bien en cette vie, mais c'est dans la vie future qu'elle s'achève, au lieu que la vie active et sociale ne continue pas dans l'au-delà (*ScG*, l. III, chap. LXIII).

Tel est le but, et c'est à nous conduire sûrement vers lui que tendra toute la morale ; or on ne l'atteint que par des actes ; il faut donc étudier maintenant la nature des actes humains.

LES ACTES HUMAINS

Science de ce qu'il faut faire pour atteindre la béatitude, la morale est d'ordre pratique; elle doit donc aboutir à la description et à la prescription d'actes particuliers. Mais, puisqu'elle est une science, il faut nécessairement qu'elle se fonde sur de l'universel; nous devrons donc partir des principes les plus universels de nos actes, pour descendre de là jusqu'au détail concret de l'activité morale. D'autre part, puisque la béatitude qu'il s'agit d'atteindre est le bien propre de l'homme, nous devrons examiner d'abord les actes volontaires, qui sont propres à l'homme, remettant à plus tard l'étude des actes qui lui sont communs avec les autres animaux, c'est-à-dire des passions. Qu'est-ce que *le volontaire*?

I. LE VOLONTAIRE

Un acte volontaire est un acte raisonnable; l'homme est un être raisonnable; le volontaire doit donc se rencontrer dans les actes humains:

Pour le comprendre clairement, il faut considérer que le principe de certains actes, ou de certains mouvements, se trouve dans l'être qui agit, ou qui se meut; tandis que le principe de certains autres mouvements ou actes se trouve | au **66** dehors. Par exemple, lorsqu'une pierre s'élève (*sc.* parce qu'on la jette en l'air), le principe de ce mouvement est en dehors de la pierre ; mais lorsqu'elle descend (*sc.* parce qu'elle tombe naturellement), le principe de ce mouvement est dans la pierre même. Maintenant, parmi ces choses qui sont mues par un principe intrinsèque, certaines se meuvent elles-mêmes et certaines autres, non ; et comme tout ce qui agit ou se meut, agit ou se meut en vue d'une fin, ainsi qu'on l'a vu plus haut (q. 1, art. 2, et p. 37), on considérera comme complètement mus par un principe intrinsèque les êtres en qui se trouve non seulement un principe qui les fait se mouvoir, mais encore un principe qui les fait se mouvoir en vue d'une fin.

Or, pour qu'une chose se fasse en vue d'une fin, une connaissance quelconque de cette fin se trouve requise ; par conséquent, tout être qui agit ou se meut en vertu d'un principe intrinsèque qui suppose quelque connaissance de la fin, possède vraiment en soi le principe de son acte, et de quoi non seulement agir, mais même agir en vue d'une fin. Quant à ceux qui ne possèdent aucune connaissance de la fin, alors même qu'ils contiennent en eux le principe de leur action ou de leur mouvement, ce n'est pas en eux que se trouve le principe qui les fait agir ou se mouvoir en vue d'une fin, mais en quelque autre qui leur imprime le principe de leur mouvement vers la

67 | fin. C'est pourquoi l'on dit de pareils êtres, non pas qu'ils se meuvent, mais qu'ils sont mus, au lieu qu'on dit de ceux qui connaissent leur fin qu'ils se meuvent eux-mêmes, précisément parce qu'ils ont en eux ce principe qui les fait, non seulement agir, mais même agir en vue d'une fin. Et c'est pourquoi, devant à un principe intrinsèque, et d'agir, et d'agir en vue d'une fin, leurs mouvements et leurs actes s'appellent *volontaires*. Ainsi le mot *volontaire* signifie que le mouvement

ou l'acte naissent d'une *inclination propre*; et de là vient qu'Aristote, Grégoire de Nysse et Jean Damascène ne définissent pas le volontaire, simplement comme ce dont le principe est au dedans, mais qu'ils y ajoutent encore la science. De là résulte enfin que, comme c'est surtout l'homme qui connaît la fin de ce qu'il fait et se meut lui-même, c'est surtout dans ses actes que le volontaire se rencontre (*ST*, Ia IIae, q. 6, art. 1, Concl.).

Surtout, disons-nous; et, dans le monde sensible, nous pourrions même dire uniquement. Car si le volontaire est fonction de la connaissance, il apparaît avec elle, disparaît avec elle, varie comme elle. Là donc où il n'y a pas connaissance proprement dite de la fin, comme c'est le cas chez les animaux qui poursuivent des fins sans se les représenter comme telles, il n'y a pas non plus de volonté proprement dite. Par contre, il suffit qu'il y ait maîtrise interne de l'action, avec conscience de la fin poursuivie, pour que le volontaire existe, même alors qu'aucune action n'est accomplie. En effet, on nomme volontaire tout ce qui vient de la volonté :

| Or on peut dire qu'une chose vient d'une autre en deux **68** sens différents. Elle peut en venir d'abord directement si elle vient de l'action même de cette chose, comme par exemple la caléfaction vient de l'action de la chaleur. En un autre sens, elle peut en venir indirectement, et du seul fait que cette chose n'agit pas, comme on peut dire que le naufrage d'un navire vient du pilote en tant qu'il a cessé de gouverner. Il faut savoir cependant que ce qui résulte de l'absence d'une action n'est pas imputable à l'agent comme à sa cause du simple fait qu'il n'agit pas, mais seulement dans les cas où il pourrait et devrait agir; car si un pilote ne pouvait pas conduire son navire, ou si la conduite ne lui en avait pas été confiée, on ne lui imputerait pas le naufrage que son absence occasionne. Or comme en voulant

et en agissant la volonté peut empêcher le fait de ne pas vouloir
et de ne pas agir, et que parfois elle le doit, le fait de ne pas
vouloir et de ne pas agir lui est imputé comme venant d'elle. Et
ainsi, il peut y avoir *volontaire* sans acte ; quelquefois d'abord
sans acte extérieur mais avec acte intérieur, comme lorsqu'on
veut ne pas agir ; et quelquefois même sans acte intérieur,
comme lorsqu'on ne veut pas agir (*ST*, Ia IIae, q. 6, art. 2,
Concl.).

Cette intériorité absolue de la volonté s'explique par le fait qu'elle
est la forme la plus achevée de la nature. On sait en effet que la nature
69 aristotélicienne est le | principe interne immédiat des opérations et des
mouvements pour les êtres en qui elle réside ; or c'est en allant jusqu'à
ce qu'il y a de plus intérieur dans la nature : sa finalité, et en posant
cette finalité comme intérieure à la nature elle-même que nous avons
rencontré la volonté. On comprendra dès lors pourquoi cette volonté,
qui ne supporte même pas que sa propre finalité lui vienne du dehors,
supporterait encore bien moins que son mouvement et son activité
lui fussent imposés de l'extérieur ; la volonté, de par l'intériorité qui
est son essence propre, est donc strictement inviolable ; on ne peut
faire violence du dehors qu'aux actes extérieurs, et par conséquent
différents d'elle, qui devraient demeurer soumis à sa juridiction :

Il y a deux actes de la volonté : l'un lui appartient immédiatement parce qu'il émane d'elle, c'est l'acte de vouloir.
L'autre est un acte de volonté en ce que la volonté le commande,
mais il s'exécute par l'intermédiaire d'une autre faculté ; par
exemple, marcher ou parler sont des actes commandés par la
volonté, mais qu'une faculté motrice exécute. Si l'on se place
donc au point de vue des actes commandés par la volonté, la
volonté peut souffrir violence, en tant que par cette violence
les membres extérieurs peuvent être empêchés d'exécuter
l'ordre de la volonté. Mais quant à l'acte propre de la volonté
elle-même, on ne peut pas lui faire violence. Et la raison en

est que l'acte de la volonté n'est rien d'autre qu'une certaine inclination qui procède d'un principe intérieur connaissant, comme l'appétit naturel est une certaine inclination issue d'un principe intérieur, mais sans connaissance ; | or ce qui **70** est contraint, ou violent, vient d'un principe extérieur ; c'est pourquoi il est contre la nature même de l'acte volontaire d'être un acte contraint ou violent, exactement comme il est contre l'essence de l'inclination ou du mouvement naturel d'une pierre de monter ; il est possible en effet que la pierre monte par violence, mais que ce mouvement violent lui appartienne en vertu de son inclination naturelle, c'est cela qui n'est pas possible. De même enfin, un homme peut être traîné par violence, mais qu'il le soit en raison de sa volonté, c'est contradictoire avec la définition même de la violence (*ST*, Ia IIae, q. 6, art. 4, Concl.).

En possession de cette caractéristique de l'acte volontaire, nous sommes désormais en mesure de qualifier chaque acte et de le classer sans risque d'erreur parmi les actes qui relèvent ou parmi ceux qui ne relèvent pas de la volonté. Il est clair, tout d'abord, que le violent est encore plus incompatible avec le volontaire qu'il ne l'est avec le naturel, les deux termes s'opposant comme ce qui vient du dedans à ce qui est subi du dehors ; nous savons donc d'avance que tout acte résultant d'une violence extérieure infligée à nos membres ne peut pas être imputé à notre volonté (*ibid.*, art. 5). Mais il est clair également, et le point est d'importance capitale, que rien de ce qui prétendrait agir directement sur la volonté elle-même, ne serait capable de la violenter ; on peut imposer des actes qu'elle condamne au corps qu'elle commande, personne ne peut rien lui imposer à elle-même par force, et non pas Dieu lui-même, car tout ce qu'il pourrait lui imposer deviendrait volontaire en passant par elle ; sans doute, | il est bien vrai **71** de dire avec l'Écriture : *Le cœur du roi est dans la main de Dieu, et il l'inclinera dans tous les sens qu'il voudra* (*Prov.*, XXI, 1), mais ce cœur est un cœur humain, et par conséquent Dieu ne lui fera vouloir que des actes volontaires (*ST*, Ia IIae, q. 6, art. 4, ad 1). Nous apercevons donc ici l'unité profonde de la coopération que Dieu apporte au monde matériel avec celle qu'il apporte au monde moral, et cette unité s'explique par ce fait que la volonté n'est qu'une nature dont la finalité même est consciente et intérieure. Or personne ne songe à nier que le mouvement naturel d'un corps ne reste naturel sous prétexte qu'il a reçu de Dieu sa nature et qu'il est mu par Dieu comme par son premier moteur; personne ne voudra nier non plus que le mouvement volontaire d'un être ne reste volontaire, même dans la mesure où sa volonté est mue par Dieu (*ibid.*, art. 1, ad 3). D'un mot la coopération de Dieu s'applique aux êtres, mais elle ne s'y substitue pas; il meut donc les natures comme natures, et les volontés comme volontés (*Q. disp. de Veritate*, q. 22, art. 8).

On pressent peut-être dès à présent les innombrables répercussions que peut exercer un tel principe sur la critique de détail des actes humains, et l'on sent déjà combien il sera difficile pour l'homme de se décharger sur autrui de la responsabilité de ses actes. Rien ne peut le contraindre du dehors, nous le savons déjà; éliminons maintenant l'illusion que quelque chose puisse le contraindre du dedans. Les grands principes internes de violence sont les passions, les deux plus générales sont la concupiscence et la crainte; cherchons d'abord si la première peut supprimer le caractère volontaire de nos actes? Il est trop évident que non; la concupiscence nous porte en effet avec ardeur vers l'objet désiré; elle incline donc la volonté à vouloir ce que nous désirons et renforce par conséquent le caractère volontaire de l'acte bien plutôt qu'elle ne tendrait à l'effacer (*ibid.*, art. 8, Concl.). Plus subtil est le problème posé par la crainte, mais, à une nuance près, il est justiciable de la même conclusion. | On ne peut juger absolument du caractère d'un acte que si l'on tient compte de toutes les circonstances qui l'accompagnent; or un acte inspiré par la crainte peut sembler involontaire si on le considère abstraitement, mais il apparaît toujours comme volontaire lorsqu'on examine les motifs particuliers qui le déterminent; personne ne voudrait jeter des marchandises à la mer pour le plaisir de le faire, mais personne n'hésiterait à le faire pour éviter un naufrage; ce sont donc là des actes volontaires, bien que celui qui les accomplit y soit acculé par les circonstances (*ibid.*, art. 6; et *Quodl.*, V, art. 10). Reste un problème beaucoup plus important encore à cause de ses conséquences pratiques, le rapport de l'ignorance au caractère volontaire des actes humains :

L'ignorance engendre l'involontaire par la raison même qu'elle exclut la connaissance, dont nous avons dit plus haut (art. 2, p. 68) qu'elle doit précéder un acte pour qu'il soit volontaire. Cependant, n'importe quelle ignorance n'exclut pas cette connaissance. Il faut donc savoir que l'ignorance peut se rapporter à l'acte de volonté de trois manières différentes selon, premièrement, qu'elle l'accompagne; deuxièmement, qu'elle la suit; troisièmement, qu'elle la précède.

Elle l'accompagne, d'abord, quand l'ignorance porte sur ce que l'on fait, mais que l'on ferait tout de même, encore qu'on le sût. Dans ce cas en effet, ce n'est pas l'ignorance qui induit à vouloir que l'acte se fasse, mais il se trouve par hasard qu'une action soit à la fois accomplie et ignorée; tel est le cas par exemple, lorsqu'un | homme qui voudrait d'ailleurs tuer **73** son ennemi, le tue sans le savoir en croyant tuer un cerf. Or l'ignorance de ce genre ne rend pas un acte involontaire, comme le remarque Aristote (*Éthique*, III, chap. I, 1110b25), parce qu'elle n'implique rien qui répugne à la nature de la volonté; elle le rend seulement non volontaire, parce qu'on ne peut considérer comme actuellement voulu ce qui est ignoré.

L'ignorance suit d'autre part la volonté lorsque c'est l'ignorance elle-même qui est volontaire; et le fait se produira de deux manières, selon les deux modes de volontaire que nous avons distingués plus haut (art. 3, ad 1). D'une première manière, dans les cas où l'acte de la volonté a pour fin l'igno-rance, comme lorsqu'on veut ignorer pour avoir une excuse à son péché, ou pour ne pas en sortir, selon cette parole de *Job*,

XXI (v. 14) : *nous ne voulons pas la science de vos voies*; c'est ce que l'on appelle l'ignorance affectée. D'une deuxième manière, on nomme volontaire l'ignorance de ce que l'on peut et doit savoir, car ne pas agir et ne pas vouloir en pareil cas relève du volontaire, ainsi que nous l'avons dit plus haut (art. 2, p. 67). On dit donc qu'il y a ignorance de ce genre lorsque nous ne considérons pas actuellement ce que nous pourrions et devrions prendre en considération, et c'est alors l'ignorance de mauvais choix, qui naît d'une passion ou d'une **74** habitude, | ou encore lorsque nous négligeons d'acquérir les connaissances que nous devrions posséder, et c'est en ce sens que l'on considère comme volontaire l'ignorance des principes du droit, que chacun est tenu de connaître et que l'on ignore cependant par négligence. Et comme l'ignorance elle-même est volontaire dans l'un et l'autre de ces deux cas, elle ne peut rendre un acte purement et simplement involontaire; elle le rend pourtant relativement involontaire, en ce sens qu'elle précède le mouvement de la volonté vers un certain acte, qui, si la science était présente, ne se produirait pas.

Enfin l'ignorance peut précéder la volonté de telle manière que, n'étant pas volontaire, elle fait cependant vouloir ce qu'autrement on ne voudrait pas; comme lorsqu'un homme ignore d'un acte certaine circonstance qu'il n'était pas tenu de connaître, et se trouve faire par là même quelque chose qu'il n'eût pas fait s'il l'avait connue; ainsi par exemple, si quelqu'un ignore, malgré toutes les précautions qu'il a prises, qu'une personne passe sur la route, décoche une flèche et tue ce passant. Et une ignorance de ce genre fait qu'un acte est involontaire, purement et simplement (*ST*, Ia IIae, q. 6, art. 8, Concl.). Cf. *Q. disp. de Malo*, q. 3, art. 7-8.

Ainsi toutes ces enquêtes que nous poursuivons relativement | à **75**
la nature du volontaire nous ramènent à la même conclusion : il y a
volontaire là, et là seulement où il y a principe interne d'action avec
connaissance de la fin poursuivie ; de là cette formule qui résume la
doctrine : *actus proprie dicuntur humani, prout sunt voluntarii*, car
c'est dire une seule et même chose que de dire acte volontaire ou de
dire acte humain. De là enfin cette évidence que le caractère volontaire
d'un acte ne réside pas dans la matérialité même du mouvement qui
le constitue, car tout se meut, hommes, animaux, plantes et choses ;
mais l'homme seul veut, parce qu'il contient seul en soi le principe
d'orientation de son mouvement.

II. L'ACTE DE VOLONTÉ

Sachant ce qui définit le volontaire comme tel, nous allons étudier
l'acte de volonté considéré en lui-même et dans sa réalité concrète.
L'ordre que nous devons tenir dans cette étude nous sera nécessairement imposé par l'analyse des rapports que la volonté soutient avec
sa fin, c'est-à-dire avec ce qui en est l'objet propre. Il est tout d'abord
manifeste que la volonté n'a d'autre fin que le bien, et il faut l'entendre
en ce sens fort que c'est l'essence même de la volonté que de ne se
mettre en mouvement que pour un bien. La proposition est évidente,
de par la seule définition de l'appétit dont la volonté est une espèce, et
du bien. Le bien est ce que l'on désire ; on ne désire que le bien ; voilà
deux propositions équivalentes. Or la volonté est un désir raisonnable ; elle est donc le désir d'un bien connu par la raison (*ScG*, l. I,
chap. XCVI ; *Q. de Veritate*, 22, art. 1 ; *ST*, Ia IIae, q. 8, art. 1, Concl.).
Ce qui, par contre, n'est pas évident, mais que l'analyse de saint
Thomas, met en lumière, c'est la complexité que ce caractère introduit d'avance dans le système des éléments dont l'acte volontaire est
composé.

Tantôt, en effet, le mot volonté signifie la | faculté de **76**
vouloir, et tantôt au contraire l'acte même de cette faculté. Si

nous voulons parler de volonté au sens de faculté, elle s'étend à la fois à la fin et aux moyens. En effet, chaque faculté s'étend à tout ce qui participe d'une manière quelconque à la nature de son objet (comme la vue s'étend à tout ce qui participe à la couleur d'une manière quelconque), et la nature du bien, qui est l'objet propre de la volonté, se rencontre non seulement dans la fin, mais encore dans les moyens. Que si, au contraire, nous parlons de la volonté au sens précis d'acte volontaire, alors il n'y a plus de volonté proprement dite que de la fin, car tout acte qui tire son nom d'une faculté ne désigne proprement que l'acte de cette faculté, comme par exemple : « acte d'intelligence », désigne simplement l'acte de l'intellect. Or, quand il est simple, l'acte d'une faculté porte sur ce qui est de soi l'objet de cette faculté. Dès lors, comme tout ce qui est bon et voulu pour soi est une fin, la volonté proprement dite porte sur les fins; et comme les moyens, au contraire, ne sont ni bons ni voulus pour eux-mêmes, mais par rapport à leur fin, la volonté ne s'y porte qu'en tant qu'elle se porte vers cette fin, de sorte que cela même qu'elle veut en eux, c'est leur fin. Tout de même, l'acte d'intelligence proprement dit ne porte que sur ce qui est connaissable en soi, c'est-à-dire sur les principes, et s'il s'agit de connaissances | déduites des principes, on ne parle d'intelligence que dans la mesure où l'on considère en elles les principes; car la fin est dans l'ordre du désirable ce que le principe est dans l'ordre de l'intelligible (*ST*, Ia IIae, q. 8, art. 2, Concl.).

Voici maintenant comment découle de cette analyse la complexité de l'acte volontaire que nous avions laissé prévoir :

Comme la fin est voulue pour elle-même, alors que le moyen, en tant que tel, n'est voulu que pour la fin, il est évident que la volonté peut se porter vers la fin, en tant que telle, sans se porter vers les moyens, mais qu'elle ne peut se porter sur les moyens, en tant que tels, sans se porter vers la fin. Ainsi donc, la volonté peut se porter vers la fin de deux manières, premièrement vers la fin prise absolument en elle-même, deuxièmement vers la fin considérée comme raison de vouloir les moyens.

Il est dès lors manifeste que c'est un seul et même mouvement de la volonté qui la porte vers la fin considérée comme raison de vouloir les moyens, et vers ces moyens eux-mêmes. Mais c'est un acte différent qui porte la volonté vers la fin prise en elle-même, à tel point que parfois il vient le premier dans le temps, comme lorsqu'on veut d'abord la santé, et qu'ensuite, délibérant sur la manière de l'acquérir, on veut | consulter un médecin pour se guérir. Or, là encore, on voit la **78** même chose se produire dans l'ordre de l'intellect ; car d'abord nous comprenons les principes eux-mêmes pris en soi, et ensuite nous les comprenons dans leurs conclusions en ce que nous donnons notre assentiment à ces conclusions à cause des principes (*ST*, Ia IIae, q. 8, art. 3, Concl.).

Cette dualité foncière de l'acte de vouloir nous dicte l'ordre à suivre dans l'étude de la volonté ; nous examinerons donc successivement : 1) la volonté de la fin ; 2) la volonté des moyens, quitte à souligner l'interpénétration de fait qui se produit sans cesse entre les deux moments du vouloir que nous venons de distinguer.

A. *La volonté de la fin*

Étudiant l'acte par lequel la volonté veut la fin, nous devons nous demander d'abord ce qui meut la volonté à la vouloir. Et sans doute une telle méthode semble éluder cette question préjudicielle : la volonté ne serait-elle pas essentiellement capable de se mouvoir d'elle-même vers le bien ? Mais, en vérité, c'est à cette question même que notre enquête va donner réponse : cherchant si telle ou telle faculté, tel ou tel être extérieur à nous, peuvent ou ne peuvent pas mouvoir notre volonté, nous découvrirons inévitablement la source profonde de son mouvement, ce qu'elle en reçoit, et ce qu'elle en donne. Posons d'abord le problème du point de vue de l'intellect et des ses rapports avec la volonté.

Une chose n'a besoin d'être mue par une autre qu'en tant qu'elle est en puissance à plusieurs égards, car ce qui est en **79** puissance ne | peut être réduit à l'acte que par quelque chose qui soit en acte, et c'est là justement ce qu'on appelle mouvoir. Or une faculté quelconque de l'âme peut être en puissance à plusieurs égards en deux sens différents : premièrement, quant au fait d'agir ou de ne pas agir ; deuxièmement, quant au fait d'accomplir telle action plutôt que telle autre. Prenons, par exemple, la vue ; tantôt elle voit actuellement, tantôt elle ne voit pas ; et tantôt elle voit blanc, tantôt elle voit noir ; elle a donc besoin qu'on la meuve sous deux rapports, savoir, quant à l'*exercice* ou usage de son acte, et quant à la *détermination* de son acte ; or le premier de ces rapports dépend du sujet, qui peut se trouver tantôt en train d'agir et tantôt de ne pas agir ; l'autre, au contraire, dépend de l'objet, qui confère à l'acte sa spécificité.

Considérons donc d'abord le mouvement du sujet lui-même ; il vient de quelque agent, et comme tout agent agit pour une fin, ainsi qu'on l'a montré plus haut (q. 1, art. 2, p. 37), le principe de ce mouvement se trouve dans sa fin ; et de là vient que l'art dont relève la fin meut et commande l'art dont relèvent les moyens : ainsi l'art du pilotage commande le génie maritime, comme il est dit au l. II de la *Physique* (chap. II, 194 b5). Or le bien en général, qui a raison de fin, est l'objet de la volonté ; et c'est pourquoi, sous ce rapport, la volonté meut les **80** | autres facultés de l'âme à leurs actes respectifs. Nous nous servons en effet des autres puissances de l'âme comme nous voulons parce que les fins et les perfections de toutes les autres facultés sont comprises sous l'objet de la volonté à titre de biens particuliers. Or l'art ou la faculté dont relève la fin la plus universelle commande toujours le mouvement de l'art ou de la faculté dont relève toute fin particulière comprise sous cette fin universelle; tel le chef d'armée, qui se propose le bien commun, c'est-à-dire l'ordre de l'armée entière, meut et commande chacun de ses subalternes, qui ne se propose l'ordre que d'une seule unité.

Mais l'objet meut à son tour, car il détermine l'acte à la manière du principe formel par qui, dans les choses naturelles, l'action se trouve spécifiée, comme l'acte de chauffer l'est par la chaleur. Or le premier principe formel est l'être et le vrai universel, qui sont l'objet de l'intellect, et c'est pourquoi, si l'on considère cette manière de mouvoir, l'intellect meut la volonté en lui présentant son objet (*ST*, Ia IIae, q. 9, art. 1, Concl.). Cf. *Q. disp. de Veritate*, q. 22, art. 12.

Cette analyse a pour fin de mettre en évidence le caractère essentiellement mixte de tout acte de volonté. C'est un fait que le psychologue est toujours en peine lorsqu'il lui faut décrire la volonté à part des actes concrets dans lesquels elle se manifeste; la volonté est partout | dans notre vie intérieure, et nulle part si l'on prétend l'isoler. **81** En ce qui concerne plus spécialement les actes raisonnés, on peut dire qu'il n'est pas une seule de nos facultés dont l'opération ne puisse éventuellement devenir la matière d'un acte volontaire: je veux me nourrir, je veux marcher, je veux sentir, je veux connaître, je veux vouloir. La volonté use à son gré de toutes les autres facultés, les met en mouvement ou les retient d'agir, de telle sorte que c'est en dernière analyse parce que l'on a une volonté que l'on peut toujours vouloir ou ne pas vouloir ce que l'on veut ou ne veut pas. – Mais corrélativement, la volonté ne peut jamais déterminer par elle-même la nature d'un acte. C'est une tendance qui serait aveugle par elle-même et qui ne devient volontaire, c'est-à-dire raisonnable, qu'à partir du moment où la raison met à sa disposition les objets divers entre lesquels elle pourra choisir. Tout acte est donc volontaire parce que la volonté le veut, mais la volonté ne veut tel objet plutôt que tel autre que parce que la raison le lui propose comme bien; et ce sont les présentations successives de la raison, découvrant à la volonté les divers objets possibles entre lesquels s'effectuera son choix, qui meuvent successivement la volonté vers tel objet plutôt que vers tel autre. C'est donc la volonté qui fait que je veux, mais c'est l'intellect et la raison qui font que ma volonté veut ce que je veux; et en ce sens mon intellect agit sur ma volonté comme ma volonté agissait sur mon intellect.

Telle quelle, la volonté est une source toujours féconde de déterminations spontanées vers ce que l'intellect lui propose comme bien. Cette spontanéité, pour réelle qu'elle soit, ne suppose pas que la volonté soit la première origine de son mouvement, car de même qu'il faut un objet extérieur pour spécifier l'acte volontaire, de même il faut un principe extérieur pour rendre raison de la première impulsion que nos décisions actuelles utilisent. À moins de remonter à l'infini dans les conditions de l'exercice de nos actes, ce qui ne serait pas moins absurde ici qu'ailleurs, il nous faut donc supposer un premier moteur **82** de la volonté comme il nous a | fallu poser un premier moteur de tout mouvement en général (q. 9, art. 4, Concl.). Et ce principe premier du mouvement volontaire doit être extérieur à notre volonté comme le moteur du monde doit être extérieur au monde. Mais il nous faut trouver un moteur extérieur de la volonté qui respecte le caractère d'intrinsécisme essentiel à la volonté. Qui donc pourra mouvoir la volonté du dehors sans l'empêcher d'être un principe intrinsèque de se déterminer spontanément du dedans? Dieu, et Dieu seul (q. 9, art. 6, Concl.); car Celui qui meut la nature comme nature peut aussi mouvoir la volonté comme volonté, et même, bien loin qu'il y ait ici comme une de ces conclusions dialectiques forcées auxquelles la raison se rend sans que l'intellect n'y consente, on peut dire que, la cause d'un mouvement intrinsèque étant cause du caractère intrinsèque de ce mouvement, elle peut seule agir sur lui, et qu'elle ne peut pas ne pas agir sur lui puisque sans elle il ne serait pas. De là cette formule décisive : *Deus igitur est causa nobis non solum voluntatis, sed etiam volendi (ScG,*

l. III, chap. XCIX), et cependant l'action de Dieu, si profondément qu'elle pénètre respecte la spontanéité qu'elle a fondée :

La providence de Dieu ne consiste pas à détruire la nature des choses, mais à la conserver ; c'est pourquoi elle meut toutes choses selon leur condition, de telle manière que des causes nécessaires les effets de la motion divine résultent par voie de nécessité, tandis que des causes contingentes résultent des effets contingents. Comme donc la volonté est un principe actif qui n'est pas déterminé à un seul effet mais peut indifféremment en produire plusieurs, Dieu la meut de manière à ne pas la déterminer nécessairement à un effet, mais son mouvement demeure | contingent, et non nécessaire, si ce n'est à **83** l'égard de ce vers quoi elle se meut naturellement (*ST*, Ia IIae, q. 10, art. 4, Concl.).

Or la volonté se meut naturellement vers le bien en général ; elle veut donc nécessairement tout ce qui est bien : aimer, connaître, jouir, etc., et elle voudrait nécessairement tel objet concret en particulier si cet objet était le bien absolu. Mais il n'y a pas de tel objet dans notre expérience humaine. La morale est donc la démarche d'une volonté du bien absolu qui le cherche à travers des biens particuliers, comme la science est la démarche d'un intellect tendu vers l'Être qui le cherche à travers les êtres particuliers. Cette démarche de la volonté doit être décrite sous ses deux aspects les plus caractéristiques : elle jouit du bien quand elle le possède, elle tend vers le bien quand il lui manque. Qu'est-ce que jouir ? La jouissance se nomme en latin *fruitio*, et ce terme est apparenté à celui de *fructus*, ou fruit. Or le fruit, c'est ce que l'on attend de l'arbre en dernier lieu et que l'on consomme avec plaisir ; par analogie on nomme *fruition*, ou jouissance, la possession du bien ultime que l'on attend et que l'on aime ; elle est donc un acte de la volonté, et qui même n'existe parfaitement que lorsqu'il y a saisie actuelle d'une fin qui soit la fin dernière, car c'est là seulement que le mouvement de la volonté peut s'achever et se reposer. Mais c'est dire qu'il ne saurait y avoir de joie parfaite dans une expérience et dans une morale purement terrestres, car, cette fin dernière, nous ne la tenons pas ici-bas, nous tendons seulement vers elle ; nous n'aurons donc que des joies imparfaites (q. 1, art. 4, Concl.), celles qui accompagnent et couronnent toute intention en voie de se réaliser. Qu'est-ce qu'une intention ?

Intention, comme le nom lui-même l'indique, signifie *tendre vers quelque chose*. Or ce qui tend vers quelque chose **84** peut être soit l'action | d'un être qui meut, soit le mouvement d'un être mu. Mais le mouvement par lequel un mobile tend vers quelque chose procède de l'action de ce qui le meut ; c'est pourquoi l'intention appartient d'abord et immédiatement à ce qui meut vers la fin ; aussi disons-nous que l'architecte, ou toute personne qui commande, meut, en les commandant, les autres, vers la fin qu'il se propose lui-même ; or la volonté meut toutes les autres facultés de l'âme vers sa fin, comme nous l'avons prouvé (p. 78) ; il est donc manifeste que l'intention est proprement un acte de volonté (*ST*, Ia IIae, q. 12, art. 1, Concl.).

Comment distinguer, tout en percevant leur intime unité, ces divers aspects de l'acte volontaire : volition, jouissance, intention ? Ils ne sont que trois rapports distincts qui relient un seul et même acte de volonté à la fin qu'il poursuit. Pris absolument et en lui-même, l'acte de vouloir est *volonté* : je veux la science, je veux la santé, et ainsi de suite. Considéré comme parvenu à son terme et se reposant dans la fin obtenue, cet acte est *jouissance*. Considéré comme volonté de parvenir à sa fin en utilisant les moyens nécessaires, cet acte est *intention* (*ibid.*, ad 4). Nous sommes donc parvenus au point précis où l'analyse de l'acte volontaire peut porter selon les cas sur la volonté de la fin ou la volonté des moyens (*Q. disp. de Veritate*, q. 22, art. 14, Concl. ; *ST*, Ia IIae, q. 12, art. 4, Concl.). Car l'intention consiste essentiellement dans le mouvement de la volonté qui, se portant vers sa fin, passe par les moyens : vouloir un remède pour guérir, c'est encore vouloir guérir, car qui veut la fin veut les moyens. Mais il peut arriver, et il arrivera nécessairement un moment où j'aurai à prendre le remède ; et, pour peu que le remède soit pénible, je distinguerai expérimentalement combien diffèrent | l'intention d'une fin et la volonté des **85** moyens. La dissociation de fait qui s'établit entre les deux actes doit servir de règle à notre analyse ; c'est donc à partir des trois rapports de la volonté à sa fin que nous allons étudier les trois rapports de la volonté à ses moyens : l'*élection*, le *consentement*, l'*utilisation*.

B. *Le choix des moyens*

Une fin est toujours voulue, ses moyens doivent toujours être choisis ; avant de les choisir, il faut que l'on en délibère, et après qu'ils ont été choisis, il reste à les mettre en œuvre. Examinons d'abord la nature de l'acte central qui relie la volonté aux moyens, c'est-à-dire leur choix ou élection. Saint Thomas l'analyse avec le souci dominant d'en mettre en évidence la complexité essentielle, mais il l'attribue cependant en propre à la volonté :

Le terme *élection* signifie quelque chose qui appartient à la raison, ou à l'intellect, et quelque chose qui appartient à la volonté ; Aristote dit en effet au livre VI de l'*Éthique* (chap. II, 1139b4) que l'élection est un intellect désirant, ou un appétit intelligent. Or chaque fois que deux choses concourent à constituer un seul tout, il y en a une qui sert de forme à l'autre ; c'est pourquoi Nemesius (*De nat. hominis*, chap. XXXIII) dit que l'élection n'est ni le désir pris en lui-même, ni la délibération prise en elle-même, mais un composé des deux. Ce que nous disons en effet de l'animal, qu'il est composé d'une âme et d'un corps, et qu'il n'est ni le corps pris en lui-même, ni l'âme seule, mais l'un et l'autre, | nous pouvons le dire aussi de **86** l'élection. Or il faut considérer dans les actes de l'âme, que l'acte qui appartient essentiellement à une puissance, ou à un habitus, reçoit sa forme et son espèce d'une faculté ou d'un habitus supérieurs, parce que l'inférieur s'ordonne en fonction

du supérieur : si en effet un homme accomplit un acte de force
pour l'amour de Dieu, cet acte est bien matériellement un acte
de force, mais formellement c'est un acte de charité. Or il
est évident qu'à un certain point de vue la raison précède la
volonté et ordonne son acte, à savoir, en tant que la volonté
tend vers son objet selon l'ordre de la raison, puisque c'est la
faculté de connaître qui représente son objet à la faculté de
désirer ; ainsi donc, cet acte par lequel la volonté tend vers
quelque chose qui lui est proposé comme bon se trouve être, du
fait que c'est la raison qui l'ordonne vers sa fin, matériellement
sans doute un acte de volonté, mais formellement un acte de
raison. En pareil cas la substance de l'acte joue le rôle de
matière à l'égard de l'ordre que lui impose une faculté supérieure, et c'est pourquoi, substantiellement, l'élection n'est
pas un acte de raison, mais de volonté, car l'élection s'accomplit par un certain mouvement de l'âme vers le bien qu'elle
choisit ; elle est donc manifestement un acte de la faculté de
désirer (*ST*, Ia IIae, q. 13, art. 1). Cf. *Q. disp. de Veritate*, q. 22,
art. 15.

87 | Relevant de la volonté, l'élection, ou choix, est libre comme elle ;
bien plus, comme elle ne porte que sur les moyens, elle est toujours
libre, car le seul cas où la volonté cessera d'être libre ne se présentera
jamais pour l'élection. Mise en présence du Bien suprême, la volonté,
qui se définit par le désir du bien, le voudra nécessairement ; or le
Bien suprême ne peut être que fin, jamais moyen ; il peut donc être
voulu, mais non *choisi*, et par conséquent l'élection se meut comme
par définition dans ce domaine des biens relatifs qui est le lieu même
de notre liberté :

L'homme ne choisit pas nécessairement ; et cela parce que
ce qui peut ne pas exister n'existe pas nécessairement ; or,
qu'il soit possible de ne pas choisir ou de choisir, on peut en
rendre raison par le double pouvoir qui appartient à l'homme.

L'homme peut en effet vouloir et ne pas vouloir, agir et ne pas agir; mais il peut aussi vouloir ceci ou cela; et l'on peut en trouver le fondement dans notre faculté de connaître elle-même : tout ce qu'en effet la raison peut appréhender comme bon, la volonté peut s'y porter; or la raison peut appréhender comme bon, non seulement le fait de vouloir et d'agir, mais encore le fait de ne pas vouloir et de ne pas agir; bien mieux, si nous considérons l'un quelconque des biens particuliers, la raison peut l'envisager dans ce qu'il a de bon, mais aussi dans ce qui lui manque et fait de lui un mal, de sorte que, par là, elle peut envisager chaque bien de ce genre comme à désirer ou à éviter. Seul, par contre, le bien parfait, qui est la béatitude, ne peut être envisagé | par la raison du point de vue d'un mal **88** ou d'un défaut quelconques, et c'est pourquoi l'homme veut nécessairement la béatitude et ne saurait vouloir ni ne pas être heureux, ni être malheureux. Or l'élection, par le fait même qu'elle ne porte pas sur la fin mais sur les moyens, ne porte pas sur le bien parfait, qui est la béatitude, mais sur les autres biens particuliers, et c'est pourquoi l'homme ne choisit pas nécessairement, mais librement (*ST*, Ia IIae, q. 13, art. 6, Concl.).

Le choix, ou élection, présuppose une délibération, et cela pour la raison métaphysique suivante :

L'élection, comme nous l'avons dit (p. 83) suit le jugement que la raison porte sur ce qu'il faut faire; mais, sur ce qu'il faut faire, il règne bien de l'incertitude, car les actions concernent des cas particuliers et contingents, et incertains à cause de leur variabilité même. Or dans les matières douteuses et incertaines la raison ne profère pas de jugement sans une enquête préa-lable; c'est pourquoi une enquête de la raison est nécessaire avant son jugement sur ce qu'il faut choisir, et c'est cette enquête que l'on nomme délibération. Voilà pourquoi le Philosophe dit au livre III de l'*Éthique* (chap. II, 1112a15 ; III, 1113a11), que l'élection est le choix de ce dont on a délibéré (*ST* Ia IIae, q. 14, art. 1, Concl.).

89　| À quoi l'on objectera sans doute que cette délibération n'est pas à sa place dans l'étude morale de l'acte volontaire, parce que c'est manifestement à la raison qu'il appartient de délibérer. Mais ce serait là méconnaître la nature essentiellement mixte de l'opération que nous décrivons :

Lorsqu'en effet les actes de deux facultés sont ordonnés l'un par rapport à l'autre, il y a dans chacun d'eux quelque chose de l'autre faculté, si bien que chacun de ces deux actes peut porter le nom de l'une ou l'autre faculté. Or il est manifeste que l'acte de la raison qui dirige vers les moyens, et l'acte d'une volonté qui se soumet aux moyens que cette raison lui indique, sont ordonnés l'un par rapport à l'autre. C'est donc pourquoi, dans cet acte de volonté qu'est l'élection, on retrouve quelque chose de la raison, à savoir l'ordre ; et dans la délibération, qui est un acte de la raison, on retrouve quelque chose de la volonté : d'abord à titre de matière, car on délibère sur ce que l'on veut faire, mais aussi à titre de motif, car c'est parce qu'on veut la fin que l'on se met à délibérer des moyens. De même donc qu'au livre VI de l'*Éthique* (chap. II, 1139b4), Aristote nomme l'élection *un désir intelligent* pour montrer qu'intellect et volonté concourent à l'élection, de même Jean Damascène (*De fide orth.*, l. II, chap. XXII) appelle la délibération *un appétit qui se renseigne*, pour montrer que la délibération appartient d'une certaine manière à la volonté, sur **90** laquelle porte et à partir de laquelle | se fait la délibération, et à la raison qui enquête (*ST*, Ia IIae, q. 14, art. 1, ad 1).

Ajoutons d'ailleurs que la délibération revêt un aspect plus spécifique encore lorsqu'on prend en considération l'acte volontaire qui s'y ajoute et la sanctionne, le *consentement*. Prise en elle-même, et dans sa substance, la délibération est une opération de l'intellect. Comme telle, elle trouve en elle-même le principe dont elle part et la conclusion à laquelle elle aboutit. Son point de départ peut être une simple perception sensible : voici du pain, ou du fer ; il peut être aussi un principe universel d'ordre théorique ou pratique : tu ne voleras point, ou encore, l'homme ne peut vivre sans manger. Ce sont là des principes de délibération, justement parce qu'il n'y a pas lieu d'en délibérer. Quant à la conclusion de la délibération, elle est fournie par le premier moyen qui s'impose à notre acceptation si nous voulons atteindre la fin (q. 14, art. 6, Concl.). Mais cette conclusion purement intellectuelle d'une opération faite pour le compte de la volonté se complète normalement par une acceptation, le consentement, où la volonté reprend sans conteste le rôle principal :

Consentir suppose l'application d'un sens à quelque objet ; or le propre du sens est de connaître les choses présentes ; car la faculté d'imaginer, par exemple, peut appréhender les images des objets même en l'absence des objets dont elles sont les images ; l'intellect, de son côté, appréhende les notions universelles, et les saisit, que les objets particuliers soient présents ou absents indifféremment. Mais comme l'acte de la faculté de désirer est une certaine inclination vers la chose même, représentée dans | notre pensée, cette application même de notre **91** faculté de désirer à la chose lorsqu'elle s'y attache, reçoit le nom de sens, comme si c'était pour elle expérimenter en quelque sorte la chose à laquelle elle s'attache que de s'y complaire. C'est pourquoi il est dit au livre I de la *Sagesse* (v. 1) : *Que votre sentiment du Seigneur soit bon*, et c'est par là que consentir est un acte de la faculté de désirer (*ST*, Ia IIae, q. 15, art. 1, Concl.).

Cet acte vient donc se situer, lui aussi, à une place déterminée dans l'économie de l'acte volontaire et, portant uniquement sur le choix des moyens, on ne saurait le faire porter sur la fin sans détruire le plan de cet édifice complexe :

Le consentement désigne l'application d'un mouvement du désir à quelque chose qui se trouve déjà à la disposition de celui qui l'y applique ; or, dans l'ordre de ce qu'il faut faire, on doit placer d'abord la perception de la fin, ensuite le désir de la fin, ensuite la délibération sur les moyens, ensuite le désir de ces moyens ; quant à ce qui est de la fin dernière, c'est naturellement que le désir tend vers elle, et c'est pourquoi l'application du mouvement du désir à cette fin, quand elle est perçue, n'est pas un acte de consentement, mais de simple volonté. Quant aux choses qui sont consécutives à la fin dernière parce qu'elles ne sont là qu'en vue d'elle, elles tombent sous la déli-
92 bération, et c'est à cause | de cela qu'il peut y en avoir consentement, chaque fois que le mouvement du désir s'applique au jugement qui conclut une délibération. Or le mouvement du désir vers la fin ne s'applique pas à la délibération, c'est bien plutôt la délibération qui s'applique à lui, car la délibération présuppose le désir de la fin, tandis que le désir des moyens suppose la délibération déjà déterminée (*ST*, Ia IIae, q. 15, art. 3, Concl.).

Précédée du consentement délibéré, l'élection se prolonge à son tour par la *mise en œuvre* ou *usage* de ce dont la volonté a besoin pour exécuter la sentence qui vient d'être portée. Cette opération semble être effectuée surtout par les facultés de l'âme, les membres corporels, ou les instruments extérieurs que la volonté fait servir à ses desseins, mais l'action appartient à l'ouvrier avant d'appartenir à l'outil dont il se sert ; c'est donc bien la volonté qui use de tout le reste et c'est proprement à elle que revient l'acte d'user (*ST*, Ia IIae, q. 16, art. 1,

Concl.). Ainsi nous pouvons ajouter un nouveau chaînon à la série des opérations qui intègrent notre activité volontaire, mais il importe de noter que nous sommes plutôt ici devant le premier anneau d'une chaîne dérivée de la première ; percevoir le bien, le vouloir, délibérer sur les moyens de l'atteindre, et consentir au résultat de cette délibération, choisir enfin le moyen que ce consentement désigne, voilà une série complète par elle-même et que l'on peut considérer comme achevée : la volonté intégrale de la fin, y compris celle de ses moyens. Avec l'usage commence une autre opération volontaire, qui sans doute dérive de la première, mais qui, au lieu de tendre comme elle à vouloir, tend proprement à s'emparer de la chose voulue (*ibid.*, art. 4). Considérée sous ce nouvel aspect | la volonté commande d'abord les **93** actes par l'organe de la raison qui formule l'ordre :

Commander est un acte de la raison, mais qui présuppose un acte de la volonté. Pour bien le comprendre il faut considérer que l'acte de la volonté et celui de la raison pouvant porter l'un sur l'autre, puisque la raison raisonne sur ce qu'il faut vouloir et que la volonté veut raisonner, il arrive qu'un acte de volonté soit précédé par un acte de raison et inversement. Et comme l'influence de l'acte précédent continue de se faire sentir dans l'acte suivant, il arrive parfois qu'un certain acte de volonté n'existe, que selon qu'il subsiste virtuellement en lui quelque chose d'un acte antérieur de raison, comme nous l'avons dit à propos de l'usage et de l'élection (p. 83) ; et, inversement, tel acte de raison n'existe que selon qu'il subsiste virtuellement en lui quelque chose d'un acte de volonté. Or commander est bien essentiellement un acte de raison, car celui qui commande ordonne à qui il commande de faire quelque chose, en le lui intimant ou le lui signifiant, et ordonner ainsi, selon quelque manière d'intimer que ce soit, appartient à la raison. Mais la raison peut intimer ou signifier quelque chose de deux manières. Elle peut d'abord le faire d'une manière

absolue, et c'est l'intimation qui s'exprime par le verbe au
94 mode indicatif, comme lorsqu'on dit à quelqu'un : | Voilà
ce qu'il vous faut faire. D'autres fois, au contraire, la raison
intime quelque chose à quelqu'un en l'y poussant, et cette intimation s'exprime par le verbe au mode impératif : Faites cela.
Or le premier principe qui meut à l'accomplissement des actes,
parmi les facultés de l'âme, c'est la volonté, ainsi que nous
l'avons dit (q. 9, art. 1, p. 78). Comme donc un moteur second
ne meut qu'en vertu d'un moteur premier, il faut bien que
lorsque la raison meut en commandant, ce soit par la vertu de la
volonté ; d'où il résulte que commander est un acte de la raison,
mais qui présuppose un acte de la volonté en vertu duquel la
raison meut, par l'ordre qu'elle donne, à l'exécution de l'acte
(*ST*, Ia IIae, q. 17, art. 1, Concl.).

Ce commandement précède immédiatement l'usage ou
accomplissement de l'acte qui utilise le moyen choisi en vue de la fin,
et il n'est à peu près rien, dans le corps ni dans l'âme, dont la volonté ne
soit capable d'user en vue de sa fin. Elle use d'abord de la volonté
même, car elle peut vouloir qu'on veuille. Elle use, en outre, de la
raison, car elle peut ordonner à quelqu'un de réfléchir, de faire attention, voire de donner ou de retenir son assentiment dans tous les cas où
les conclusions ne sont pas évidentes. Elle use ensuite de l'appétit
sensitif lui-même, dans la mesure du moins où nos désirs et nos
impulsions sont soumis au contrôle de la raison, sur laquelle s'exerce
à son tour l'action de la volonté. Elle use, enfin, sinon des organes
internes de la vie végétative, du moins des membres extérieurs qui
obéissent aux facultés sensitives de l'âme et, par leur intermédiaire, à
95 la raison (*ST*, Ia IIae, q. 17, art. 6-9). | Tel est le schéma selon lequel
sont construits les actes humains ; avec la complexité pratiquement
illimitée de leurs éléments, car ils peuvent se combiner entre eux selon
toutes les formules imaginables et se répercuter les uns dans les autres,
puisque la volonté peut consentir à son choix, et consentir à son
consentement, et user d'elle-même pour consentir, ou pour choisir, et

ainsi de suite indéfiniment (*ibid.*, q. 16, art. 4, ad 3); mais aussi avec l'unité substantielle que ces actes tiennent de l'âme humaine dont ils émanent, de l'ordre réciproque qui les compose entre eux et les subordonne les uns aux autres (*ibid.*, q. 17, art. 4, Concl.); de la Fin dernière surtout, qui confère l'unité qu'assure la communauté de principe à tous ces actes qu'elle suscite en rappelant vers soi leurs auteurs.

Chapitre III

96

LE BIEN ET LE MAL

Nous savons ce que sont les actes humains, mais nous ignorons encore ce qui leur confère la qualité proprement morale d'actes bons ou mauvais. Et nous serions peut-être fort embarrassés pour « fonder la morale », c'est-à-dire pour justifier rationnellement cette double qualification, si nous ne nous souvenions de la parfaite continuité qui relie la morale à la métaphysique. C'est en intégrant l'homme au système des êtres et en le soumettant aux lois métaphysiques du mouvement que nous avons retrouvé la loi particulière de son activité ; de même, c'est en considérant le bien moral comme un cas particulier du bien en général, en ne supposant pas *a priori* qu'il soit un donné irréductible et quasi miraculeux, que nous l'expliquerons par apparentement aux notions fondamentales de la métaphysique. Qu'est-ce que le Bien, indépendamment de toute préoccupation morale ? C'est un aspect de l'être. Il n'y a rien qui puisse justifier l'apparition du bien en un point quelconque de la spéculation humaine ou du système des choses s'il n'est donné déjà dès le commencement. Ce qui est, est ; en tant qu'il est lui-même, il est un ; en tant que connaissable (et tout ce qu'il a d'être peut devenir objet de connaissance), il est vrai ; en tant que désirable (et tout ce qu'il a d'être peut devenir objet de désir), il est bon. De même pour l'acte humain ; il n'aura pas à revêtir une qualité nouvelle et surgie l'on ne sait d'où | pour devenir bon ou mauvais ; il **97** n'aura même pas à le devenir, il est déjà bon dans la mesure où il est, il est déjà mauvais dans la mesure exacte où il n'existe pas ; posons le principe, nous le rattacherons ensuite au détail complexe des cas concrets.

On doit dire du bien et du mal dans les actions ce que l'on dit du bien et du mal dans les choses, parce que, telle est la chose, telle est l'action qu'elle produit. Or, chacune de ces choses possède autant de bien qu'elle possède d'être. Comme en effet nous l'avons dit dans la Première Partie (q. 5, art. 3), le bien et l'être sont équivalents; Dieu seul possède donc la totale plénitude de son être selon un mode un et simple, au lieu que la plénitude d'être qui convient à chaque chose particulière met en jeu des rapports différents. Il peut donc arriver que certaines d'entre ces choses possèdent de l'être à un certain point de vue, et que cependant il leur manque quelque chose de la plénitude d'être qui leur est due : par exemple, la plénitude de l'être humain requiert qu'il soit composé d'âme et de corps et doué de toutes les facultés et instruments nécessaires à la connaissance et au mouvement; si bien que lorsqu'une de ces choses manque chez un homme, il lui manque quelque chose de la plénitude de son être. Autant donc cet homme a d'être, autant il a de bien; mais dans la mesure, au contraire, où il lui manque quelque chose de la plénitude de son être, dans la même mesure il manque de bien et devient mauvais; comme un aveugle, qui a cela de bon d'être vivant, mais pour qui c'est un mal que d'être privé de la vue. Ainsi donc s'il ne possédait aucun degré d'être, ni de bonté, on ne pourrait en dire ni qu'il est bon, ni qu'il est mauvais. Mais comme la nature du bien requiert la plénitude même de l'être, si quelqu'un vient à manquer de quelque chose qui soit dû pour la plénitude de son être, on ne dira pas qu'il est bon absolument, mais relativement, et en tant qu'il existe; ce qui n'empêchera cependant pas qu'on ne dise de lui qu'il est un être, purement et simplement, et,

98 |

relativement seulement, un non être, comme nous l'avons dit dans la Première Partie (q. 5, art. 1, ad 1). On doit donc dire de toute action qu'autant elle possède d'être, autant elle contient de bien, mais que, dans la mesure où il lui manque quelque chose de la plénitude d'être due à une action humaine, dans la même mesure il lui manque du bien, et qu'elle mérite alors le nom de mauvaise ; comme, par exemple, s'il lui manque la mesure déterminée qu'exige la raison, ou si elle ne se fait pas à l'endroit voulu, et ainsi de suite (*ST*, Ia IIae, q. 18, art. 1, Concl.).

Le principe de la qualification des actes moraux étant ainsi posé, il reste à en déduire les conséquences. Les derniers mots de saint Thomas nous suggèrent déjà quelle condition essentielle se trouve requise pour qu'une action possède pleinement le caractère d'action | humaine. Il ne suffit pas qu'elle soit accomplie par un homme, car **99** l'homme n'agit pas toujours en homme, il faut qu'elle soit dirigée vers l'objet qui lui convient en raison de sa nature. Un animal engendre un monstre ; c'est que sa nature a mal agi. Un homme fait porter son action sur un objet qui n'est pas son objet propre ; c'est aussi que sa nature a mal agi. Une action a donc pleinement son caractère d'action humaine quand elle porte sur l'objet que doit se proposer un homme, et alors aussi, du même coup, elle est bonne ; elle ne possède pas pleinement au contraire son caractère d'action humaine lorsque l'objet sur lequel elle porte n'est pas celui que requiert la forme de l'homme, et alors aussi, du même coup, elle est mauvaise (*ST*, Ia IIae, q. 18, art. 2). Il y a donc bien deux espèces d'actions, les unes humaines et bonnes, les autres non humaines et mauvaises, et on les reconnaît à ceci que les premières portent sur un objet convenable à la nature de l'homme, les autres non. Mais quelle est la nature de l'homme et la forme qui le caractérise ? C'est la raison.

Dans l'ordre des actes, on discerne le bien du mal en se plaçant au point de vue de la raison, parce que, comme le dit Denys au chap. IV des *Noms divins*, le bien de l'homme est de se conformer à la raison. Est donc mal par contre, ce qui est contraire à la raison. Et en effet, ce qui est bon pour chaque chose, c'est ce qui lui convient selon sa forme; et ce qui est mal, c'est ce qui est étranger à l'ordre de sa forme. Il est donc évident que la différence du bien et du mal, considérée par rapport à l'objet, se réfère immédiatement à la raison et

100 consiste en ce que l'objet lui convient ou ne lui convient | pas, car s'il y a des actes que l'on dit humains, ou moraux, c'est en tant qu'ils obéissent à la raison (*ST*, Ia IIae, q. 18, art. 5, Concl.).

Formulons maintenant, en un langage moins métaphysique, le rapport qui s'établit entre la volonté humaine et ses objets. Ce que la volonté veut, c'est sa fin, et comme nous avons distingué deux points d'application de l'acte volontaire, l'un qui est intérieur : l'acte de vouloir, l'autre qui est extérieur : l'exécution de la décision, nous distinguerons aussi deux fins de la volonté, l'une intérieure, l'autre extérieure, mais en subordonnant toutefois celle-ci à celle-là.

S'il y a des actes que l'on dit humains, c'est en tant qu'ils sont volontaires, comme on l'a vu plus haut (*ST*, Ia IIae, q. 1, art. 1, p. 32); or, dans un acte volontaire, il se trouve un acte double, savoir : l'acte intérieur de la volonté, et l'acte extérieur. Et chacun de ces deux actes a son objet : la fin, à proprement parler, est l'objet de l'acte volontaire intérieur, au lieu que ce sur quoi porte l'action extérieure en constitue l'objet. De même par conséquent que l'acte extérieur reçoit son espèce de l'objet sur lequel il porte, de même l'acte intérieur de la volonté tire son espèce de sa fin comme de son objet propre. Or tout ce qui rentre dans le domaine de la volonté joue le rôle de forme à l'égard de ce qui est du domaine de l'acte extérieur, car la volonté use des membres pour agir comme de ses instru-

101 ments, et, de plus, les actes extérieurs n'ont | raison de moralité qu'en tant qu'ils sont volontaires. C'est pourquoi, si l'on

cherche l'espèce d'un acte humain dans sa forme, on la trouve dans sa fin ; mais si on la cherche dans sa matière, on la trouve dans l'objet de l'acte extérieur ; aussi le Philosophe dit-il au livre V de l'*Éthique* (chap. II, n. 4, leç. 3), que celui qui vole pour commettre un adultère est, à proprement parler, plus adultère que voleur (*ST*, Ia IIae, q. 18, art. 6, Concl.).

Nous voici donc renvoyés à l'acte intérieur par lequel la volonté veut sa fin et choisit ses moyens en vue de sa fin comme à la source même de la moralité. C'est à lui, par conséquent, qu'il nous faut appliquer désormais notre analyse, pour en déterminer complètement les conditions. Tout d'abord, puisque c'est la convenance de l'objet à la faculté de vouloir qui conditionne la bonté de l'acte, il faut que l'objet de la volonté lui soit proposé par la raison, car :

Ainsi que nous l'avons dit, la bonté de la volonté dépend à proprement parler de son objet (*ST*, Ia IIae, q. 19, art. 1 et 2). Or l'objet de la volonté lui est proposé par la raison. En effet, le bien connu par l'intellect est l'objet proportionné à la volonté, alors que le bien des sens, au contraire, ou de l'imagination, n'est pas proportionné à la volonté, mais à l'appétit sensitif ; car la volonté peut tendre au bien universel que la raison appréhende, au lieu que l'appétit sensitif ne tend qu'au bien particulier qu'appréhende la faculté de sentir ; et c'est pourquoi la bonté de | la volonté dépend de la raison selon le mode même dont elle dépend de l'objet (*ST*, Ia IIae, q. 19, art. 3, Concl.). **102**

Il est clair, d'autre part, que la convenance d'un objet à la raison humaine n'est pas un rapport unilatéral, et la nature de la raison concourt à le déterminer autant et plus que la nature de l'objet, car un objet n'est tel que pour une faculté qui l'appréhende. Or d'où vient cette raison ? Elle est, certes, une raison proprement humaine, c'est-à-dire munie de tout ce qui lui est nécessaire pour connaître ; mais on ne peut analyser complètement son fonctionnement sans constater qu'elle porte la marque de son origine divine. Primitivement, l'intellect humain est comme une table rase sur laquelle rien n'est écrit; mais à peine les premières perceptions sensibles ont-elles eu lieu, que cet intellect forme immédiatement des notions universelles, comme la notion d'être, ou des principes, comme le principe de causalité. D'où lui vient cette aptitude à concevoir de l'universel et du nécessaire, à lui qui n'est que la faculté de connaître d'un être particulier et contingent? Elle ne peut lui venir que de Dieu, de qui la lumière naturelle innée de l'intellect humain tient le pouvoir de reconstituer, à partir du sensible, des notions et principes analogues aux idées divines. Chaque acte de connaissance intellectuelle met donc en jeu une lumière naturelle dont la vertu trahit l'origine transcendante.

Or ce qui est vrai de l'ordre de la connaissance est également vrai de l'ordre de l'action; car c'est le même intellect que nous nommons théorique lorsqu'il cherche la vérité pour la connaître, et que nous nommons pratique lorsqu'il cherche le bien pour l'accomplir (*ST*, I, q. 79, art. 11). Dès nos premières expériences sensibles, par conséquent, nous formulons les principes de l'action comme nous formulons les principes de la connaissance (*ibid.*, art. 12), et ces principes, par leur nécessité et leur universalité mêmes, témoignent à leur tour de **103** la loi divine et | éternelle dont ils dérivent (*ST*, Ia IIae, q. 19, art. 4, Concl.). Or, l'acte par lequel nous appliquons ensuite les principes à chacun des cas particuliers qui se proposent prend le nom de *conscience* (*ST*, I, q. 79, art. 13). La convenance de l'objet à la volonté, en quoi consiste le caractère humain et moral des actes, se traduit donc finalement par la convenance de l'objet avec les prescriptions de la conscience, elle-même application des principes premiers de l'action, qui ne sont à leur tour que des reflets humains de la loi divine. Comment cet accord de l'objet avec la raison et avec la loi de Dieu peut-il être assuré? Par l'assujettissement de la volonté à la raison. Si nous supposons en effet que la raison soit droite et que la volonté ne la suive pas, cette volonté est manifestement mauvaise; mais elle l'est également si, la raison étant dans l'erreur, la volonté refuse de la suivre :

Lorsqu'en effet il s'agit d'actes indifférents, la volonté qui se sépare d'une raison ou d'une conscience erronée est, d'une certaine manière, mauvaise, à cause de son objet, dont on sait que la bonté ou la malice de la volonté dépend. Non pas, certes, à cause de l'objet pris selon sa nature propre, mais seulement en tant qu'il se trouve alors perçu par la raison comme un bien à faire ou un mal à éviter. Et comme l'objet de la volonté est ce que la raison lui propose, ainsi que nous l'avons dit (*ST*, Ia IIae, q. 19, art. 3), dès lors que quelque objet est proposé par la raison comme mauvais, la volonté prend le caractère de mal en se portant vers lui. Mais cela n'est pas vrai seulement de ce qui est indifférent, ce l'est même de ce qui est bon ou | mauvais en **104** soi. Non seulement, en effet, ce qui est indifférent peut arriver à prendre le caractère de bon ou de mauvais, mais même ce qui est bon peut revêtir le caractère de mauvais, ou ce qui est mauvais le caractère de bon, à cause de la manière dont la raison l'appréhende. Par exemple, s'abstenir de forniquer est bien; toutefois, la volonté ne se porte vers ce bien que parce qu'il lui est proposé comme tel par la raison; si donc il vient à être proposé comme mal par une raison qui se trompe, la volonté s'y portera comme vers un mal, et par conséquent elle sera mauvaise, car elle voudra quelque chose qui, sans doute, n'est pas un mal en soi, mais qui se trouve devenir accidentellement un mal à cause de la manière dont la raison l'appréhende. Semblablement, croire au Christ est bon en soi et nécessaire au salut, mais la volonté ne se porte à le faire que selon que la raison le lui propose; c'est pourquoi, si la raison vient à le lui proposer comme un mal, la volonté s'y portera comme vers un mal, non que ce soit un mal en soi, mais parce que c'est accidentellement un mal, à cause de la manière dont la raison l'appréhende. Et c'est pourquoi Aristote dit au livre VII de l'*Éthique* (chap. IX, 1151a33), que celui qui ne suit pas la droite raison est un incontinent véritable, mais qu'un homme l'est par accident s'il ne suit pas la raison, même fausse. Il faut 105 donc dire absolument | que toute volonté qui se sépare de la raison, soit vraie, soit fausse, est toujours mauvaise (*ST*, Ia IIae, q. 19, art. 5, Concl.). Cf. *Q. disp. de Veritate*, q. 17, art. 4.

Il en est de même dans le cas inverse, où la raison se trompe, et où cependant la volonté la suit. Sans doute, s'il s'agit d'une de ces erreurs volontaires ou dues à une négligence inexcusable dont nous avons déjà parlé (q. 6, art. 8, p. 73), la volonté reste mauvaise, mais elle ne l'est pas si l'ignorance s'est glissée dans l'acte sans négligence coupable de la volonté (*ST*, Ia IIae, q. 18, art. 6, Concl.).

Souvenons-nous maintenant de notre analyse de l'acte volontaire et de ce mouvement d'*intention* qui porte la volonté vers sa fin à travers les moyens qu'elle emploie, nous arriverons à cette conclusion que, dans les actes moraux, c'est surtout de l'intention que dépend la bonté de la volonté. Suivre la raison, soit vraie, soit fausse, c'est en effet se diriger vers la fin qu'elle propose et ne traverser les moyens qu'en vue d'elle ; si donc le bien et le mal dépendent de l'objet et si c'est l'intention qui se porte vers lui, c'est nécessairement elle qui orientera d'abord l'action vers le bien ou vers le mal. Dans tous les cas où l'intention est mauvaise, l'opération de la volonté sera tout entière mauvaise, car on ne peut faire le bien en visant le mal dans une doctrine où c'est l'objet appréhendé par l'intellect qui spécifie l'acte. Que si au contraire l'intention est bonne, elle ne tient certes pas lieu de l'acte intérieur de volonté qui doit la suivre ni de l'acte extérieur qui doit la réaliser, mais elle rejaillit en quelque sorte sur eux lorsqu'ils se produisent et leur communique quelque chose de son propre mérite (q. 18, art. 8, Concl. et ad 1). L'intention n'est donc pas tout l'acte volontaire, et c'est pourquoi la qualité de la volonté qui s'y ajoute et de l'acte extérieur qui les prolonge aboutit à celle de l'intention, mais elle 106 est comme la forme de l'acte intérieur | et extérieur de la volonté, et c'est pourquoi, bien que l'on ne mérite pas toujours autant qu'on a l'intention de mériter, on mérite souvent plus que ce que l'on veut et que ce que l'on fait.

Mais nous découvrons du même coup comment la bonté de l'acte dépend de son accord avec la loi divine :

Si en effet, ainsi qu'on vient de le dire, la bonté de la volonté dépend de l'intention de la fin, comme la fin dernière de la volonté humaine est le souverain bien, qui est Dieu, ainsi qu'on l'a dit plus haut (q. 1, art. 8, p. 40), il faut nécessairement, pour que la volonté humaine soit bonne, qu'elle soit ordonnée vers le souverain bien. Or ce bien se réfère d'abord et immédiatement à la volonté divine dont il constitue l'objet propre ; et comme ce qui est premier dans chaque genre est la mesure et la norme de tout ce qui rentre dans ce genre ; comme, d'autre part, rien n'est droit et bon que selon qu'il atteint sa mesure propre, il est requis, pour que la volonté de l'homme soit bonne, qu'elle soit conforme à la volonté de Dieu (*ST*, Ia IIae, q. 19, art. 9, Concl.).

Ainsi donc cette morale remet d'abord à sa place la notion du « devoir être », car si ce devoir être n'est pas inscrit déjà dans ce qui est, aucun artifice de dialectique ne saura l'en faire sortir. Pour savoir ce que chaque chose doit être ou doit faire, il suffit d'en poser la définition et de lui demander ensuite de la réaliser. Mais elle remet ensuite à sa place la notion d'« intention » en montrant que le problème du bien et du mal ne peut recevoir une solution linéaire et simple. La | morale suit en effet la description psychologique de l'acte humain et, **107** puisque cet acte est complexe, il ne sera totalement bon que s'il l'est dans chacun de ses éléments. Un acte moral a donc d'abord ceci de bon qu'il est un acte, et il vaut par le positif de sa substance même. Ensuite il doit être un acte humain, c'est-à-dire la volonté d'un objet conforme à la raison. En outre il doit tenir compte des circonstances, car l'objet ne doit pas être conforme à la raison seulement en général, mais dans le cas particulier dont il s'agit. Enfin cet acte intérieur de la volonté doit se compléter, s'il y a lieu, par l'acte extérieur qui l'exécute. Voilà pourquoi cette morale, qui est tout entière à base d'intention, ne réduit cependant pas la moralité de l'acte à celle de l'intention qui l'anime ;

car si l'intention est mauvaise, la volonté et l'acte extérieur seront inévitablement mauvais ; mais si l'intention de la fin est bonne, il reste encore à choisir des moyens qui n'en soient pas indignes et, si possible, qui lui soient exactement proportionnés ; et quand les moyens sont choisis, et l'acte voulu, il reste encore à traduire cette volonté par un acte qui ne demeure pas ridiculement en deçà de l'intention première, et, si possible, qui lui soit exactement proportionné. L'intention pénètre donc tous les éléments de l'acte volontaire, mais elle ne les remplace pas.

Et c'est enfin parce que l'acte humain doit réaliser pleinement sa définition pour être bon que la garantie dernière de sa valeur se trouve en Dieu. L'homme agit bien dans la mesure même où il agit en homme, et il n'a rien de mieux à faire que d'agir toujours en homme pour agir comme Dieu le veut. L'acte humain est en effet un acte rationnel, or la lumière naturelle de la raison n'est que l'interprète de la vérité éternelle dans l'ordre théorique et de la loi éternelle dans l'ordre pratique ; toute transgression des ordres de la raison humaine est donc une transgression de la loi divine, et, par conséquent, tout acte mauvais est un péché (*ST*, Ia IIae, q. 21, art. 1). Du seul fait qu'ils se trouvent comparés, à travers notre raison même, à la loi divine qui les **108** juge, nos actes bons deviennent louables et méritoires, nos | actes mauvais, au contraire, coupables et condamnables aux yeux de Dieu (q. 21, art. 1). C'est pourquoi la révélation n'introduit aucune solution de continuité dans notre vie intérieure, ni dans l'ordre de la connaissance, ni dans l'ordre de l'action, car tous les commandements de la conscience droite sont déjà des commandements de Dieu.

LES PASSIONS

Nous avons décrit les actes volontaires, c'est-à-dire les actes propres à l'homme. Mais un être n'accomplit pas nécessairement que les actes qu'il est le seul à accomplir, et c'est ici le cas. L'homme agit proprement en tant qu'homme lorsqu'il agit volontairement, il peut cependant, tout en restant un homme, agir en animal. Il le peut d'autant plus qu'il est véritablement un animal, quoique raisonnable. Or la science de la morale veut aboutir à des actes concrets et accomplis par des hommes réels dans certaines circonstances données; c'est donc l'homme tout entier, spiritualité et animalité comprises, qu'il lui faut décrire pour arriver à cette fin. Les passions de l'âme constituent précisément ces actes de l'homme, qui ne sont pas, à strictement parler, humains, mais qui lui sont communs avec les autres animaux. Que sont les passions en général? Que sont les principales d'entre elles? Quels problèmes posent-elles à la science de la conduite et quel aspect confèrent-elles à notre vie morale? Voilà les principales questions que la présence de l'animalité dans l'essence de l'homme propose à l'examen de sa raison.

I. Les passions en général

Qu'est-ce qu'une passion? C'est l'opération qui consiste, pour l'âme, à pâtir de quelque chose. Or | pâtir, pris au sens le plus large, **110** c'est simplement *recevoir*; mais pris au sens le plus précis, c'est essentiellement *subir*, c'est-à-dire recevoir une action qui ne va pas sans une certaine souffrance ni un certain dommage. Lorsqu'il s'agit de mots, il faut suivre l'usage. Nous userons donc du terme *passion* avec toute la gamme des sens qui lui conviennent, c'est-à-dire aussi bien pour désigner certains passages du meilleur au pire, comme la tristesse, que certains passages du pire au meilleur, comme la joie; mais nous supposerons toujours: 1) qu'une passion proprement dite n'appartient jamais à l'âme en tant qu'âme; 2) qu'elle ne lui appartient par conséquent qu'en tant qu'elle est unie à un corps; 3) qu'étant la répercussion dans l'âme d'un changement d'état du corps, elle soumet l'âme à une loi de changement qui n'est pas la sienne propre, mais celle du corps; 4) que cette loi est celle des mouvements corporels, dont le caractère spécifique est que ce qui se meut doit abandonner une place ou un état pour passer dans une autre place ou un autre état; 5) qu'une passion de l'âme proprement dite suppose donc qu'elle est obligée d'abandonner un état pour passer dans un autre, et c'est en quoi elle est *subie*.

En résumé, lorsque l'âme agit comme âme, elle ne subit rien, même lorsqu'elle reçoit, parce qu'elle peut recevoir sans rien abandonner; c'est le cas de l'intellect et de l'acquisition de la science, où les connaissances nouvelles *s'ajoutent* aux anciennes. Lorsque l'âme opère comme unie au corps, elle ne peut rien recevoir sans le *subir*, parce que les états de l'âme, au lieu de s'ajouter, se *remplacent* les uns les autres, comme les mouvements corporels eux-mêmes dont ils ne sont dans l'âme que le retentissement. Or ceci est vrai quel que soit le sens selon lequel l'opération s'effectue, et qu'elle se fasse de l'âme au corps, ou du corps à l'âme, pourvu qu'elle soit commune aux deux parties du composé humain.

Pour qui prend le terme de passion au sens propre, il est 111 impossible que ce qui est incorporel | subisse une passion. La seule chose qui puisse donc subir par elle-même une passion qui lui soit propre est le corps, de sorte que si une passion proprement dite doit affecter l'âme d'une manière quelconque, ce ne peut être qu'en tant qu'elle est unie au corps, et donc par accident. Or l'âme est unie au corps de deux façons : d'une première façon à titre de forme, en tant qu'elle donne l'être au corps qu'elle vivifie ; d'une deuxième façon, à titre de moteur, en tant que, par le corps, elle exerce ses opérations. Et, de l'une comme de l'autre façon, l'âme subit des passions par accident, quoique de manière différente. Dans un être composé de matière et de forme, en effet, l'action vient de la forme et la passion vient de la matière ; c'est pourquoi la passion commence par la matière et n'affecte pour ainsi dire la forme que par accident. Mais nul ne subit de passion sans que quelque chose n'agisse sur lui, parce que toute passion est l'effet d'une action. On peut donc dire que la passion du corps appartient indirectement à l'âme de deux manières. Premièrement, en ce sens que la passion commence par le corps et aboutit à l'âme qui est unie à ce corps comme forme, et c'est alors une passion *corporelle* quelconque ; ainsi, quand le corps est blessé, l'union du corps avec l'âme est affaiblie, et l'âme elle-même qui est unie au corps selon son être, se trouve pâtir par accident. Deuxièmement, en ce sens | que la passion **112** commence dans l'âme en tant qu'elle est le moteur du corps, pour aboutir au corps ; c'est alors ce que l'on nomme une passion *animale*, et l'on en a des exemples manifestes dans la colère, la peur et les autres du même genre, car elles ne peuvent se produire que s'il y a perception et désir de l'âme, d'où résulte une modification du corps, comme peut résulter de l'opération d'un moteur une modification d'un mobile sous tous les rapports où ce mobile obéit au mouvement du moteur ; et lorsque le corps se trouve modifié par une altération de ce genre, on dit de l'âme elle-même qu'elle subit une passion par accident (*Q. disp. de Veritate*, q. 26, art. 2, Concl.).

Reste évidemment à savoir pourquoi et comment l'âme peut subir de telles passions, ou provoquer d'elle-même dans le corps des troubles organiques dont elle subit à son tour le contre-coup. Si l'on voulait remonter jusqu'au principe métaphysique dont la solution du problème dépend en définitive, c'est l'ordre entier des êtres qu'il faudrait considérer. Pâtir, c'est subir ou, plus généralement encore, recevoir. Dieu, qui est acte pur, ne reçoit rien ; il n'éprouve donc nulle passion. Mais dès que l'on descend de Dieu, on déchoit de l'actualité pure, et l'ange le plus parfait a déjà quelque potentialité, donc quelque chose qu'il n'a pas et qu'il peut recevoir. Descendons la hiérarchie des anges, nous rencontrons l'espèce humaine, et le manque d'actualité qui n'a cessé de se faire de plus en plus considérable à mesure qu'on descendait d'ange en ange, se fait plus visible encore lorsqu'on atteint l'intellect humain ; on sait en effet qu'il est vide de connaissances innées et doit recevoir du dehors toute la matière de sa science.

113 | Descendons à l'intérieur de l'homme même : sa faculté de connaître dépend des objets, mais sa faculté de désirer dépend d'abord de l'idée qu'il s'est faite des objets et, à travers elle, de ces objets eux-mêmes. Comme donc le désir de l'homme n'atteint les choses qu'à travers les idées qu'il en a, il est doublement dépendant et plus passif encore que ne l'est l'intellect. Mais si l'appétit raisonnable est plus passif que la raison, l'appétit sensitif est plus passif encore que l'appétit raisonnable ; car le premier ne dépend que de l'idée de ce qui est un bien pour la raison ; le second dépend au contraire de ce qui est un bien pour l'âme en tant qu'elle est unie au corps dont tous les besoins ont en elle leur retentissement immédiat. Les désirs de cet ordre supposent donc avant eux, non seulement des objets, et la perception de ces objets, mais, de plus, la perception d'objets qui soient appréhendés comme bons par l'âme encore qu'ils ne soient pas le bien propre de la raison, et c'est aussi dans cette partie de l'âme la plus passive que nous situerons essentiellement la passion. Ainsi, *la passion est une modification qui résulte accidentellement dans l'âme du fait de son union avec le corps et dont le siège se trouve dans l'appétit sensitif.* Comment distinguer et classer les passions ?

Tournons-nous vers cet appétit sensitif où les passions semblent prendre naissance. On nomme sensualité, désir sensible ou, en langage technique, appétit sensitif : *le désir né d'une perception sensible de ce qui intéresse le corps*. Ce désir se traduit immédiatement par un mouvement et ce mouvement lui-même peut s'effectuer dans deux directions : s'il s'agit du désir de prendre un objet qui convient au corps, ou de fuir un objet pénible, le mouvement accompli pour le saisir ou le fuir est attribué à une faculté qui reçoit le nom de *concupiscible* ; mais s'il s'agit du désir de résister à un objet dangereux et menaçant, le mouvement se porte contre l'objet pour le détruire ou le neutraliser, et on l'attribue à une faculté qui reçoit le nom d'*irascible*. Ces deux noms techniques s'expliquent | par le fait que la **114** concupiscence est le type même du mouvement qui nous porte au plaisir ou nous fait fuir la peine, et que la colère (*ira*) est le type même de la réaction violente contre ce qui résiste. Or, puisque nous sommes ici en présence de deux facultés distinctes, les passions qui relèvent de chacune d'elles constitueront aussi un genre distinct, celles du concupiscible portant sur l'agréable ou le pénible, celles de l'irascible ayant toutes l'hostile ou, comme l'on dit en pensant à la difficulté qu'il présente, l'*ardu*, pour objet.

Les passions qui sont dans l'irascible et celles qui sont dans le concupiscible appartiennent à deux espèces différentes. Comme en effet des facultés différentes ont des objets différents, ainsi qu'on l'a dit dans la Première Partie (q. 77, art. 3), il faut nécessairement que les passions de facultés différentes se rapportent à des objets différents et que par conséquent, à bien plus forte raison, les passions de facultés différentes rentrent dans des espèces différentes. Il faut en effet une plus grande différence dans l'objet pour faire que des facultés rentrent dans des espèces différentes que pour faire rentrer dans des espèces différentes des passions ou des actes. De même en effet que, chez les êtres naturels, la diversité de genre résulte d'une diversité dans la puissance de la matière, au lieu que la diversité d'espèce résulte d'une diversité de forme dans la même matière, de même, dans les actes de l'âme, les actes qui appartiennent à des facultés différentes seront non seulement 115 d'espèces différentes | mais même de genre différent, au lieu que les actes ou les passions qui regardent divers objets spéciaux compris sous l'objet commun et unique d'une même puissance ne différeront que comme les espèces de ce genre.

Si donc l'on veut savoir quelles passions appartiennent à l'irascible et quelles au concupiscible, il faut considérer l'objet de chacune de ces facultés. Or il vient d'être dit (p. 107) que l'objet de la faculté concupiscible est le bien ou le mal sensible pris absolument, c'est-à-dire le délectable ou le douloureux; mais comme il arrive nécessairement parfois que l'âme souffre de la difficulté ou livre une lutte soit pour conquérir quelque bien de ce genre, soit pour fuir quelque mal de ce genre, parce que cela se trouve en quelque manière hors de ce qu'il est facile à l'animal de faire, le bien même ou le mal, en tant qu'ils revêtent le caractère de ce qui est *ardu* ou difficile, forment l'objet de l'irascible. Quelles que soient donc les passions qui regardent ce qui est bon ou mauvais considéré en soi-même, elles appartiennent au concupiscible, comme par exemple, la joie, la tristesse, l'amour, la haine, et autres du même genre; et quelles que soient au contraire les passions qui regardent le bon ou le mauvais considéré avec le caractère de difficile, parce qu'il ne peut être obtenu ou évité qu'avec difficulté, 116 elles appartiennent à l'irascible, comme l'audace, | la crainte, l'espérance et autres du même genre (*ST*, Ia IIae, q. 23, art. 1, Concl.). Cf. *Q. disp. de Veritate*, q. 26, art. 4.

La distinction fondamentale de deux genres de passions une fois établie, nous pouvons y introduire des subdivisions selon leurs espèces en partant d'un double principe de classification, l'un qui vaut pour le concupiscible et pour l'irascible, l'autre qui ne peut s'appliquer qu'aux passions de l'irascible seul.

Dans les passions de l'âme, on trouve en effet une double contrariété; l'une qui vient de la contrariété de leurs objets, c'est-à-dire du bien et du mal, et l'autre qui résulte de la contrariété des deux mouvements, par lesquels on s'approche ou s'éloigne d'un même objet. Or, dans les passions du concupiscible, on ne rencontre que le premier genre de contrariété, c'est-à-dire celle qui vient des objets, au lieu que dans les passions de l'irascible on rencontre l'un et l'autre.

La raison en est que l'objet du concupiscible, ainsi qu'on l'a dit plus haut (p. 107) est le bien ou le mal sensible pris absolument. Or le bien, en tant que bien, ne peut pas être un point de départ, mais un point d'arrivée. Rien en effet ne s'éloigne du bien, en tant que bien, mais au contraire tout le désire; et, de même, rien ne désire le mal en tant que mal, mais tout le fuit; et c'est ce qui fait que le mal ne peut jamais jouer le rôle de terme | d'arrivée, mais seulement de point de départ. Ainsi donc, **117** toute passion du concupiscible qui regarde le bien consiste à se porter vers lui, comme l'amour, le désir et la joie; au lieu que toute passion qui regarde le mal s'en éloigne, comme la haine, la fuite du mal ou aversion, et la tristesse. C'est pourquoi, dans les passions du concupiscible, il ne peut y avoir de contrariété due à ce que l'on s'approche ou s'éloigne d'un même objet.

L'objet de l'irascible, au contraire, est le bien et le mal sensible, non plus considéré absolument, mais dans ce qu'il y a de difficile ou d'ardu, comme on l'a dit plus haut (p. 108). Or lorsqu'un bien est ardu ou difficile, il mérite que l'on tende vers lui en tant que bien, ce qui revient à la passion de l'espérance, mais aussi que l'on s'éloigne de lui en tant qu'ardu et difficile, ce qui revient à la passion de désespoir.

Tout de même, un mal qui est ardu mérite qu'on l'évite en tant que mal, et cela revient à la passion de crainte ; mais il mérite aussi que l'on tende vers lui, précisément parce qu'étant ardu, il nous offre l'occasion de nous libérer d'un mal qui nous opprime, et c'est pourquoi l'on voit marcher sur lui l'audace. On trouve donc dans les passions de l'irascible, d'abord la contrariété qui résulte de la contrariété du bien et du mal, par exemple entre l'espoir et la crainte, et en | outre celle qui vient de ce que l'on s'approche d'un même terme ou que l'on s'en éloigne, par exemple entre la crainte et l'audace (*ST*, Ia IIae, q. 23, art. 2, Concl.).

118

Ajoutons d'ailleurs, pour marquer la complexité de ce problème, la nécessité de subordonner la classification aux faits, et l'impossibilité de les en déduire, qu'il y a au moins une passion qui ne comporte aucune sorte de contraire, c'est la colère ; elle suppose en effet qu'il y a lutte contre un mal déjà présent ; or, si l'on veut lui chercher un contraire par éloignement de ce mal, on tombe dans la tristesse, qui appartient au concupiscible ; et si l'on veut lui chercher un contraire par opposition du bien au mal, il est clair qu'en substituant un bien présent au mal qui l'irrite on fera naître une passion de joie qui relèvera aussi du concupiscible. On ne peut donc pas faire le contraire d'être en colère, et la seule manière de cesser de l'être, c'est de se calmer (q. 23, art. 3). Si donc l'on tient compte de cette remarquable exception, il sera possible d'établir une classification complète des passions, en procédant par construction de couples et, sauf le cas de la colère, en joignant à chaque passion une passion opposée :

Les passions se distinguent en effet selon leurs causes actives, qui sont les objets des passions de l'âme ; or la différence des causes actives peut être envisagée à deux points de vue : premièrement, selon l'espèce ou la nature de ces causes actives elles-mêmes, comme le feu diffère de l'eau ; deuxièmement, selon la diversité de la faculté qui agit.

Pour la diversité de la cause active ou motrice qui tient à celle de la faculté de mouvoir, | on peut concevoir ce qu'elle est **119** dans les passions de l'âme par analogie avec les agents naturels. En effet, tout ce qui meut attire en quelque manière le patient vers soi ou l'en écarte. Si nous supposons d'abord qu'il l'attire vers soi, il produit en lui trois effets. Car premièrement il lui confère l'inclination ou l'aptitude à tendre vers lui, comme fait le corps léger et situé en haut lorsqu'il confère la légèreté au corps qu'il engendre et, par là même, l'inclination ou l'aptitude à résider en haut. Deuxièmement, dans les cas où le corps engendré se trouve en dehors de son lieu propre, il lui donne de se porter jusqu'à ce lieu. Troisièmement, il lui donne de se reposer dans ce lieu lorsqu'il y sera parvenu, car la cause qui fait que l'on se repose dans un lieu est la même qui fait que l'on s'y porte. Et il faut concevoir les choses de la même manière lorsqu'il s'agit de la cause d'une répulsion.

Or, dans les mouvements de la partie appétitive de l'âme, le bien se comporte comme une force d'attraction, et le mal, au contraire, comme une force de répulsion. Premièrement donc, le bien détermine dans la faculté de désirer, comme une inclination vers lui, une aptitude ou une affinité naturelle, qui relèvent de la passion de l'amour, et à quoi correspond, du côté du mal, comme passion contraire, la haine. Deuxièmement, si le bien n'est pas encore possédé, il communique | à l'appétit du **120** mouvement pour acquérir le bien qu'il aime, et ceci constitue la passion de désir ou de concupiscence, à quoi s'oppose, du côté du mal, l'éloignement ou aversion. Troisièmement, après que le bien a été saisi, il procure à l'appétit comme un repos dans le bien même qu'il a saisi, et ceci revient à la délectation, ou joie, à quoi s'oppose, du côté du mal, la douleur, ou tristesse. Si nous passons maintenant aux passions de l'irascible, il suppose d'abord une certaine aptitude, ou inclination, à poursuivre le bien ou à fuir le mal, qui concerne le bien ou le mal pris absolument ; mais, en outre, à l'égard du bien qui n'est pas encore obtenu, il engendre l'espoir, et le désespoir ; à l'égard du mal imminent, il engendre les passions de crainte et d'audace. Quant à l'égard du bien déjà saisi, il n'y a aucune passion dans l'irascible, parce qu'alors ce caractère de l'ardu dont nous avons parlé plus haut (p. 108) ne s'y rencontre plus, mais la passion de colère résulte au contraire de la présence actuelle du mal. Ainsi donc on peut voir qu'il y a trois couples de passions dans le concupiscible, savoir : l'amour et la haine, le désir et l'aversion, la joie et la tristesse. Pareillement, il y en aurait trois dans l'irascible, savoir : l'espérance et le désespoir, la crainte et l'audace, n'était la colère, à laquelle ne s'oppose aucune passion. Il y a donc en tout onze espèces de passions

121 différentes, | dont six dans le concupiscible, cinq dans l'irascible, et sous lesquelles toutes les passions de l'âme sont contenues (*ST*, Ia IIae, q. 23, art. 4, Concl.).

Ces onze passions s'engendrent les unes les autres selon un ordre déterminé ; puisqu'en effet l'irascible présuppose le concupiscible, la première des passions est la première du concupiscible, l'amour ; et la deuxième est son contraire, la haine. Suivent : le désir de l'objet aimé et l'aversion de l'objet haï ; viennent après, l'espoir du bien désiré, ou son contraire le désespoir. L'espoir à son tour engendre l'audace, et le désespoir de vaincre engendre la crainte. La colère peut suivre alors l'audace pour vaincre l'obstacle qui s'oppose à la réalisation des desseins passionnels et il reste enfin la joie et la tristesse, comme les passions dernières et qui résultent de toutes les autres, en ce qu'elles marquent le repos de l'âme dans la jouissance de l'objet qu'elle aime, ou son inquiétude de n'avoir pu s'en emparer (q. 25, art. 3). Quatre d'entre ces passions sont communément tenues pour principales, la joie et la tristesse, parce qu'elles sont les dernières et marquent le terme de tout mouvement passionnel ; l'espoir, parce qu'il est le terme des passions propres au concupiscible (j'aime, je désire, j'espère) ;

la crainte enfin, parce qu'elle est le terme des passions propres à l'irascible (je hais, je fuis, je crains).

Reste une dernière question relative aux passions prises en général : sont-elles bonnes ou mauvaises en elles-mêmes, et d'où tiennent-elles le caractère de moralité ou d'immoralité qu'on peut leur attribuer ? Nous n'avons aucun principe nouveau à invoquer pour y répondre, et il suffira de rappeler ce qu'est un acte moral pour l'élucider. Un acte est moral, ou proprement humain, en tant qu'il est volontaire ; or les passions, prises en elles-mêmes, ne sont pas volontaires, et la preuve en est que les animaux ont des passions mais | n'ont **122** pas de morale ; les passions ne sont donc, absolument parlant, ni bonnes ni mauvaises. Mais, il est évident par là-même que toutes peuvent devenir bonnes ou mauvaises en tant qu'elles s'intègrent, chez un être raisonnable comme l'homme, à des actes volontaires qui sont eux-mêmes bons ou mauvais, et par là aussi se trouve réglée la célèbre controverse qui met aux prises Aristotéliciens et Stoïciens sur la question de savoir si toutes les passions sont moralement mauvaises.

Sur cette question, les Stoïciens et les Péripatéticiens ont été d'opinion différente, car les Stoïciens ont dit que toutes les passions sont mauvaises, au lieu que les Péripatéticiens ont dit que les passions modérées sont bonnes. Ce désaccord, d'ailleurs, s'il semble grave en paroles, se réduit en réalité à rien, ou à peu de chose, lorsqu'on pèse les intentions des parties en présence. Les Stoïciens, en effet, ne distinguaient pas entre le sens et l'intellect, et pas davantage par conséquent entre l'appétit sensitif et l'appétit raisonnable. On comprend dès lors qu'ils ne pouvaient plus distinguer les passions de l'âme des mouvements de la volonté, en rangeant les passions de l'âme dans l'appétit sensitif et les mouvements de la volonté proprement dite dans l'appétit raisonnable ; mais ils donnaient le nom de volonté à tout mouvement raisonnable de la partie appétitive, et définissaient au contraire les passions : des mouvements qui excèdent les limites de la raison, si bien

que, suivant ici leur doctrine, Cicéron nomme les passions, au
123 | IIIe Livre des *Tusculanes* (chap. IV), des *maladies de l'âme*;
d'où la conclusion suivante : ceux qui sont malades ne sont pas
sains, et ceux qui ne sont pas sains sont insensés, puisqu'on
accuse les insensés d'insanité. Les Péripatéticiens, au
contraire, donnant le nom de passion à tous les mouvements de
l'appétit sensitif, peuvent les juger bonnes lorsqu'elles sont
réglées par la raison, et mauvaises au contraire lorsqu'elles
échappent au gouvernement de la raison. D'où il résulte enfin
que lorsque Cicéron blâme, dans le même livre, l'opinion des
Péripatéticiens qui approuvent les passions modérées, il a tort
de dire que tout mal, même modéré, est à éviter, sous prétexte
que, de même qu'un corps modérément malade n'est pas sain,
de même la modération des maladies ou passions de l'âme est
malsaine; car les passions ne méritent le nom de maladies
ou de troubles de l'âme que lorsqu'elles se soustraient au
gouvernement de la raison (*ST*, Ia IIae, q. 24, art. 2, Concl.).

Allons plus loin, et souvenons-nous de notre description des actes
moraux. La conclusion sur laquelle nous avons alors insisté portait
qu'un acte de structure aussi complexe qu'un acte humain ne pouvait
être complètement bon, nous dirions presque, complètement réussi,
au point de vue moral, si chacun des éléments qui le constituent n'était
exactement ce qu'il doit être. Dès lors, non seulement nous ne porte-
rons pas contre les passions l'exclusive que porterait contre elles une
morale de la pure intention, comme celle de Kant, mais nous avons au
124 contraire le devoir de les requérir | pour leur conférer le caractère de
moralité qui leur fait naturellement défaut. Elles sont en nous comme
une matière animale et moralement indifférente; à nous de nous
humaniser complètement en les pénétrant de raison. On a donc, non
seulement le droit, mais même le devoir d'éprouver des passions,
pourvu qu'elles soient bonnes; elles le seront toujours lorsqu'elles
résulteront de l'acte de la raison au lieu de le précéder :

Puisque les Stoïciens considéraient toute passion de l'âme comme mauvaise, ils étaient conséquents en soutenant que toute passion de l'âme diminue la valeur de l'acte, car dès qu'un bien se mélange de mal, il se trouve ou complètement supprimé, ou diminué, et ce qu'ils disent serait vrai si nous réservions le nom de *passions de l'âme* aux seuls mouvements désordonnés de l'appétit sensitif considérés comme des perturbations ou des maladies. Mais si, par *passions*, nous entendons simplement tous les mouvements de l'appétit sensitif, alors la perfection du bien de l'homme requiert que ces passions elles-mêmes soient gouvernées par la raison. Puisqu'en effet le bien de l'homme réside dans la raison comme dans sa racine, ce bien sera d'autant plus parfait qu'il s'étendra davantage à tout ce qui constitue l'homme. Ainsi, par exemple, nul ne doute qu'il ne soit requis pour une moralité parfaitement bonne, que les actes des membres extérieurs eux-mêmes soient dirigés par la règle de la raison, et par conséquent, puisque l'appétit sensitif peut obéir à la raison, comme | nous l'avons dit plus haut **125** (q. 17, art. 7, p. 90), il est de la perfection du bien moral, c'est-à-dire humain, que les passions mêmes de l'âme soient réglées par la raison. De même donc qu'il vaut mieux que l'homme, et veuille le bien, et le réalise par un acte extérieur, de même aussi, il est de la perfection du bien moral que l'homme se dirige vers le bien, non seulement selon sa volonté, mais selon son appétit sensitif même, comme il est dit au *Psaume* LXXXIII (v. 3) : *mon cœur et ma chair ont exulté dans le Dieu vivant*, en prenant le mot cœur pour l'appétit raisonnable, et le mot chair pour l'appétit sensitif.

À la première objection (*sc.* que tout ce qui gêne le jugement de la raison diminue la qualité morale de l'acte), il faut donc répondre que le rapport des passions de l'âme au jugement de la raison est double Elles peuvent d'abord le précéder, mais alors, comme elles obnubilent le jugement de la raison dont dépend la valeur de l'acte moral, elles diminuent la bonté de l'acte ; il est plus louable en effet d'accomplir une œuvre charitable par un jugement de la raison que par la seule passion de miséricorde. Mais elles peuvent également en résulter, et cela de deux façons : premièrement par une sorte de surabondance, si la partie supérieure de l'âme se meut intensément vers quelque chose et que la partie inférieure elle-même soit | entraînée par son mouvement ; la passion consécutive qui se produit alors dans l'appétit sensitif est le signe de l'intensité de la volonté et devient par conséquent la marque d'une bonté morale plus grande. Deuxièmement, par mode de choix, si l'homme choisit par un jugement de la raison d'être affecté de quelque passion qui lui permettra d'agir plus promptement grâce à la coopération de l'appétit sensitif, et alors la passion ajoute à la bonté de l'action (*ST*, Ia IIae, q. 24, art. 3, Concl.).

Considérons maintenant chacune des passions humaines en particulier, d'abord celles du concupiscible, puis celles de l'irascible, et commençons par la première et mère de toutes les autres, l'amour.

II. LES PASSIONS DU CONCUPISCIBLE

Les deux premières passions que l'on rencontre dans le concupiscible sont l'amour et la haine. Il est d'abord évident que l'amour est bien à sa place dans la faculté de désirer, car il est le principe du mouvement qui se dirige vers la fin aimée. C'est en effet l'affinité de la volonté avec un certain bien et la complaisance qu'elle met en lui, qui constituent l'amour ; l'amour est donc ce premier choc subi par l'âme au contact d'un objet qu'elle sent lui être intimement apparenté et vers lequel elle va se porter ensuite pour le saisir et en jouir (*ST*, Ia IIae, q. 26, art. 2, Concl.). C'est dire que l'amour est bien une passion, et le père du désir. Mais il y a deux degrés dans l'amour, et la différence de leur valeur morale est telle qu'il importe de les distinguer.

| Aimer, comme le dit Aristote au livre II de la *Rhétorique* **127** (chap. IV, n. 2) c'est vouloir du bien à quelqu'un. S'il en est ainsi, le mouvement de l'amour tend vers deux choses, savoir : vers le bien que l'on veut à quelqu'un, qu'il s'agisse de soi ou d'un autre ; et vers ce à quoi l'on veut du bien. À l'égard du bien que l'on veut à quelqu'un, on éprouve l'amour de concupiscence ; mais à l'égard de ce à quoi l'on veut du bien, on éprouve l'amour d'amitié. Or cette division suppose que l'un des termes est subordonné à l'autre ; car ce qui est aimé d'un amour d'amitié l'est absolument et pour soi-même, au lieu que ce qui est aimé d'un amour de concupiscence n'est pas aimé absolument et en soi-même, mais pour un autre. De même en effet que c'est être, absolument parlant, que de posséder l'être, et que c'est n'être que relativement que d'être en un autre, de même, dans l'ordre du bien qui est équivalent à celui de l'être, c'est être bon absolument parlant que de posséder la bonté, au lieu que d'être le bien d'un autre, c'est n'être bon que relativement. Par conséquent, l'amour dont on aime une chose pour que ce lui soit un bien, c'est l'amour pur et simple ; au lieu que l'amour dont on aime une chose pour qu'elle soit le bien d'une autre, n'est qu'un amour relatif (*ST*, Ia IIae, q. 25, art. 4, Concl.).

Telle étant la nature de l'amour, quelle en est la | cause ? Le bon, **128** ou le beau tels qu'ils sont connus par la raison. Nous avons dit qu'une sorte d'affinité et de complaisance spontanée de l'amant dans l'objet aimé en était l'origine ; si cette affinité est simplement perçue par le sens, l'amour qui naît de là est un amour sensuel ; si cette affinité est perçue par l'intellect, l'amour qui en résulte est un amour spirituel du bien ; si cette appréhension du bien devient elle-même une source de satisfactions pour la pensée, l'amour qui en résulte est un amour spirituel du beau, car le bien, c'est ce qui satisfait le désir, tandis que le beau est ce dont l'appréhension elle-même nous satisfait. Mais quoique la connaissance de l'intellect soit nécessaire pour qu'il y ait amour spirituel, l'amour ne se mesure pas à la connaissance que nous avons de l'objet.

Tout ce qui est requis pour une connaissance parfaite ne l'est pas pour un amour parfait. La connaissance relève en effet de la raison, dont c'est l'office de distinguer entre des choses réellement unies, et de réunir, en quelque sorte, des choses distinctes, en les comparant entre elles ; et c'est pourquoi la connaissance parfaite suppose que l'on connaît individuellement tout ce qu'une chose contient, comme ses parties, ses vertus et ses propriétés. Mais l'amour appartient à la faculté de désirer, qui se porte vers la chose selon qu'elle est en elle-même, et c'est pourquoi la perfection de l'amour requiert simplement que la chose, telle qu'elle est appréhendée en elle-même par la pensée, soit aimée. Il arrive donc, à cause de cela, qu'une chose soit plus aimée qu'elle n'est connue, parce **129** qu'elle peut être parfaitement aimée, encore | même qu'elle ne soit pas parfaitement connue. C'est ce que l'on observe avec une parfaite évidence dans l'ordre des sciences, car certains les aiment pour quelque connaissance sommaire qu'ils en ont ; parce qu'ils savent, par exemple, que la Rhétorique est une science à l'aide de laquelle on peut persuader, et c'est cela qu'ils aiment dans la Rhétorique. Et l'on peut dire la même chose lorsqu'il s'agit de l'amour de Dieu (*ST*, Ia IIae, q. 27, art. 2, ad 2).

On comprend dès lors quelle place l'amour occupe entre les passions, et que cette place est nécessairement la première. Toute passion de l'âme suppose un certain mouvement de l'âme vers un objet, ou le repos dans cet objet dont la ressemblance et parenté avec l'âme font qu'elle en jouit et s'y complaît. Il y a donc de l'amour au fond de chaque passion, et comme nous retrouverons partout ses effets combinés avec ceux des autres, il nous faut les décrire immédiatement.

La premier et plus immédiat effet de l'amour est l'union. S'il s'agit d'un amour de concupiscence, l'amant éprouve le désir d'atteindre jusqu'à l'union réelle avec l'objet aimé dont il a besoin pour soi-même ; s'il s'agit d'un amour d'amitié, l'union dont il s'agit n'est plus réelle et matérielle, comme dans le cas précédent, mais elle est par contre immédiate, car c'est alors l'amour lui-même qui est le lien et l'union, l'ami n'étant plus pour l'amant qu'un autre soi (Ia IIae, 28, 1, Concl.). Il résulte de là que ceux qui s'aiment ne sont pour ainsi dire plus en eux-mêmes, mais l'un en l'autre, par une sorte d'attachement ou, pour mieux dire, d'inhérence.

Cet effet d'inhérence mutuelle peut être | entendu, et quant **130** à la faculté de connaître, et quant à la faculté de désirer. Par rapport à la faculté de connaître on dit que l'aimé est dans l'amant parce que l'aimé demeure dans la pensée de l'amant, au sens où l'Épître *aux Philippiens* (I, 7) nous dit : *Que je vous aie dans mon cœur*. Et l'amant, de son côté, pénètre vraiment dans l'aimé par la pensée, en ce sens que l'amant ne se contente pas d'une connaissance superficielle de l'aimé, mais qu'il s'efforce de connaître une à une toutes les qualités intérieures de ce qu'il aime, au sens où l'on dit de l'Esprit-Saint, qui est l'amour de Dieu (I *Cor.*, II, 10) : *il scrute Dieu jusqu'en ses profondeurs*. – Par rapport à la faculté de désirer, on dit que l'aimé demeure dans l'amant, en tant qu'il demeure dans son affection par une sorte de complaisance ; soit que l'amant jouisse de lui ou de ses qualités lorsqu'il est présent ; soit que, lorsqu'il est absent, l'amant tende par l'amour de concupiscence vers l'aimé lui-même, ou vers le bien qu'il veut à l'aimé par un amour d'amitié. Et rien de ceci n'arrive en raison de quelque cause extrinsèque, comme c'est le cas lorsqu'on désire une chose à cause d'une autre, ou lorsqu'on veut du bien à quelqu'un à cause de quelque autre chose, mais uniquement par une complaisance dans l'objet aimé, dont les racines sont à

131 l'intérieur de son être. Et c'est pourquoi l'on peut | parler d'un *amour intime*, ou encore des *entrailles de la charité*.

Mais on peut dire d'autre part, inversement, que l'amant est dans l'aimé, bien qu'il y soit autrement par l'amour de concupiscence que par l'amour d'amitié. En effet, l'amour de concupiscence ne se contente pas d'atteindre ni de jouir extérieurement et superficiellement de l'aimé ; mais il cherche à posséder parfaitement ce qu'il aime, en pénétrant pour ainsi dire à l'intérieur de lui. Dans l'amour d'amitié au contraire, l'amant est dans l'aimé en ce sens qu'il considère les biens et les maux de son ami comme siens, et la volonté de son ami comme sienne, à tel point qu'il semble que ce soit lui-même à qui ces biens ou ces maux arrivent dans la personne de son ami et qui s'en trouve affecté. C'est pourquoi le propre des amis est de vouloir les mêmes choses, et de s'attrister ou se réjouir de la même chose, comme dit Aristote (*Éthique*, IX, chap. III, 1165b27, et *Rhét.*, chap. IV, 1381a3). Par le fait même qu'il prend pour soi ce qui arrive à son ami, l'amant semble donc être dans l'aimé, devenu qu'il est, pour ainsi dire, identique à lui ; et par le fait qu'inversement il veut et agit pour son ami comme pour soi-même, considérant en quelque sorte son ami comme identique à soi, l'aimé demeure dans l'amant. – On peut enfin, lorsqu'il s'agit de l'amour d'amitié, parler d'une

132 inhérence | mutuelle en un troisième sens, lorsqu'il s'agit d'un amour partagé ; alors en effet, s'aimant mutuellement, les amis se veulent et se font réciproquement du bien (*ST*, Ia IIae, q. 28, art. 2, Concl.). Cf. *In III Sent.*, dist. 7, q. 1, art. 1.

Cette inhérence mutuelle de l'amant et de l'aimé permet d'expliquer tous les autres effets de l'amour. On comprend, par exemple, que son terme ultime soit une extase, car l'amant est littéralement hors de soi lorsque vraiment il aime ; que le zèle soit l'effet normal de l'amour, car le zèle est une jalousie de nous emparer du bien que nous aimons ou d'en écarter ceux qui nous le disputent ; que l'amour soit une passion essentiellement bienfaisante et conservatrice, car elle veut toujours le bien et la perfection ; et qu'enfin l'amour soit le moteur premier de toutes nos actions, puisque tout ce qui agit agit pour le bien qu'il désire et qu'il aime. Par là nous reprenons contact avec la source première de toute opération et de tout être. Dieu crée par amour, et le mouvement par lequel il s'aime soi-même dans les choses qui l'imitent est métaphysiquement leur mouvement propre. C'est parce qu'il est le premier Bien et le premier Amour que tout mouvement tend vers un bien quelconque et représente par conséquent un mouvement d'amour, conscient ou inconscient, vers Dieu.

À l'amour correspond, comme deuxième passion du concupiscible, la haine, qui en est le contraire et s'y oppose point par point. Comme l'objet de l'amour est le bien, celui de la haine est le mal, c'est-à-dire la perception immédiate d'une répugnance essentielle entre ce que l'on aime et quelque objet particulier. C'est donc l'amour qui la cause, car il faut aimer une chose avant de haïr son contraire ; et comme il est impossible que l'effet soit plus fort que sa cause, il est impossible que l'amour ne l'emporte pas sur la haine. | De même **133** aussi, comme l'amour a le bien pour objet propre, rien de ce qui est bien en soi ne peut être objet de haine ; nul ne se hait donc soi-même, si ce n'est sans le savoir, et parce qu'il se trompe sur sa vraie nature ; et nul ne peut haïr la vérité comme telle, car elle est essentiellement bonne, encore que nous puissions détester certaines vérités particulières qui contrarient nos désirs dans telles circonstances données (*ibid.*, q. 29). Passons maintenant au deuxième couple des passions concupiscibles ; le désir, auquel on donne plutôt le nom de concupiscence s'il s'agit d'un désir sensible, et l'aversion.

La manière dont meut la fin, ou le bien, diffère selon que le
bien est réellement présent ou selon qu'il est absent. Lorsqu'il
est présent, il a pour effet que l'on se repose en lui, tandis que,
lorsqu'il est absent, il fait que l'on se meut vers lui. C'est
pourquoi, si nous prenons l'objet même agréable aux sens,
considéré en tant qu'il s'adapte pour ainsi dire et se configure
l'appétit, il cause l'amour ; considéré en tant qu'absent et atti-
rant vers soi le désir, il cause la concupiscence ; considéré en
tant qu'il lui apporte le repos par sa présence, il cause le plaisir.
Ainsi donc, la concupiscence est une passion spécifiquement
différente de l'amour et du plaisir ; quant au fait que l'on désire
tel objet plaisant plutôt que tel autre, il engendre des mouvements de concupiscence qui ne sont qu'individuellement
différents (*ST*, Ia IIae, q. 30, art. 2, Concl.).

134 | Parmi les désirs ou concupiscences, les uns sont naturels : ce sont
les désirs de ce qui convient à la nature animale, comme la nourriture,
la boisson, et le reste ; la passion qui nous porte vers ces objets est la
concupiscence proprement dite, et elle appartient aux animaux
comme à l'homme. D'autres désirs nous portent au contraire vers des
objets que nous considérons comme bons et agréables, c'est-à-dire,
non plus parce qu'ils sont indispensables à notre nature, mais parce
que notre pensée nous les représente comme désirables ; ces passions
reçoivent alors plus proprement le nom de *cupidité*, et elles sont
propres à l'homme, car c'est le propre de l'homme que de se représenter des biens en dehors de ce que sa nature exige. Or il va de soi
que la concupiscence des biens naturels est nécessairement finie et
limitée, car on ne peut désirer une infinité de nourriture à la fois ; mais
on peut du moins désirer indéfiniment de nouveaux aliments et de
nouvelles boissons, et par ce côté les désirs naturels sont en quelque
sorte insatiables. Quant aux cupidités des biens qui ne sont pas requis
par la nature, elles sont évidemment infinies dans tous les sens, car
nous réglons de tels désirs sur ce que notre raison nous propose, et
notre raison ne se lasse jamais de concevoir au delà de ce que nous

tenons déjà (*ibid.*, art. 4). – L'*aversion*, passion qui s'oppose au désir, ne présente guère d'importance, et comme elle a pour objet le mal absent, on la confond le plus souvent avec la crainte (art. 2, ad 3). Elle n'est cependant pas une crainte proprement dite, pas plus que le désir n'est une espérance, et nous devons donc marquer ici sa place, bien qu'il ne soit pas nécessaire de l'analyser.

Capitale est au contraire l'importance des deux dernières passions du concupiscible, le plaisir et la douleur. Tout d'abord on notera que le plaisir est bien une passion, car nous avons dit que tout mouvement de l'appétit sensible est une passion ; or le plaisir est le mouvement qui se produit dans l'appétit sensible d'un animal lorsqu'il s'établit dans un état qui convient à sa nature et qu'il s'en aperçoit. Si le bien dont l'acquisition | motive ce plaisir est un bien naturel, et qui a été par **135** conséquent l'objet de ce que nous venons de nommer désir ou concupiscence, on nomme cette passion un plaisir proprement dit. Si ce bien est au contraire un bien qui n'est tel que pour la raison, et qui a été par conséquent l'objet de ce que nous venons de nommer une cupidité, cette passion prend le nom de joie. C'est pourquoi, n'ayant pas de raison, les animaux n'ont que des plaisirs, et jamais de joies ; nous au contraire, parce que nous avons une raison, nous pouvons éprouver des joies et sommes même capables de transformer en joies nos plaisirs. Voilà donc l'homme, être raisonnable, capable de ressentir des passions agréables auxquelles son corps sera intéressé ; mais il l'est aussi d'accomplir des opérations agréables qui n'intéresseront que sa volonté et sa pensée ; quelles satisfactions seront pour lui les plus grandes, celles qui lui viendront des opérations de l'esprit, ou celles qui lui viendront des passions du corps ?

Le plaisir naît de notre conjonction avec un bien qui nous convient, lorsqu'elle est sentie et connue. Or, dans les perfections de l'âme, surtout sensitive et intellective, il faut considérer que, ne passant pas dans une matière extérieure, elles sont des actes ou des perfections du sujet qui les accomplit, comme connaître, sentir, vouloir, et le reste. Car les actions qui passent dans une matière extérieure sont plutôt des actions et des perfections de la matière qu'elles transforment, puisque le mouvement est l'acte que le moteur cause dans le mobile. Pour cette raison donc, les actions de l'âme sensitive et intellective dont nous avons parlé sont en elles-mêmes un certain bien **136** du sujet qui les accomplit, | mais comme elles sont en outre connues par le sens et l'intellect, il naît d'elles un plaisir, et non pas seulement de leurs objets. Si donc l'on compare les plaisirs intelligibles aux plaisirs sensibles sous le rapport du plaisir que nous prenons à ces actions elles-mêmes, c'est-à-dire à la connaissance par les sens et par l'intellect, il n'est pas douteux que les plaisirs intelligibles ne soient beaucoup plus grands que les plaisirs sensibles. On prend en effet beaucoup plus de plaisir à connaître une chose en la comprenant qu'à la connaître en la percevant, car d'abord la connaissance intellectuelle est plus parfaite, et elle est en outre mieux connue, parce que l'intellect est plus capable de réfléchir sur son acte que le sens. Enfin, la connaissance intellectuelle nous est plus chère, car il n'est personne qui n'aimât mieux être privé de la vue du corps plutôt que de la vue de l'intelligence, comme le sont les bêtes ou les fous, ainsi que le dit Augustin au livre XIV *De la Trinité* (chap. XIV, n. 19).

Si maintenant l'on compare les plaisirs intelligibles spirituels aux plaisirs sensibles corporels, alors, à les prendre en soi et absolument parlant, les plaisirs spirituels sont encore les plus grands, comme on peut le vérifier pour les trois conditions requises afin qu'il y ait plaisir, savoir : le bien conjoint, ce à quoi il est conjoint, et notre conjonction même avec lui. En **137** effet, le | bien spirituel est en lui-même plus grand que le bien corporel, et nous est aussi plus cher, comme on le voit à ce que les hommes s'abstiennent même des voluptés corporelles les plus grandes, afin de ne pas perdre l'honneur qui est un bien intelligible. En outre, la partie intellective de l'âme, prise en soi, est beaucoup plus noble et capable de connaître que n'est la partie sensitive. Enfin la conjonction même de l'âme et de l'objet est alors plus intime, plus parfaite, et plus ferme. Plus intime d'abord, parce que le sens s'arrête aux accidents extérieurs de l'objet, alors que l'intellect pénètre jusqu'à l'essence de la chose, puisque c'est cette essence qui est l'objet de l'intellect. Plus parfaite ensuite, parce que la conjonction du sensible avec le sens implique le mouvement, qui est un acte imparfait; et c'est ce qui fait que les plaisirs sensibles ne sont jamais dans un même moment tout ce qu'ils peuvent être, mais comportent toujours quelque chose qui n'est déjà plus, et quelque chose que l'on attend encore pour le consommer (ainsi qu'il est évident pour les plaisirs de la table ou ceux de l'amour), au lieu que l'intelligible étant en dehors du mouvement, les plaisirs de cet ordre sont à la fois tout ce qu'ils peuvent être. Plus ferme enfin, parce que les objets corporels qui nous plaisent sont corruptibles et passent vite, alors que les biens spirituels sont incorruptibles.

Toutefois, si nous les considérons par rapport | à nous, les **138** plaisirs du corps sont plus véhéments, et cela pour trois raisons. Premièrement, parce que le sensible est plus connu, par rapport à nous, que n'est l'intelligible; deuxièmement, parce que les plaisirs sensibles, étant des passions de l'appétit sensitif, comportent une modification corporelle, ce qui ne se produit pas dans les plaisirs spirituels, sinon par une sorte de répercussion de l'appétit supérieur sur l'inférieur; troisièmement, parce que les plaisirs corporels sont recherchés comme des sortes de remèdes contre les défauts ou les afflictions du corps dont résultent certaines tristesses; et c'est pourquoi les plaisirs corporels, survenant dans des tristesses de ce genre, se font sentir davantage, et par conséquent aussi mieux accueillir que les plaisirs spirituels auxquels nulle tristesse

n'est contraire, ainsi que nous le dirons plus loin (q. 35, art. 5)
(*ST*, Ia IIae, q. 31, art. 5, Concl.).

Appliquons le même principe à la comparaison des plaisirs
sensibles entre eux, nous les verrons encore se hiérarchiser de manière
différente selon que l'on considère la dignité du plaisir ou son intensité. Le plus utile des sens au point de vue pratique est le toucher, mais
c'est la vue qui est le sens le plus noble :

Puis donc que le plaisir du toucher l'emporte du point de
vue de l'utilité et que le plaisir de la vue l'emporte au contraire
du point de vue de la connaissance, si l'on veut comparer l'un
139 avec | l'autre, on trouvera que le plaisir du toucher l'emporte,
absolument parlant, sur le plaisir de la vue, tant que l'on
s'enferme à l'intérieur des limites du plaisir sensible. Il est en
effet évident que ce qui est naturel, dans chaque être, est aussi
ce qu'il y a de plus puissant; or tels sont précisément les
plaisirs du toucher vers qui tendent les désirs naturels, comme
celui de la nourriture, celui de la reproduction et autres du
même genre. Mais si nous considérons au contraire les plaisirs
de la vue en tant que la vue est au service de l'intellect, alors ce
sont les plaisirs de la vue qui l'emportent, dans la mesure
même où les plaisirs de l'intellect l'emportent sur ceux des
sens (*ST*, Ia IIae, q. 31, art. 6, Concl.).

Reste à déterminer la cause de ce plaisir et ses principaux effets.
Puisqu'elle suppose la conscience que nous avons de posséder enfin le
bien qui nous convient, elle a pour cause le libre accomplissement
d'une opération conforme à notre nature (q. 32, art. 1), et par conséquent, tout ce qu'il nous est naturel de faire (en comprenant dans notre
nature celle même des autres que nous ne distinguons plus de nous en
raison de l'amitié que nous leur portons : art. 6), est pour nous une
source de plaisirs. Quant aux effets du plaisir, il est malaisé de les
définir, parce que nous ne disposons que de métaphores corporelles
pour décrire des états intérieurs qui, eux, ne le sont pas. On peut dire

cependant que le plaisir a pour effet principal une sorte de dilatation de l'âme, qui s'accroît et se fait plus large pour accueillir le bien dont elle vient de s'emparer (q. 33, art. 1). Par là même, le plaisir conduit l'acte accompli par une faculté de l'âme jusqu'à son ultime achèvement. Car l'acte, tel que l'âme l'accomplit, | constitue déjà un bien en lui-même, **140** mais le plaisir lui ajoute cet autre bien qui est l'apaisement du désir dans le bien enfin saisi. Et cette perfection finit d'ailleurs par rejaillir sur l'accomplissement de l'acte lui-même, car on fait mieux ce que l'on fait avec plaisir, parce que l'on apporte à le faire toutes les ressources de son attention (art. 4). Ajoutons enfin que le plaisir, comme nous l'avons établi pour toutes les passions en général, n'est ni bon ni mauvais en lui-même, moralement parlant. Fin et perfection de l'acte, il vaut ce que vaut l'appétit : bon, si l'appétit qu'il satisfait se repose dans un objet conforme à la raison, mauvais si l'objet en qui l'appétit supérieur ou inférieur se repose est en désaccord avec ses exigences (q. 34, art. 1).

Examinons maintenant la dernière passion du concupiscible, la douleur. Contraire au plaisir, elle se définira nécessairement par la conjonction d'un certain mal et la perception consciente de cette conjonction (q. 35, art. 1). De même que la force de l'esprit se distingue du plaisir, la tristesse de l'âme se distingue de la douleur du corps (art. 2), et l'une et l'autre dérivent, ainsi que toutes les passions, de l'amour ; mais elles en dérivent par l'intermédiaire de la haine. Car la première des passions est l'amour qui naît dans l'âme au contact du bien ; la deuxième est la haine du mal qui en dérive, et c'est à travers la haine que remonte jusqu'à l'amour la douleur du mal présent (q. 36, art. 2, Concl.). Quant à ses effets, la douleur ou la tristesse est une véritable maladie. Née d'un contact avec ce qui nie la nature, elle la diminue de toutes parts, débilitant notre faculté d'apprendre (q. 37, art. 1), appesantissant l'âme (art. 2) par opposition au plaisir qui la dilate, débilitant toutes ses opérations (art. 3), et nuisant au corps lui-même dont elle contrarie les fonctions vitales, à tel point qu'elle supprime parfois l'usage de la raison en conduisant les hommes jusqu'à la mélancolie et la manie (q. 37, art. 4). Puisque la tristesse et la

douleur sont des maladies, il faut les soigner, et le remède spécifique
pour les guérir est leur passion contraire, le plaisir ou la joie :

141 | Le plaisir est une sorte de repos de l'appétit dans le bien
qui lui convient, au lieu que la tristesse naît de ce qui répugne à
l'appétit; c'est pourquoi dans les mouvements de l'appétit le
plaisir est à la tristesse, comme le repos est à la fatigue dans un
corps qui vient de fournir un travail excessif pour sa nature. La
tristesse elle-même suppose en effet une sorte de fatigue ou
malaise de la faculté de désirer; de même donc que tout repos
du corps apporte un remède à toute fatigue, de quelque excès
qu'elle provienne, de même tout plaisir apporte à n'importe
quelle tristesse un remède capable de l'adoucir, quelle que soit
la cause dont elle procède (*ST*, Ia IIae, q. 38, art. 1, Concl.).

Rien donc n'est à dédaigner dans cet ordre de calmants; ni les
larmes, qui détendent l'âme et l'empêchent de se concentrer sur son
mal; ni le sommeil, les bains et les autres remèdes, qui combattent
dans le corps les effets que cette passion manque rarement d'y
produire (art. 5); ni la compassion des amis qui, nous prouvant ainsi
leur amour, versent de la joie dans notre cœur (art. 3); ni enfin, et
surtout, le plus puissant des remèdes :

Comme nous l'avons dit plus haut (*ST*, I, q. 3, art. 5), c'est
dans la contemplation de la vérité que la délectation suprême
consiste; or toute délectation adoucit la douleur, comme il
vient d'être dit; c'est pourquoi la contemplation de la vérité
adoucit la tristesse ou la douleur, et cela d'autant mieux que
142 l'on aime plus parfaitement la sagesse. Voilà | pourquoi les
hommes se réjouissent dans les tribulations en contemplant
les choses divines et la future béatitude. Mieux encore, voilà
pourquoi l'on trouve une telle joie même au milieu des
tourments corporels, comme le martyr Tiburce, qui disait, en
marchant pieds nus sur des charbons ardents : Il me semble que

je marche sur des roses en fleur, au nom de Jésus-Christ (*ST*, Ia IIae, q. 38, art. 4).

Ainsi que les autres passions, la douleur, quoiqu'elle soit essentiellement le signe d'un mal, peut être utilisée de manière à devenir bonne; car il est bon, louable même, de s'attrister du mal commis, et, redoublant le mal qu'elle accompagne, elle le rend encore plus détestable, ce qui lui confère une sorte d'utilité. Nous achevons avec elle les passions du concupiscible et passons à l'examen de celles de l'irascible.

III. LES PASSIONS DE L'IRASCIBLE

Aux six passions du concupiscible ne correspondent que cinq passions de l'irascible, et l'on se souvient que cette dissymétrie tient à l'absence de toute passion contraire à la colère. Restent donc : l'espoir et le désespoir, la crainte et l'audace, enfin la colère. Que l'espoir soit bien une passion, nul n'en doute, mais on peut hésiter à l'attribuer au concupiscible parce qu'il est aisé de le confondre avec le désir. Or, bien loin de se confondre avec lui, il le présuppose, et c'est même par son intermédiaire qu'il se rattache, ainsi que les autres passions de l'irascible, à la première de toutes les passions, l'amour :

Les espèces des passions se reconnaissent à | leurs objets; **143** or, touchant l'objet de l'espoir, il y a quatre conditions à considérer. Premièrement, ce doit être un bien; à proprement parler, en effet, il n'y a d'espoir que du bien, et c'est par là que l'espoir diffère de la crainte, qui porte sur le mal. Deuxièmement, cet objet doit être futur; on n'espère pas en effet un objet présent et déjà possédé, et c'est par là que l'espoir diffère de la joie, qui porte sur le bien présent. Troisièmement, il faut que cet objet soit quelque chose d'ardu et de difficilement accessible; on ne dit jamais en effet qu'un homme espère s'il s'agit de quelque chose de minime et qu'il est en son pouvoir de se procurer immédiatement, et par là l'espoir diffère du désir ou de la cupidité qui portent sur le bien à venir purement et simplement; c'est pourquoi le désir appartient au concupiscible, l'espoir au contraire à l'irascible. Quatrièmement, cet objet difficile doit cependant pouvoir être obtenu; personne en effet n'espère ce qu'il lui est absolument impossible d'obtenir, et c'est de ce point de vue que l'espoir se distingue du désespoir. Ainsi donc, il est évident que l'espoir diffère du désir comme les passions de l'irascible des passions du concupiscible; et c'est à cause de cela que toutes les passions de l'irascible présupposent les passions du concupiscible, ainsi que nous l'avons dit plus haut (p. 112) (*ST*, Ia IIae, q. 40, art. 1, Concl.).

144 | Le caractère essentiellement passionnel de l'espoir se reconnaît d'ailleurs à ce qu'il se rencontre même chez les animaux; on pourrait presque dire, dans les corps bruts; mais le mouvement s'y trouve en quelque sorte décomposé chez eux, parce qu'ils se meuvent, en vertu d'un instinct, vers un bien dont un autre perçoit pour eux la convenance. On réfléchira utilement à l'unité métaphysique profonde que cette conception suppose dans la structure de l'univers:

Les passions intérieures des animaux peuvent se reconnaître à leur manière extérieure de se comporter, et c'est ce qui permet d'affirmer que les animaux éprouvent de l'espoir; car, si un chien voit un lièvre, ou si un épervier voit un oiseau trop éloigné, ils ne se dirigent pas vers eux, comme s'ils n'espéraient pas pouvoir les atteindre; si, au contraire, ils les voient assez rapprochés, ils se dirigent vers eux, comme mus par l'espoir de les atteindre. Or, ainsi que nous l'avons dit plus haut (q. 1, art. 2, p. 37) l'appétit sensible des animaux, et même l'appétit naturel des choses insensibles, se meuvent selon la perception d'un intellect, exactement de la même manière que l'appétit des natures intelligentes, que l'on nomme volonté ; mais ils diffèrent en ceci que la volonté se meut selon la connaissance de l'intellect auquel elle est conjointe, tandis que le mouvement de l'appétit naturel se règle sur la connaissance d'un intellect dont il est séparé et qui a institué la nature. Or il en est de même pour l'appétit sensible | des animaux, car ils **145** agissent aussi par une sorte d'instinct naturel ; c'est pourquoi l'on peut découvrir dans les opérations des animaux et des autres choses naturelles une marche analogue à celle que suivent les opérations de l'art, et c'est en ce sens que se rencontrent chez les animaux l'espoir et le désespoir (*ST*, Ia IIae, q. 40, art. 3, Concl.).

Le désespoir est en effet le contraire de la première passion du concupiscible, et il occupe à ce titre la deuxième place. Mais la contrariété de ce couple de passions n'est plus de même nature que celle des couples précédents. Les passions du concupiscible s'opposaient toujours en ce qu'à un mouvement de l'âme vers le bien correspondait régulièrement un mouvement pour se détourner du mal ; c'était donc la seule contrariété des objets qui faisait celle des passions ; dans l'irascible au contraire, les passions peuvent s'opposer sans que l'objet change de nature, et simplement parce que l'appétit se porte vers ou contre un seul et même objet. Tel est précisément le cas du désespoir dont, comme l'espoir auquel il s'oppose, l'objet propre est le bien et non le mal :

Comme nous l'avons dit plus haut, la contrariété qui se rencontre dans les changements est double (p. 109). Il y en a une qui résulte de ce que les termes vers lesquels on se porte sont contraires, et ce genre de contrariété, le seul qui se rencontre dans les passions du concupiscible, est celui par lequel l'amour et la haine se contrarient. Mais il y en a une autre qui résulte de ce que l'on s'approche ou que l'on s'éloigne d'un | seul et même terme, et ce genre de contrariété se rencontre **146** dans les passions de l'irascible, comme nous l'avons dit au même endroit. Or l'objet de l'espoir, qui est un bien difficile, est de nature à attirer, aussi longtemps qu'on envisage la possibilité de l'atteindre, et c'est alors que l'espoir se porte vers lui par le mouvement d'approche qu'il implique; mais en tant qu'on envisage l'impossibilité de l'obtenir, il prend un caractère repoussant, parce que, comme dit Aristote au livre III de l'*Éthique* (chap. III, 1112b24) : lorsqu'on en vient à quelque chose d'impossible, tout le monde abandonne. Or, c'est justement ce que fait le désespoir à l'égard de son objet; aussi implique-t-il une sorte de mouvement de retrait, par lequel il s'oppose à l'espoir comme un mouvement de retraite s'oppose à un mouvement d'approche (*ST*, Ia IIae, q. 40, art. 4, Concl.).

Considéré quant à ses causes, l'espoir est une passion qui se nourrit surtout d'expérience; car, en acquérant de l'expérience, on devient de plus en plus capable d'agir et par conséquent aussi de plus en plus confiant en soi-même. En outre l'expérience nous vient par l'étude comme par la pratique, et nous en arrivons ainsi à concevoir par la force du raisonnement la possibilité de faire des choses que l'empirisme pur ne nous aurait jamais permis d'espérer. Il va de soi que l'expérience peut engendrer le désespoir pour la raison inverse; mais en somme, il n'y a guère que la raison qui puisse nous décourager, non la pratique, et par conséquent l'expérience nous donne deux

147 motifs d'espérer | contre un de désespérer. Cette passion abonde au cœur des jeunes gens « parce qu'ils ont beaucoup d'avenir, et peu de passé; et c'est pourquoi, comme on se souvient du passé au lieu qu'on espère l'avenir, ils ont peu de mémoire, mais vivent beaucoup d'espérance… Pareillement, ceux qui n'ont pas subi d'échec ni éprouvé de résistances à leurs efforts estiment facilement qu'une chose leur est possible, et c'est pourquoi ils ont bon espoir ». Ajoutons que les ivrognes sont dans le même cas, car ils ont la tête chaude comme les jeunes gens et ne réfléchissent pas davantage; c'est ce qui fait qu'ils ont l'espoir facile et ne doutent de rien (art. 6, Concl.).

Considéré quant à ses effets l'espoir stimule notre activité et, bien qu'il soit causé par l'amour comme toutes les passions, il peut cependant à son tour le causer.

L'espoir peut porter sur deux choses ; car l'objet même sur lequel il porte est le bien qu'on espère, mais comme ce bien que l'on espère est difficile et possible, il peut arriver que ce qui est difficile nous soit possible, non par nous, mais par d'autres, et dans ce cas l'espoir se tourne vers ce par quoi le bien nous devient possible. Ainsi donc, en tant que l'espoir se porte vers le bien que l'on espère, cet espoir est causé par l'amour, car il n'y a d'espoir que d'un bien désiré et aimé. Mais en tant que l'espoir porte sur celui qui nous rend ce bien possible, alors c'est l'amour qui est causé par l'espoir, et non pas inversement. Dès l'instant en effet où nous espérons qu'il pourra nous arriver du bien par l'entremise de quelqu'un, nous nous | portons vers lui comme vers notre bien, et ainsi **148** nous commençons à l'aimer, tandis que nous pouvons aimer quelqu'un sans espérer pour cela rien de lui, sinon indirectement, et dans la mesure où nous croyons que notre amour est payé de retour. Par où l'on voit que c'est le fait d'être aimé de quelqu'un qui nous fait espérer en lui, mais que l'amour que nous avons pour lui est causé par l'espoir que nous mettons en lui (*ST*, Ia IIae, q. 40, art. 7, Concl.).

Les deux passions suivantes de l'irascible sont la crainte et l'audace. De la passion, la crainte présente tous les caractères à un degré éminent ; elle est subie, elle l'est dans l'appétit sensible et elle se rapporte enfin à un mal. Rien donc ne lui manque. Son objet propre, puisque ce sont les objets qui spécifient les passions, est exactement opposé à celui de l'espérance : un mal à venir et difficile, auquel on sent que l'on ne peut résister, s'il arrive, mais auquel on conserve encore quelque espoir d'échapper. De là ses subdivisions :

La crainte porte sur un mal à venir, et qui excède les forces de celui qui craint, à tel point qu'il ne puisse lui résister. Or, soit qu'il s'agisse d'un bien de l'homme, soit qu'il s'agisse d'un mal, on peut le considérer, ou bien dans son opération, ou bien dans les choses extérieures. Si l'on envisage l'opération de l'homme elle-même, le mal à craindre peut être double : premièrement une fatigue qui soit à charge à la nature ; c'est **149** alors que se produit la *paresse* et que | l'on se soustrait au travail par crainte d'une peine excessive ; deuxièmement l'infamie qui porte dommage à la réputation, et, dans ce cas, s'il s'agit de l'infamie qu'entraînera un acte à commettre, on a la *honte*, au lieu que s'il s'agit d'une infamie déjà commise, on a la *confusion*. – Quant au mal qui se rencontre dans les choses extérieures, il peut excéder les forces de résistance de l'homme de trois façons. Premièrement, en raison de sa grandeur, comme lorsqu'on envisage un mal si grand que l'on ne suffit pas à en calculer les conséquences et c'est alors l'*étonnement*. Deuxièmement, en raison de son caractère insolite, comme lorsque c'est un mal inaccoutumé qui s'offre à notre pensée et qu'il nous paraît grand par cela même ; et c'est alors la *stupeur*, dont la cause est une imagination insolite. Troisièmement, en raison de son caractère imprévu, c'est-à-dire de ce qu'il n'est pas possible de le prévoir, comme sont les infortunes à venir, et dans ce cas la crainte prend le nom d'*anxiété* (*ST*, Ia IIae, q. 41, art. 4, Concl.). *Cf.* q. 42, art. 2, Concl., les dernières lignes.

Si l'on cherche ensuite à assigner les causes de la crainte, on en trouve deux principales : d'abord l'amour, comme il est évident, car on ne craint le mal que parce qu'il prive d'un bien que l'on aime ; et ensuite le manque ou défaut de la force et des ressources qui seraient nécessaires pour repousser le mal qui nous menace et va nous séparer **150** du bien que nous | aimons, Quant à ses effets, il sont au nombre de quatre : elle contracte l'être, elle incite à prendre conseil, elle produit le tremblement et enfin elle modifie notre façon d'agir. Examinons d'abord le premier effet :

Dans les passions de l'âme c'est le mouvement même de la faculté de désirer qui joue le rôle de principe formel au lieu que la modification du corps joue le rôle de principe matériel ; or ces deux éléments sont proportionnés l'un à l'autre ; c'est donc pourquoi la modification corporelle doit correspondre à la nature du mouvement de l'appétit et lui ressembler. Or si l'on considère le mouvement de l'appétit dans l'âme, la crainte y produit une sorte de contraction. La raison en est que la crainte provient de ce que l'on imagine un mal menaçant et difficile à repousser, comme nous l'avons dit plus haut (q. 41, art. 2, p. 134). Or, que quelque chose soit difficile à repousser, cela provient d'un manque de force, comme nous l'avons également-ment dit (q. 43, art. 2). Mais à mesure qu'une force se débilite, le nombre des objets auxquels elle s'étend se fait plus petit, si bien que de l'imagination même qui cause la crainte, résulte une sorte de contraction dans le désir. C'est ce que l'on peut vérifier sur les mourants, chez qui la nature se retire vers l'inté-rieur par manque de forces ; et nous voyons aussi que dans les villes les habitants se retirent de l'extérieur, lorsqu'ils ont peur, et se réfugient le plus qu'ils peuvent | vers l'intérieur. De **151** même donc, par analogie avec cette contraction qui appartient à l'appétit de l'âme, il se produit aussi dans le corps, en cas de crainte, une contraction de la chaleur et des esprits vers l'intérieur (*ST*, Ia IIae, q. 44, art. 1, Concl.).

De ce premier effet de la crainte, découle, par voie de conséquence naturelle, le deuxième, qui est le tremblement :

Puisque, comme nous venons de le dire, il se produit dans la crainte une sorte de contraction des extrémités vers l'inté-rieur, les extrémités restent froides. Et c'est pour cela qu'il s'y

produit un tremblement causé par la débilité de la vertu qui les
contient ; car la raison principale de cette débilité est le manque
de chaleur, qui est l'instrument au moyen duquel l'âme meut le
corps, comme il est dit au livre II *De l'âme* (chap. IV, 416b29)
(*ST*, Ia IIae, q. 44, art. 3, Concl.).

C'est alors surtout que les hommes pensent à demander conseil
et à se renseigner auprès des autres sur les moyens les plus sûrs
d'échapper au danger qui les menace ; et la crainte les pousse en outre
à se consulter en quelque sorte eux-mêmes pour chercher une issue
favorable à leur situation. Mais cette crainte est mauvaise conseillère,
car elle fait apparaître les choses que l'on craint comme plus grandes
et plus redoutables qu'elles ne sont en réalité ; elle incite donc à
réfléchir, mais elle fausse la réflexion (*ibid.*, art. 2). Plus complexe est
le quatrième de ses principaux effets, c'est-à-dire l'influence qu'elle
exerce sur nos actions :

152 | L'opération extérieure de l'homme a pour cause, d'une
part l'âme, qui agit comme premier principe du mouvement,
d'autre part les membres corporels, qui lui servent d'instruments. Or une opération peut être empêchée, soit par le défaut
de l'instrument, soit par le défaut du principe qui le met en
mouvement. – Si l'on se place au point de vue des instruments
corporels, la crainte, prise en soi, est toujours de nature à
empêcher l'opération extérieure, à cause du défaut de chaleur
qu'elle détermine dans les membres extérieurs Si l'on se place
d'autre part au point de vue de l'âme, une crainte modérée et
qui ne trouble pas beaucoup la raison aide à bien agir, parce
qu'elle éveille une sorte de sollicitude et rend l'homme plus
attentif dans sa réflexion et son action. Mais lorsque la
crainte s'accroît dans des proportions telles qu'elle trouble la
raison, elle gêne l'opération, même au point de vue de l'âme
(*ST*, Ia IIae, q. 44, art. 4).

À la crainte s'oppose, comme quatrième passion du concupiscible, celle que l'on nomme l'*audace*. Ainsi que sa contraire, elle a pour objet propre le mal, mais alors que la crainte fuit le mal à venir dont elle redoute la prochaine victoire, l'audace se tourne contre le péril et l'attaque afin de remporter sur lui la victoire (q. 45, art. 1). C'est donc, ici encore, l'inversion du mouvement à l'égard d'un même objet qui détermine l'opposition des deux passions. Si l'on cherche par quelle filiation elle remonte à l'amour, c'est évidemment à l'espoir qu'il convient d'abord de la rattacher. L'audace | implique **153** en effet l'espérance de parvenir à vaincre le danger menaçant, car désespérer, c'est craindre la difficulté qu'il aurait fallu vaincre pour atteindre le bien que l'on espérait. Et c'est aussi pourquoi, malgré son aspect héroïque et les hauts faits qu'elle peut dans certains cas inspirer, l'audace ne s'élève pas au-dessus d'un espoir en quelque sorte instinctif et reste une passion, non une vertu ; l'audace est séparée de la force par toute la distance qui sépare les sens de la raison :

Comme l'audace est l'un des mouvements de l'appétit sensible, elle suit la perception de notre faculté de sentir. Mais la faculté de sentir ne compare pas, elle ne se renseigne pas sur les circonstances particulières qui entourent une chose, elle en juge instantanément ; et comme il arrive parfois qu'une perception si prompte ne permette pas de discerner tout ce qui peut rendre une affaire difficile, il surgit d'abord un mouvement d'audace pour aller au danger ; mais ensuite, lorsqu'on a tâté du danger lui-même, on sent la difficulté plus grande qu'on n'avait cru, et l'on abandonne l'entreprise. – La raison, au contraire, considère d'abord tout ce qui peut rendre l'affaire difficile, et voilà pourquoi les *forts*, qui abordent le péril en vertu d'un jugement de la raison, semblent manquer d'ardeur au début, car n'étant pas passionnés, ils procèdent avec la délibération requise ; mais lorsqu'ils se trouvent au milieu des dangers eux-mêmes, ils ne se heurtent pas à quelque chose d'imprévu, ils les | jugent même parfois moindres qu'ils **154** n'avaient d'abord supposé et par conséquent ils persistent mieux dans leur entreprise. On peut d'ailleurs ajouter que c'est pour accomplir le bien de la vertu que les forts abordent le péril et que cette volonté du bien demeure en eux, si grands que soient ces périls, au lieu que les audacieux agissent d'après la seule impression qui leur avait d'abord donné de l'espoir et ôté la crainte (*ST*, Ia IIae, q. 45, art. 4, Concl.).

Reste donc, comme la dernière de l'irascible et de toutes les autres passions, la colère. Nous savons qu'elle est solitaire, mais c'est qu'aussi, à la différence des quatre passions précédentes, elle réunit en soi les deux mouvements de sens inverse qui se répartissaient jusqu'alors entre les passions opposées. Elle n'est donc seule que parce qu'elle est en quelque sorte double et compte par conséquent pour deux.

Tout homme en colère cherche à se venger de quelqu'un, et, à cause de cela, le mouvement de sa colère tend à deux choses : d'abord à la vengeance elle-même, qu'il désire, qu'il espère comme un bien, et dont par conséquent il se délecte ; mais il tend aussi vers celui dont il veut tirer vengeance comme vers un être qui lui est contraire, donc nuisible et qui rentre pour lui dans l'espèce du mal. Or, à cet égard, il y a une double différence à considérer entre la colère et l'amour ou la haine. Voici la première : la colère regarde toujours deux objets, au lieu que l'amour et la haine peuvent ne regarder | qu'un seul objet ; c'est le cas par exemple lorsqu'on dit qu'un homme aime (ou au contraire qu'il déteste) soit le vin, soit autre chose du même genre. La deuxième différence est que les deux objets que l'amour regarde sont l'un et l'autre bons, car si l'amant veut du bien à quelqu'un, c'est parce que ce dernier lui convient. Et les deux objets que regarde la haine sont l'un et l'autre de nature mauvaise, car celui qui hait veut du mal à quelqu'un parce que ce quelqu'un ne lui convient pas. La colère au contraire considère sous la raison de bien l'un de ses objets, c'est-à-dire la vengeance qu'elle souhaite, et sous la raison de mal son autre objet, c'est-à-dire l'adversaire dont elle veut se venger. D'où il ressort que la colère est une passion en quelque sorte composée de passions contraires (*ST*, Ia IIae, q. 46, art. 2, Concl.).

Ce caractère pour ainsi dire général de la colère (*potest ira dici passio generalis, in quantum ex concursu multarum passionum causatur*) est aussi ce qui la rend à certains égards moins grave que ne l'est une passion telle que la haine. Elle est moins stable, et, s'il est vrai qu'elle ait plus d'impétuosité et de violence, elle se rassasie promptement lorsqu'elle peut infliger à son ennemi le châtiment qu'elle désire. La haine est au contraire comme insatiable, car ce n'est pas le mal de la punition qu'elle veut pour son ennemi, c'est le mal purement et simplement, et par conséquent aussi cette passion n'a pas de mesure. Il y a plus ; on peut dire que la colère est en un certain sens tournée vers | le bien, puisque l'un de ses deux objets est le bien ; c'est **156** donc avec raison qu'Augustin assimile la colère à la paille et la haine à la poutre, ainsi qu'on peut s'en convaincre en les comparant :

L'espèce d'une passion et sa nature se déduisent de son objet. Or l'objet de la colère est le même que l'objet de la haine, car de même que celui qui hait veut du mal à celui qu'il hait, de même celui qui est en colère en veut à celui contre qui il est en colère ; mais ce n'est pas de la même façon. Ce que celui qui hait veut en effet à son ennemi, c'est du mal en tant que mal, au lieu que le mal qu'un homme irrité veut à celui contre qui il est en colère, ce n'est pas du mal en tant que mal, mais en tant qu'il y découvre un certain caractère de bien, précisément parce qu'il l'estime juste à titre de vengeance. C'est pourquoi il vient d'être dit (page précédente) que la haine consiste dans l'application du mal au mal, tandis que la colère consiste dans l'application du bien au mal. Or il est manifeste que désirer un mal parce qu'on le considère comme juste tient moins de la nature du mal que de vouloir le mal de quelqu'un purement et simplement ; car vouloir le mal de quelqu'un parce que cela est juste pourrait même être le fait de la vertu de justice si c'était par obéissance à une prescription de la raison ; mais la colère est mauvaise en ceci seulement qu'elle n'obéit pas à ce que la **157** raison prescrit lorsqu'elle | tire vengeance. Il est donc manifeste que la haine est bien pire et bien plus grave que la colère (*ST*, Ia IIae, q. 46, art. 6, Concl.).

Si l'on envisage la colère quant à ses causes, on découvre toujours à son origine un acte injuste dirigé personnellement contre celui qui s'en irrite (q. 47, art. 1). Cet acte est inspiré par le peu de cas que l'on fait de la personne offensée et ce sentiment fondamental peut se manifester sous trois formes : le *mépris*, l'*opposition* et l'*outrage*. Voilà quels sont en dernière analyse les motifs auxquels se ramène toujours une passion de colère. Car si nous pouvions supposer que le tort qui nous est fait ne nous est infligé que par ignorance, nous en souffririons sans doute, mais nous n'en serions pas irrités. Et lorsque nous nous apercevons que l'on nous a nui sous le coup d'un mouvement passionné, nous en éprouvons certainement une colère moindre que si celui qui nous a nui l'avait fait de propos délibéré (q. 47, art. 2). C'est donc bien le mépris raisonné des autres qui nous atteint, et il nous atteint d'autant plus cruellement que nous percevons dans un tel sentiment la négation radicale de notre valeur d'hommes. Aussi peut-on constater que plus la valeur d'un homme est haute, plus elle multiplie naturellement pour lui les occasions de s'irriter, sa supériorité même rendant plus injustes les mépris dont il peut être l'objet (art. 3).

Quant à ses effets, il faut reconnaître qu'une bonne colère est chose agréable à se passer et le meilleur remède contre la tristesse que nous font éprouver les injures dont nous voulons tirer vengeance. La satisfaction qu'elle apporte à l'homme irrité est complète lorsqu'il parvient effectivement à se venger ; mais, même sans cela, l'espoir seul de la vengeance est agréable, ainsi que le plaisir de penser sans cesse à ce que l'on désire si violemment (q. 48, art. 1). Elle n'en cause pas moins les troubles corporels les plus graves | et les manifestations **158** extérieures les plus excessives par la chaleur qu'elle développe dans le sang et le bouillonnement qui en résulte, et elle trouble, par le fait même, l'usage de la raison : car bien que la raison n'use d'aucun organe corporel pour penser, elle a cependant besoin des perceptions sensibles comme d'une matière dont elle puisse abstraire ses idées, et de tous les membres du corps comme d'instruments qui puissent exécuter ses ordres ; or, la chaleur excessive que la colère développe dans le cœur, centre de la vie, détermine une perturbation générale de toutes les fonctions et de tous les organes ; elle nuit donc gravement, quoique d'une manière indirecte, au libre exercice de la raison.

LES PRINCIPES INTÉRIEURS
DES ACTES HUMAINS

Nous avons commencé par définir la fin morale vers laquelle tendent les actes humains lorsqu'ils sont ce qu'ils doivent être (chap. I, *Le Souverain Bien*); nous avons ensuite établi que des actes sont humains en tant qu'ils sont volontaires et décrit la structure interne d'un acte de volonté (chap. II, *Les Actes humains*). Sachant à la fois quelle est la fin d'un acte et quelle en est la structure, nous avons alors pu montrer comment l'adaptation de tous les éléments constitutifs d'un acte à leur fin permet de le qualifier comme bon, et leur inadaptation, au contraire, comme mauvais, le degré de sa qualité morale suivant le degré de cette adaptation (chap. III, *Le Bien et le Mal*).

Par là se trouvaient définies les conditions les plus générales d'une activité proprement humaine et par conséquent morale. Restait à passer de ces conditions au détail concret des actes. Or, parmi les opérations que l'homme accomplit, il en est qui ne lui appartiennent pas en propre, mais seulement en tant qu'animal. Étant naturelles, et non proprement humaines, elles sont comme en dehors de la moralité et peuvent devenir bonnes ou mauvaises selon l'usage que l'homme en fera; nous les avons décrites et classées en montrant comment elles s'engendrent les unes les autres (chap. IV, *Les Passions*). Nous trouvons donc désormais le terrain libre pour l'étude, non plus des conditions générales | de la moralité, mais des principes immédiats qui **160** président à l'accomplissement de nos actes moraux.

Ces principes seront de deux ordres : ceux qui se trouvent au dedans de l'être humain, ou *principes intérieurs*, et ceux qui règlent du dehors les actes de l'être humain, ou *principes extérieurs*. Parmi les principes intérieurs nous mettrons au premier plan les vertus, en rattachant à leur étude celle des vices qui s'y opposent ; comme principes extérieurs, nous étudierons les différentes lois morales, que l'homme ne pose pas, mais qui s'imposent à lui du dehors, et auxquelles ses actes doivent se conformer.

I. LA VERTU

L'étude complète des principes intérieurs des actes humains supposerait que l'on prît en considération, non seulement ceux de leurs principes qui sont spécifiquement requis pour le développement de la vie morale, mais encore ceux que ces derniers mêmes impliquent ou présupposent. Or, de ce point de vue, toutes les facultés actives de l'homme concourent à l'accomplissement des actes moraux. En effet, l'âme n'est pas acte pur comme l'est Dieu, et par conséquent on ne peut trouver en elle aucune opération ni faculté d'opérer qui lui appartienne par essence. En d'autres termes, une âme comme la nôtre, puisqu'elle ne tient pas de soi-même son existence, doit nécessairement recevoir tout ce qu'elle est. Ainsi donc, même lorsqu'elle se trouve engendrée dans l'être qui la définit comme forme du corps organisé, elle n'est pas capable par cela seul de tirer d'elle-même les facultés nécessaires à l'accomplissement de ses diverses fonctions ; il faut donc qu'elle les reçoive et c'est pourquoi, puisqu'elles ne se déduisent pas de son essence, les facultés de l'âme sont réellement distinctes de l'âme même. Ces facultés, ou puissances actives conférées à l'âme, forme du corps, pour qu'elle puisse exercer d'autres actes que d'en être la forme (*ST*, I, q. 77, art. 1, Concl.), constituent manifestement | les principes intérieurs immédiats de tous nos actes, et par conséquent aussi de nos actes moraux ; mais, à cause de leur généralité

161

même, leur étude ne relève pas spécifiquement de la morale et elle revient en propre à la science de l'âme, qui décrit successivement les sens, l'intelligence et la volonté.

Mais si nous considérons l'âme déjà pourvue de ses facultés, nous allons nous trouver conduits à poser l'existence d'autres principes intérieurs des actes, qui, s'ils ne sont pas exclusivement le propre des actes moraux au sens strict de l'expression, se développent cependant sur le champ de la morale comme sur leur terrain de prédilection et sont d'ailleurs difficilement séparables d'une qualification bonne ou mauvaise, ce sont les vertus. C'est qu'en effet le problème que nous venons de poser concernant l'essence de l'âme se pose en termes analogues concernant ses facultés ; elles non plus ne contiennent pas à elles seules les déterminations requises pour passer immédiatement à l'action ; des *principes intérieurs*, intermédiaires entre les facultés et les actes, vont donc nécessairement intervenir. Car si l'âme humaine, avec ses facultés, était totalement en acte, comme Dieu, rien ne lui manquerait pour agir. Si encore elle n'était qu'une forme naturelle particulière, comme celles de certains corps qui sont du premier coup tout ce qu'ils peuvent être, rien ne lui manquerait non plus pour exercer son action. Si même l'âme humaine était une forme du même genre que les formes élémentaires, qui sont naturellement insépa-rables de leurs qualités, elle agirait toujours comme les éléments, qui sont nécessairement chauds, froids, secs ou humides. Mais l'âme humaine est de nature bien différente à cause de l'indétermination universelle qui caractérise la raison dont elle est pourvue. Considé-rons, à titre d'exemple, l'intellect lui-même ; c'est assurément par nature qu'il est capable de tout devenir et par conséquent de tout connaître, mais il ne passerait jamais de sa capacité absolue de connaître à la multiplicité concrète de ses connaissances particulières s'il n'acquérait d'abord les principes premiers, dont il reçoit une première détermination | et va pouvoir user désormais comme **162** d'instruments ; ensuite, au moyen de ces principes et en les appliquant au réel, il va construire des sciences, et ces sciences vont à leur tour s'en subordonner d'autres, de plus en plus particulières, jusqu'à ce qu'enrichi et complété par ces déterminations acquises, l'intellect se rende progressivement maître de l'infini détail des vérités.

Comment concevoir ces principes acquis de détermination? Ce ne sont évidemment plus des facultés, car ils s'ajoutent aux facultés supposées déjà données; ce ne sont donc que des sortes de dispositions à user de ces facultés de telle manière plutôt que de telle autre; mais lorsqu'une de ces dispositions se stabilise au point de constituer une acquisition durable de l'âme, elle constitue pour elle un véritable *avoir*, c'est-à-dire quelque chose qui lui appartient comme une qualité permanente et caractéristique de ce qu'elle est. En langage technique, on donne à chacun de ces *avoirs*, acquis et possédés durablement par l'âme, le nom latin qui traduit l'idée d'une possession stable : *habitus* (*ST*, Ia IIae, q. 49, art. 4, Concl.). Ces principes acquis sont évidemment exigibles pour que l'âme puisse appliquer ses facultés à l'accomplissement des actes moraux comme de tous les autres; ce sont donc les habitus moraux que nous allons étudier, en établissant d'abord que les vertus sont des habitus.

Une *vertu* est une perfection qui s'ajoute à une puissance de l'âme; la perfection de chaque chose est liée principalement au rapport dans lequel se trouve cette chose à l'égard de sa fin, et comme la fin de la puissance, c'est l'acte, on dit d'une puissance qu'elle est parfaite lorsqu'elle est déterminée à son acte. Or il existe certaines puissances qui sont déterminées d'elles-mêmes à leurs actes, comme les puissances | naturelles actives et c'est pourquoi les puissances naturelles de ce genre méritent par elles-mêmes le nom de vertus. Les puissances rationnelles au contraire, qui sont propres à l'homme, ne sont pas déterminées à une seule opération, mais restent indéterminées à l'égard de plusieurs; et comme c'est par des habitus qu'elles sont déterminées à leurs actes, ainsi que nous venons de le dire, les vertus proprement humaines sont des habitus (*ST*, Ia IIae, q. 55, art. 1, Concl.). Cf. *Q. disp. de Virtutibus*, q. un., art. 1, Concl.

En outre, les vertus ne sont pas des dispositions permanentes à une certaine manière d'*être*, mais à *agir* d'une certaine façon, et c'est leur caractère *humain* qui l'exige :

Comme nous venons déjà de le dire, le nom même de vertu implique une certaine perfection dans une puissance ; et comme il y a deux sortes de puissances, la puissance à l'égard de l'être et la puissance à l'égard de l'agir, la perfection de chacune de ces deux puissances reçoit le nom de vertu. Mais la puissance à l'égard de l'être est de l'ordre de la matière, qui est l'être en puissance ; au lieu que la puissance à l'égard de l'agir est de l'ordre de la forme, qui est le principe de l'action, puisque chaque chose agit selon qu'elle est en acte. Or, dans la constitution de l'homme, le corps se comporte comme matière, et l'âme au contraire | comme forme. De plus, si nous le consi- **164** dérons quant à son corps, l'homme n'a rien que n'aient aussi les autres animaux, et il en est de même en ce qui concerne celles de ses activités qui intéressent en commun son âme et son corps. Il reste donc les seules forces qui sont propres à son âme, à savoir celles de la raison, pour appartenir uniquement à l'homme. Et c'est pourquoi la vertu *humaine* dont nous parlons ne peut pas appartenir au corps, mais seulement à ce qui est le propre de l'âme ; d'où il résulte qu'il n'est pas de la nature d'une vertu *humaine* d'être celle d'une manière d'être, mais plutôt celle d'une manière d'agir. Il est donc de l'essence d'une vertu humaine qu'elle soit une disposition stable à l'action (*ST*, Ia IIae, q. 55, art. 2, Concl.).

Non seulement cette disposition doit préparer une certaine manière d'agir pour que la vertu dont on parle soit proprement humaine, mais encore elle doit être une *bonne* disposition, pour que ce soit une vertu tout court. Puisqu'en effet les vertus sont des dispositions stables qui confèrent aux diverses puissances de l'âme leur ultime perfection, c'est toujours pour le bien de l'âme qu'elles sont

présentes, et par conséquent aussi elles sont bonnes comme par hypo-
thèse. Dès lors, nous sommes en mesure d'expliquer et de justifier
la célèbre définition de la vertu que l'on a composée à l'aide de
plusieurs textes d'Augustin (surtout *De libero arbitrio*, II, 19) : La
vertu est une bonne qualité de l'esprit, qui rend la vie droite, dont nul
ne fait mauvais usage, et que Dieu opère en nous sans nous. Laissons
165 de côté le dernier membre de cette définition qui ne convient | qu'aux
vertus infusées par Dieu dans l'âme, donc surnaturelles, et nous
pourrons dire :

Cette définition contient toute la définition de la vertu,
même si l'on en omet la dernière partie, et elle convient à toute
vertu humaine. Comme nous l'avons dit en effet une vertu
complète une puissance sous le rapport de ce qui en est l'acte
parfait ; or c'est l'acte parfait qui est la fin de la puissance ou de
l'être qui agit, et par conséquent la vertu doit rendre bons, et
cette puissance, et l'être qui agit. C'est pourquoi, dans une
définition de la vertu, quelque chose se rapporte à la perfection
de l'acte, et quelque chose se rapporte à la perfection de la
puissance ou de l'être qui agit.

Si l'on considère la perfection de l'acte, deux conditions
sont requises, savoir : que l'acte soit droit, et que l'habitus ne
puisse devenir le principe d'aucun acte contraire. En effet, ce
qui est principe d'actes bons ou mauvais ne saurait être, quant
à soi, le principe parfait d'un acte bon ; or un habitus est une
perfection de la puissance ; l'habitus vertueux doit donc être
principe d'un acte bon, mais de telle manière qu'il ne puisse
aucunement le devenir d'un acte mauvais… La première de
ces conditions est désignée par ces mots : *qui rend la vie
droite* ; la deuxième est désignée par ces mots : *dont nul ne fait
mauvais usage*.

166   Si l'on envisage d'autre part la vertu en tant | qu'elle rend
bon celui qui la possède, il y aura trois choses à considérer : le

sujet lui-même, et il se trouve déterminé lorsqu'on dit : *de l'esprit*, parce qu'il ne peut y avoir de vertu humaine que dans ce qui appartient à l'homme en tant qu'homme. Ensuite : la perfection de l'intellect ; et elle se trouve désignée par le mot *bonne*, parce que l'on nomme bon ce qui est ordonné vers sa fin. Vient enfin le mode selon lequel elle lui est inhérente, et il se trouve désigné par le mot *qualité*, car la vertu ne s'y trouve pas par mode de passion, mais par mode d'habitus. Or tous ces caractères conviennent à la vertu, qu'elle soit morale ou intellectuelle, théologique, acquise ou infuse. Quant à ce qu'ajoute Augustin, que Dieu *l'opère en nous sans nous*, cela ne convient qu'à la vertu infuse (*Q. disp. de Virtutibus*, q. un., art. 2, Concl.). Cf. *ST*, Ia IIae, q. 55, art. 4, Concl.

Supposons donc accordé que l'âme humaine est le sujet en qui la vertu réside, il reste encore à déterminer si elle réside dans la substance même de l'âme, ou plutôt dans ses facultés. Il paraît clair, à première vue, que le sujet propre d'une vertu devra être la faculté qu'elle détermine, car elle en est la perfection, et ce qui est la perfection d'une faculté doit résider dans cette faculté, De plus, nous avons dit que la vertu était une disposition à l'action, or ce sont les facultés qui agissent, et non la substance même de l'âme. Nous savons enfin que la vertu dispose l'être à ce qui est pour lui le meilleur ; or, pour un être, le meilleur est toujours sa fin propre, et ce n'est que par l'opération | de ses facultés qu'il peut espérer l'obtenir (*ST*, Ia IIae, 56, **167** 1, Concl.). Mais il reste une difficulté. Les facultés ne sont pas des substances, et les vertus ne sont elles-mêmes que des qualités ; il faut donc une substance pour supporter une vertu, et puisque les facultés ne sont pas des substances ce ne sont pas elles qui pourront les supporter. Comment lever cette difficulté ?

Nous répondons : il faut dire que le rapport du sujet à l'accident est triple. En un premier sens, il lui fournit un support, car l'accident ne subsiste pas par soi, mais est soutenu par un sujet. En un deuxième sens leur rapport est celui de la puissance à l'acte, car le sujet se trouve soumis à l'accident comme la puissance l'est au principe actif, et c'est pourquoi l'on donne alors à l'accident le nom de forme. En un troisième sens, c'est le rapport de la cause à l'effet, car les principes du sujet sont de soi les principes de l'accident. Si donc on l'entend au premier sens, un accident ne saurait être le sujet d'un autre accident ; puisqu'en effet nul accident ne subsiste par soi, il ne saurait servir de support à autre chose, à moins peut-être que l'on ne dise qu'il supporte un autre accident en tant qu'il est supporté lui-même par un sujet. Mais si l'on se place aux deux autres points de vue, un accident peut se comporter à l'égard d'un autre comme un sujet. Car, tout d'abord, un accident peut être en puissance à l'égard d'un autre, comme le diaphane l'est à l'égard de la lumière et la surface à l'égard de la couleur ; **168** et | en outre un accident peut être cause d'un autre, comme l'humide l'est de la saveur. C'est en ces deux derniers sens qu'on dit d'un accident qu'il est le sujet d'un autre accident ; non qu'un accident puisse devenir un support pour un autre accident, mais parce que le sujet se trouve alors recevoir un accident par l'intermédiaire d'un autre ; et c'est également ainsi qu'on dit d'une puissance de l'âme qu'elle est le sujet d'un habitus. L'habitus est en effet à la puissance de l'âme dans le même rapport que l'acte à la puissance, puisque la puissance est indéterminée par elle-même, et que c'est l'habitus qui la détermine à ceci plutôt qu'à cela. Et de plus, c'est par les principes premiers des puissances de l'âme que les habitus acquis se trouvent produits. Ainsi donc, il faut dire que les facultés sont les sujets des vertus, parce que les vertus sont inhérentes à l'âme par l'intermédiaire des facultés (*Q. disp. de Virtutibus*, q. un., art. 3, Concl.).

Reste maintenant à chercher dans quelles facultés de l'âme se rencontreront surtout les habitus qui président à l'accomplissement des actes moraux, et nous allons voir qu'ils résident essentiellement dans la volonté ou dans toutes les autres facultés de l'âme, pour autant qu'elles dépendent de la volonté.

Dans chaque chose, la vertu se juge par rapport au bien, parce que la vertu de chaque chose, comme le dit le Philosophe (II *Éthique*, chap. VI, | 1106a15-16), est ce qui rend bons ce **169** qui la possède et l'œuvre qu'il accomplit. Ainsi, la vertu d'un cheval est ce qui en fait un bon cheval, marchant bien, et portant bien son cavalier, ce qui est l'office d'un cheval. Si donc un habitus est un habitus vertueux, c'est parce qu'il est tourné vers le bien. Or il peut l'être de deux façons, d'abord matériellement, et ensuite formellement. Il l'est formellement s'il est ordonné vers le bien sous sa raison de bien; il l'est matériellement, au contraire, lorsqu'il est ordonné vers le bien, mais non sous sa raison de bien. Or le bien, pris en tant que bien, n'est l'objet que de la seule partie appétitive de l'âme, car le bien est ce que tous désirent. Ce sont donc les habitus qui sont dans la partie appétitive ou dépendent de la faculté appétitive, qui sont ordonnés formellement vers le bien, et c'est pourquoi ils ont éminemment raison de vertu. Quant à ceux des habitus qui ne sont pas dans la partie appétitive ni n'en dépendent, ils peuvent sans doute se trouver matériellement ordonnés vers ce qui est bien, mais non pas formellement et sous sa raison de bien; on peut donc aussi les appeler des vertus en un certain sens, mais non pas cependant en un sens aussi propre que les premiers habitus.

Or il faut savoir que l'intellect, tant spéculatif que pratique peut être parfait de deux manières par un habitus. D'abord absolument | et en lui-même, en tant que cet intellect précède **170** la volonté et, en quelque sorte, la meut; ensuite, en tant qu'il suit la volonté et produit pour ainsi dire son acte sur l'ordre qu'elle lui en donne, car, ainsi que nous l'avons dit, ces deux facultés s'enveloppent réciproquement (*cf.* p. 79-80). Ceux des habitus qui se trouvent de la première manière dans l'intellect soit spéculatif soit pratique, peuvent donc être considérés en un certain sens comme des vertus, mais non pas en un sens propre ; et c'est seulement en ce sens que l'intelligence, la science et la sagesse sont dans l'intellect spéculatif, l'art au contraire dans l'intellect pratique. On dit en effet qu'un homme est intelligent ou savant en raison de ce que son intellect est complètement prêt à connaître la vérité, ce qui est le bien de l'intellect. Et encore que cette vérité puisse être voulue, en tant que l'homme veut connaître la vérité, ce n'est cependant pas à cet égard que les habitus dont nous venons de parler nous apportent quelque perfection ; car, qu'un homme possède la science, cela ne fait pas qu'il veuille considérer la vérité mais seulement qu'il puisse le faire ; et c'est pour cela que la considération du vrai elle-même n'est pas la science en tant que voulue, mais en tant qu'elle se tourne vers son objet. Et il en va de même de l'art à l'égard de l'intellect pratique, car l'art ne confère pas à l'homme cette perfection de vouloir accomplir **171** une œuvre qui satisfasse aux | règles de l'art, mais seulement de savoir et de pouvoir le faire.

Quant aux habitus qui sont dans l'intellect, soit spéculatif, soit pratique, selon que l'intellect suit la volonté, ils se rapprochent davantage de la vertu parce que, grâce à eux, l'homme n'a plus simplement le pouvoir ou la science de bien agir, il en a la volonté. C'est ce que l'on voit dans la foi et dans la prudence, mais en des sens différents. En effet, la foi confère une perfection à l'intellect spéculatif en le faisant obéir à la volonté, comme on le constate dans l'acte de la foi, où l'homme ne donne à ce qui est au-dessus de la raison humaine l'assentiment de son intellect que parce qu'il le veut. C'est ce que dit Augustin (*Tract.* XXVI, *in Joan.*), que l'homme ne peut croire que s'il le veut. Ainsi donc la foi se trouvera dans l'intellect spéculatif en tant qu'il est soumis au commandement de la volonté, de la même façon que la tempérance est dans le concupiscible en tant qu'il est soumis au commandement de la raison. C'est pourquoi la volonté commande à l'intellect, lorsqu'il y a croyance, non seulement quant à l'exercice de l'acte, mais encore quant à la détermination de l'objet (*cf.* p. 80), parce que c'est en raison d'un ordre de la volonté que l'intellect donne son assentiment à une croyance déterminée; de même que si le concupiscible tend par la tempérance vers un certain | moyen, c'est que ce moyen a été déterminé par **172** la raison. – Quant à la prudence, elle est dans l'intellect ou dans la raison pratique (voir plus loin, p. 162), car la volonté n'en détermine pas l'objet, mais seulement la fin; et pour son objet, c'est la prudence elle-même qui s'en enquiert, puisque, si l'on présuppose la fin, qui est le bien voulu par la volonté, c'est la prudence qui se met en quête des voies par lesquelles ce bien peut être accompli et conservé.

On voit donc par là que les divers habitus qui se trouvent dans l'intellect soutiennent avec la volonté des rapports différents. Car certains ne dépendent absolument en rien de la volonté, si ce n'est quant à leur usage, et encore n'est-ce que par accident, puisque l'usage de tels habitus, tels que la science, la sagesse et l'art, dépend de la volonté autrement qu'il ne dépend de ces habitus eux-mêmes Par de tels habitus, en effet, l'homme ne se trouve pas rendu capable de vouloir en bien user mais seulement de le pouvoir. Vient ensuite un autre genre d'habitus de l'intellect, qui dépendent de la volonté en ce qu'ils en reçoivent leur principe, car, dans l'ordre de l'opération, c'est la fin qui est le principe; et telle est la prudence. Il y a enfin certains habitus qui reçoivent de la volonté jusqu'à la détermination de leur objet, comme c'est le cas de la foi. – Et bien que tous ces habitus puissent être appelés vertus en **173** quelque sens, ce nom | convient cependant plus parfaitement et plus proprement aux deux derniers, encore qu'il ne résulte pas de là que ce soient les habitus les plus nobles ou les plus parfaits de tous (*cf.* plus loin, p. 169) (*Q. disp. de Virtutibus*, q. un., art. 7, Concl.). Cf. *In III Sent.*, dist. 23, q. 1, art. 4, 1 ; *ST*, Ia IIae, q. 56, art. 3, Concl.

Résumons cette doctrine : si l'on prend le mot vertu dans son sens propre, comme une vertu est toujours un principe d'action et que le principe immédiat de l'action est toujours la volonté, une vertu proprement dite ne peut résider que dans la volonté. Que si elle réside dans une autre faculté que la volonté, comme l'intelligence, c'est seulement dans la mesure où cette faculté se trouve elle-même mue par la volonté. Quand donc l'acte de l'intellect est complètement déterminé par la volonté, et c'est le cas de la foi, l'habitus de l'intellect qui s'y rapporte réalise pleinement la définition de la vertu. Quand l'acte de l'intellect reçoit de la volonté au moins la détermination de sa fin, qui est le bien voulu par une volonté droite, l'habitus de l'intellect est encore une vraie vertu ; c'est le cas de la prudence. Lorsqu'enfin l'habitus considéré rend simplement l'intellect capable de bien agir sans le déterminer aucunement à accomplir effectivement de bonnes actions, il n'est plus qu'indirectement une vertu, parce qu'il n'intéresse qu'indirectement les actes et la volonté.

On voit ainsi le rapport qu'ont à la vertu les deux maîtresses facultés de l'homme, l'intellect et la volonté. Sans intellect, il n'y a nulle indétermination, nul choix possible dans l'ordre de l'action ; dès lors aussi l'être considéré agit toujours de la même manière et ne requiert ni habitus complémentaire, ni par conséquent vertu. Mais si l'intellect est la condition nécessaire pour qu'il y ait vertu, ce ne **174** sont pas ses habitus qui sont des vertus, | où, s'ils le sont, ce n'est pas en tant qu'intellectuels, c'est en tant que volontaires. On l'aperçoit

clairement dans les cas où la vertu réside en une faculté de l'âme qui
n'est ni l'intellect, ni à proprement parler la volonté. Considérons par
exemple la force, dans l'irascible, ou la tempérance, dans le concupiscible ; ce sont là deux très nobles vertus, mais elles ne peuvent résider
dans l'irascible ou le concupiscible que s'il s'agit d'un homme, non
s'il s'agit d'un animal, car ces deux facultés sont des principes immé-
diats d'action, et par conséquent elles peuvent porter des vertus au
sens propre du terme, mais elles n'ont besoin d'en recevoir la détermination que dans la mesure où, pénétrées d'intelligence, elles participent elles-mêmes à l'indétermination de cette faculté (*ST*, Ia IIae,
q. 56, art. 4, Concl.). *Une vertu est donc une disposition stable à
bien agir, dont le sujet propre est une faculté volontaire d'un être
intelligent.* Comment les vertus s'acquièrent-elles ? Nous sont-elles
naturellement innées, ou sont-elles progressivement acquises ?

Il y a en nous une aptitude naturelle aux sciences et à la
vertu, mais, sous leur forme parfaite, ce n'est pas naturellement que nous les avons. Et cette opinion est la meilleure, car
de même que lorsqu'il s'agit de formes naturelles, la vertu des
agents naturels ne leur déroge en rien, de même, lorsqu'il
s'agit de l'acquisition de la science, c'est par l'étude et par
l'exercice que la vertu conserve son efficacité. Il faut cependant savoir que, dans un sujet donné, l'aptitude à recevoir la
perfection de la forme peut être double. Premièrement, selon
sa puissance passive seulement, et c'est ainsi qu'il y a dans la
matière de | l'air aptitude à la forme du feu. Deuxièmement, **175**
selon sa puissance passive et active à la fois, et c'est ainsi que
l'aptitude à la santé se trouve dans un corps guérissable, parce
que ce corps peut recevoir la santé. C'est en ce dernier sens que
l'homme possède une aptitude naturelle à la vertu, partie en
raison de la nature de son espèce, puisque l'aptitude à la vertu
est commune à tous les hommes, et partie en raison de la nature
de l'individu, puisque certains sont plus aptes que d'autres à
la vertu.

Pour le comprendre, il faut savoir que trois facultés de l'homme peuvent servir de sujets à la vertu, savoir : l'intellect, la volonté, et l'appétit inférieur, qui se divise à son tour en concupiscible et en irascible. Or pour chacun de ces sujets, il faut tenir compte dans une certaine mesure, et de son aptitude à recevoir la vertu, et du principe actif de vertu qui est en lui.

On sait en effet que, dans la partie intellective de l'âme, se trouve d'abord l'intellect possible, qui est en puissance à l'égard de tous les intelligibles dont la connaissance constitue la vertu intellectuelle ; et ensuite l'intellect agent, dont la lumière actualise les intelligibles. Parmi ceux-ci certains sont immédiatement connus de l'homme, dès le commencement, sans étude ni recherche, ce sont les principes premiers, non **176** seulement de l'ordre spéculatif, | comme : *le tout est plus grand que sa partie*, ou autres du même genre, mais encore de l'ordre pratique, comme : *il faut éviter le mal*. Ces connaissances naturelles sont les principes de toutes les connaissances ultérieures que l'on peut acquérir par l'étude, soit concernant l'action, soit concernant la spéculation. – Pareillement, lorsqu'il s'agit de la volonté, il est manifeste qu'il y a des principes naturels de la conduite ; car la volonté tend vers sa fin dernière par une inclination naturelle ; or, dans l'ordre pratique, c'est la fin qui a raison de principe naturel, et par conséquent l'inclination de la volonté se comporte comme un principe actif à l'égard de toute disposition acquise par voie d'exercice dans la partie affective de l'âme. Il est donc manifeste que la volonté elle-même, en tant que pouvoir de choisir parmi les moyens qui se rapportent à la fin, est susceptible d'une inclination habituelle vers tels ou tels moyens. Quant à l'irascible et au concupiscible, ils sont naturellement capables d'obéir à la raison, et c'est ce qui les rend naturellement susceptibles de la vertu qui s'achève en eux à mesure qu'ils s'habituent à suivre le bien de la raison. Et comme toutes ces dispositions à la vertu résultent de la nature de l'espèce humaine, elles sont communes à tous les hommes.

Mais il existe un autre genre de dispositions à la vertu, qui résulte de la nature de l'individu, | et par lequel un homme **177** quelconque se trouve incliné à exercer une certaine vertu en raison de sa complexion naturelle. Or cette inclination est bien, à la vérité, un certain commencement de vertu, ce n'est pas cependant une vertu parfaite, parce qu'une vertu parfaite impliquerait que le gouvernement de la raison fût déjà établi. C'est pourquoi l'on met dans la définition de la vertu, qu'elle choisit les moyens *selon la droite raison*. Or si quelqu'un suivait les inclinations de ce genre sans discernement de la raison, il pécherait souvent et par conséquent, considéré sans le secours de la raison, ce commencement de vertu ne constitue pas une vertu parfaite. Mais il faut en dire autant des vertus précédentes, car si l'on descend des principes universels jusqu'aux conclusions particulières, c'est par une recherche de la raison; et c'est encore grâce au secours de la raison que l'homme se trouve conduit du désir de la fin dernière aux moyens qui conviennent à cette fin. Et c'est enfin la raison même qui, en commandant à l'irascible et au concupiscible, se les assujettit.

Il est donc manifeste que le concours de la raison se trouve requis pour que la vertu soit consommée, qu'il s'agisse d'une vertu de l'intellect ou de la volonté, de l'irascible ou du concupiscible. Et voici en quoi consistera sa consommation : que la disposition à la vertu | qui se trouve dans une faculté **178** supérieure s'applique à la vertu de la partie inférieure. Par exemple, que l'homme soit rendu apte à la vertu de la volonté, à la fois par la disposition à la vertu qui se trouve dans la volonté et par celle qui se trouve dans son intellect ; et qu'il soit

rendu apte à la vertu qui est dans son irascible et son concupiscible, à la fois par le commencement de vertu qui se trouve en
eux, et par celui qui se trouve dans les facultés supérieures,
mais non pas inversement. Il résulte donc manifestement de là
que la raison, qui est la plus haute des facultés, concourt à
l'achèvement de toutes les vertus… et ainsi, la perfection de la
vertu ne lui vient pas de la nature, mais de la raison (*Q. disp.
de Virtutibus*, q. un., art. 8, Concl.). Cf. *ST*, Ia IIae, q. 63, art. 1,
Concl.

Nous sommes désormais en mesure de compléter notre définition
de la vertu et d'y inclure toutes les conditions qu'elle requiert. Une
vertu est une *disposition stable*, en d'autres termes un habitus ; elle
réside dans *une faculté volontaire*, ou dans n'importe quelle faculté
prise en ce qu'elle a de volontaire ; elle n'appartient qu'à *un être intelligent* et capable par là même de se déterminer à ses actes ; elle trouve
son origine dans *un germe naturel*, mais elle ne parvient à son complet
développement que grâce au *concours de la raison*, qui constitue et
imprime en quelque sorte dans les facultés inférieures une disposition
droite, sans la rectitude de laquelle cette disposition acquise ne serait
pas une vertu.

179　　| II. CLASSIFICATION DES VERTUS

Il existe trois sortes de vertus, les vertus intellectuelles, les vertus
morales et les vertus théologales. Celles qui rentrent dans la seconde
classe constituent l'objet propre de notre étude, et c'est donc sur leur
classification que nous insisterons davantage, mais elles sont incom-
préhensibles si l'on ignore les vertus intellectuelles dont l'une au
moins en est la condition nécessaire, et l'on s'en fait une fausse idée
si l'on ignore l'existence des vertus théologales requises pour les
conduire à leur perfection.

À l'intérieur de l'intellect lui-même, il convient de distinguer sa fonction spéculative de sa fonction pratique. Si nous considérons d'abord sa fonction spéculative, elle nous apparaîtra comme étant, par définition, indifférente à l'égard de tout ce qui est action et pratique ; comme telle aussi elle ne peut être le siège de véritables vertus, puisque les vertus proprement dites sont des dispositions à agir. L'intellect spéculatif ne peut donc contenir que des vertus qui soient de bonnes manières d'être, non de celles qui font que l'on se sert de ces bonnes dispositions. Mais en même temps, il fournit aux vertus volontaires proprement dites une matière où s'appliquer. Posséder la science est une vertu de l'intellect spéculatif ; contempler la vérité en usant de cette science est au contraire une vertu morale ; il faut donc d'abord posséder ces vertus qui ne sont que des manières d'être, pour pouvoir ensuite exercer les vertus contemplatives, les plus hautes de toutes, qui régleront leurs opérations.

Ces habitus, ou manières d'être acquises et possédées durablement par l'intellect spéculatif sont au nombre de trois : l'*intelligence*, qui consiste dans la possession des principes premiers et immédiatement évidents, tels que le principe de contradiction et ses dérivés ; la *science*, qui consiste dans la possession par | l'intellect des **180** conclusions de telle ou telle science particulière, dont la connaissance n'est pas immédiatement évidente, mais que le savant conquiert par le raisonnement ; la *sagesse* enfin, qui consiste dans la possession par l'intellect des principes les plus universels et des causes premières, sous lesquels viennent se ranger les principes de chacune des sciences particulières. On voit du même coup que ces trois vertus intellectuelles sont, non seulement distinctes, mais hiérarchisées, et que les deux autres se subordonnent à la sagesse. La science dépend en effet de l'intelligence, puisque les sciences se construisent à partir des premiers principes de la connaissance ; mais la sagesse contient à la fois l'intelligence et la science, puisqu'elle consiste dans la possession des conclusions dernières des sciences en même temps que des principes premiers dont ces conclusions dépendent (*ST*, Ia IIae, q. 57, art. 2, Concl. et ad 2). La sagesse est donc la vertu intellectuelle la plus haute, et qui la tient les tient toutes.

Si nous considérons d'autre part la fonction pratique de l'intellect, et si nous nous souvenons de la part qui lui revient dans l'élaboration des actions volontaires, nous distinguerons trois moments principaux : délibérer (p. 86), juger (p. 85-86), commander (p. 89). Or, ici encore, il n'est aucune de ces opérations que l'on ne puisse devenir capable de faire et de mieux faire ; chacune d'elles peut donc devenir l'objet d'une vertu. Et certes, délibérer et juger sont encore, à proprement parler, des actes de l'intellect spéculatif, mais ils se subordonnent ici à des fins immédiatement pratiques. Être capable de bien délibérer, c'est posséder une vertu que l'on pourrait nommer le *bon conseil*, au sens où l'on dit de certaines personnes qu'elles sont de bon conseil. Être capable de bien juger, soit d'après la raison naturelle, soit d'après la loi commune, c'est posséder cette vertu que l'on entend désigner lorsqu'on dit d'un homme qu'il a du *jugement*. Reste la troisième, de beaucoup la plus importante de toutes, et qui, seule d'entre les vertus intellectuelles, est indissociable des vertus morales, la *prudence*.

181 | Il y a cette différence entre les vertus naturelles et les vertus raisonnables qu'une vertu naturelle est déterminée à une seule chose, au lieu qu'une vertu raisonnable en conditionne plusieurs. Or pour qu'un appétit animal ou raisonnable soit incliné vers un objet désirable, il faut que cet objet ait été préalablement appréhendé ; car lorsque l'inclination vers une fin n'est précédée d'aucune connaissance, elle relève de l'appétit naturel, telle celle du corps lourd qui tend vers le centre. Dès lors donc qu'il faut un bien appréhendé pour servir d'objet à l'appétit animal ou raisonnable, lorsque ce bien est toujours le même, il peut y avoir inclination naturelle dans l'appétit et jugement naturel dans la faculté de connaître, ainsi qu'il arrive chez les animaux. Comme en effet ils n'exercent que peu d'opérations, à cause de la faiblesse de leur principe actif qui n'a qu'un champ d'action restreint, il y a un bien uniforme pour tous les animaux d'une même espèce ; c'est ce qui fait que leur appétit tend vers ce bien par une inclination naturelle et que, en vertu de leur faculté de connaître, ils portent un jugement naturel sur ce bien toujours le même qui est leur bien propre. C'est ce jugement naturel et cet appétit naturel qui sont causes que toutes les hirondelles font leur nid de la même façon et que toutes les araignées tissent de la même façon leur toile, et | l'on peut observer la même chose chez tous **182** les autres animaux. L'homme, au contraire, accomplit beaucoup d'opérations, et de différentes, en raison de la dignité de son principe actif, c'est-à-dire de l'âme, dont la vertu s'étend pour ainsi dire à l'infini. Et c'est pourquoi un appétit naturel du bien et un jugement naturel ne suffiraient pas à l'homme pour bien agir si rien ne le déterminait davantage et ne l'achevait.

Ainsi donc, c'est par un appétit naturel que l'homme est incliné à désirer son bien propre. Mais le bien de l'homme revêt des formes très différentes et peut consister en plusieurs choses. Il n'était donc pas possible que l'homme eût un appétit naturel d'un certain bien déterminé, qui satisfit en même temps à toutes les conditions requises pour être son bien ; car son bien varie de façon multiple selon les circonstances diverses de personnes, de temps, de lieu et autres du même genre. Pour la même raison, étant uniforme, un jugement naturel n'eût pas suffi non plus à la recherche d'un tel bien, et il a donc fallu que l'homme fût rendu capable de découvrir et de juger son bien propre avec toutes les conditions qui le rendent désirable (dans telles circonstances déterminées) par le moyen de la raison, dont c'est l'office que de comparer entre eux des objets différents. Or, pour accomplir cette tâche, une raison sans habitus qui la complète se trouverait dans la | même situation que, dans **183** l'ordre spéculatif, une raison qui aurait à se prononcer sur quelque conclusion d'une science sans posséder cette science. Elle ne pourrait le faire que mal et avec peine. De même donc

que la raison spéculative doit être complétée par l'habitus
d'une science pour pouvoir juger correctement de toutes les
connaissances qui en relèvent, de même aussi la raison
pratique doit être complétée par un habitus pour pouvoir juger
correctement de ce qu'il est bon que l'homme fasse dans
chaque cas particulier. C'est cette vertu que l'on nomme prudence ; elle réside dans la raison pratique, et parfait toutes les
vertus morales de la partie appétitive, dont chacune engendre
une inclination de l'appétit vers un genre déterminé de bien
humain. La justice, par exemple, engendre l'inclination vers
ce bien que constitue l'égalité dans toutes les circonstances
de la vie sociale ; la tempérance, vers ce bien que constitue la
maîtrise de nos concupiscences, et ainsi de suite pour chacune
des autres vertus. Or, tout cela peut se faire de beaucoup de
manières différentes et ne se fait pas de la même manière chez
tous, et c'est pour établir la manière dont il convient de le faire
que se trouve requise la prudence du jugement. Ainsi donc,
c'est de la prudence que toutes les autres vertus reçoivent leur
rectitude et leur achèvement ; c'est pourquoi le Philosophe dit,
184 au livre II | de l'*Éthique* (chap. VI) que, dans la vertu morale,
c'est la raison droite qui détermine le juste milieu. Et comme
c'est à cette rectitude et cet achèvement de leur perfection que
tous les habitus de la partie appétitive doivent leur caractère de
vertus, il résulte que la prudence est la cause de toutes les
vertus de la partie appétitive, qui ne se nomment morales qu'en
tant qu'elles sont des vertus (*Q. disp. de Virtutibus*, q. unica,
art. 6, Concl.).

Il est clair, dans ces conditions, que la prudence est une vertu
intellectuelle sans laquelle aucune des vertus morales ne parviendrait
à réaliser sa propre fin, et comme elle suppose elle-même l'intelligence des principes, ces deux vertus intellectuelles sont les conditions
nécessaires de toutes les vertus morales :

La prudence est une vertu éminemment nécessaire à la vie humaine. Bien vivre, en effet, c'est bien agir. Or bien agir ne dépend pas seulement de ce que l'on fait, mais encore de la manière dont on le fait, c'est-à-dire de ce que l'on agit en vertu d'une élection droite et non par simple impulsion ou par passion. D'autre part, le choix porte sur les moyens, et la rectitude de ce choix requiert deux choses ; savoir : une fin qui soit ce qu'elle doit être, et un moyen qui soit en rapport avec cette fin. À l'égard de ce qui doit être sa fin, l'homme est disposé comme il convient par la vertu qui complète la partie appétitive de l'âme dont le bien et la | fin sont l'objet. Mais à **185** l'égard du moyen convenable en vue de cette fin, l'homme doit être disposé directement par un habitus de la raison, parce que la délibération et le choix, qui portent sur les moyens, sont des actes de la raison. Par conséquent, il doit nécessairement y avoir dans la raison une vertu intellectuelle pour que cette raison se comporte comme il faut à l'égard des moyens, et c'est la prudence ; la prudence est donc une vertu nécessaire pour bien vivre (*ST*, Ia IIae, q. 57, art. 5, Concl.). Pour les rapports entre l'art et la prudence, voir *ibid.*, art. 4.

Que l'on n'aille pas d'ailleurs se laisser égarer ici par une fausse analogie entre la prudence et l'art. La prudence n'est pas un art de produire des vertus qui, une fois produites, pourraient subsister sans elle comme les œuvres d'art survivent à l'art et à l'artiste qui les a produites. L'art c'est la raison rendue capable de produire des objets extérieurs à elle et dans lesquels l'art introduit ce qu'ils possèderont désormais de perfection. La prudence c'est la raison rendue capable de savoir comment il faut agir, et par conséquent elle ne porte pas sur des œuvres, mais sur des actions. Le résultat de l'art, c'est donc la beauté ou l'excellence de l'œuvre d'art ; le résultat de la prudence, ce n'est pas la bonté ou la perfection de l'homme qui la posséderait de manière à pouvoir se passer d'elle une fois enrichi de ses effets, mais au contraire la bonté ou la perfection des actes mêmes accomplis par l'homme. Voilà pourquoi nous avons dit qu'elle était nécessaire à l'homme pour bien vivre, parce que vivre, c'est agir, et que la prudence est en nous comme une régulatrice permanente de nos actions.

186   Si nous passons maintenant à la considération des | vertus morales, nous allons d'abord les voir se distinguer des vertus intellectuelles de manière à constituer deux espèces différentes. Tous les philosophes n'ont pas admis cette distinction, parce que tous ne conçoivent pas comme il convient le rapport des facultés de l'âme à la raison. Socrate, par exemple, enseignait que la raison régit le corps comme un despote ses sujets. Si c'était vrai, nous n'aurions pas besoin d'autres vertus que celles de la raison ; celui qui posséderait la prudence et la science de l'intellect ne commettrait jamais aucune faute et, inversement, une faute n'aurait jamais d'autre cause que l'ignorance. Mais nous savons que la raison ne commande pas aux autres facultés comme à des esclaves ; elle est un monarque éclairé qui s'adresse à des hommes libres. La partie appétitive de l'âme, notamment, est maîtresse de l'exercice et de la détermination de ses actes ; elle requiert donc des vertus propres, qui ne se confondent pas avec la prudence ou les autres vertus de l'intellect. Vertus intellectuelles et vertus morales constituent par conséquent deux espèces distinctes (*ST*, Ia IIae, q. 58, art. 2-3), et il ne saurait y en avoir plus de deux, parce qu'il n'y a que deux principes des actes humains : l'intellect, ou raison, et l'appétit.

Voyons d'abord, en les considérant d'une manière générale, quel rôle jouent les vertus morales comme régulatrices de notre activité. On notera en premier lieu qu'elles conditionnent en un certain sens la prudence intellectuelle comme la prudence elle-même les conditionne ; car la prudence est la bonne disposition qui permet à l'intellect de choisir les moyens en vue de la fin ; or c'est l'appétit, complété par ses vertus morales, qui juge de la fin et fixe ce qu'elle doit être (*ibid.*, 5). Une prudence qui s'exercerait sur un appétit dépourvu d'habitus moraux s'exercerait donc sur un appétit en proie à ses passions et mettrait constamment la vertu de l'intellect au service d'une mauvaise cause morale. C'est donc bien par la prudence que communiquent en fait ces deux ordres de vertus que nous avons spécifiquement distingués.

| On notera en deuxième lieu que les vertus morales sont en **187** contact et comme aux prises avec les passions, car elles sont greffées les unes et les autres sur une même souche, la partie appétitive de l'âme. Non qu'il y ait entre les passions et les vertus l'incompatibilité supposée par les Stoïciens, et nous avons déjà signalé le principe de leur erreur (p. 113 *sq.*), mais parce qu'au contraire certaines vertus s'appliquent aux passions comme le remède s'applique au mal qu'il faut guérir, ou comme à des forces qui les supportent, et qu'elles utilisent en les dirigeant. Sans doute, il faut concéder que toutes les vertus ne se rapportent pas à des passions, car nous avons un appétit raisonnable, ou volonté, et les vertus de la volonté, comme par exemple la justice, portent sur des opérations de l'âme, non sur des passions (Ia IIae, q. 59, art. 4). Mais même lorsque la vertu ne s'applique pas directement à la passion, elle s'en accompagne, et par conséquent, contrairement à ce qu'enseignaient les Stoïciens, il n'y a jamais d'opérations parfaitement vertueuses sans que l'homme tout entier ne s'y trouve intéressé :

Si l'on appelle passions les *affections désordonnées*, comme l'ont fait les Stoïciens, il est évident qu'alors la vertu parfaite est sans passions. Mais si nous appelons au contraire passions *tous les mouvements de l'appétit sensitif*, il devient clair que celles des vertus morales qui se rapportent aux passions comme à leur matière propre ne peuvent être sans passions. La raison en est qu'autrement la vertu morale aurait pour résultat de rendre l'appétit sensitif entièrement oisif ; or le rôle de la vertu n'est pas de faire que les facultés qui sont soumises à la raison cessent d'exercer | leurs actes propres, **188** mais que, par l'exercice de leurs actes propres, elles exécutent les ordres de la raison. De là résulte donc que comme la vertu dispose les membres du corps aux actes extérieurs qu'il faut faire, de même elle dispose l'appétit sensitif a accomplir ses actes propres, mais ordonnés.

Si nous considérons d'autre part les vertus morales qui ne se rapportent pas à des passions, mais à des opérations, celles-là peuvent être sans passions. La vertu de justice est de ce genre, car c'est par elle que la volonté se trouve appliquée à son acte propre, qui n'est pas une passion. Il n'en est pas moins vrai que de cet acte de justice résulte, au moins dans la volonté, une joie qui n'est pas d'abord une passion, mais qui, si elle vient à se développer à cause de la perfection de cette justice, fera refluer en quelque sorte de la joie jusque sur l'appétit sensitif, parce que les puissances inférieures suivent le mouvement des supérieures, ainsi que nous l'avons dit plus haut (q. 17, art. 7). Il résulte donc de ce rejaillissement que plus une vertu est parfaite plus elle engendre de passion (*ST*, Ia IIae, q. 59, art. 5, Concl.).

C'est cependant à cette première distinction entre le point d'application des vertus que nous devons recourir pour distinguer entre elles les deux principales classes de vertus morales, et nous quittons ici leur considération générale pour entreprendre leur classi- **189** fication. | Mettons, d'abord à part, comme premier groupe de vertus morales, toutes celles qui portent sur des opérations. En un certain sens, elles participent toutes plus ou moins de la nature de la justice, car bien agir, c'est toujours rendre à chacun son dû. Mais en un autre sens elles se distinguent les unes des autres, parce que l'on ne doit pas la même chose à tous et qu'on ne le doit pas toujours pour les mêmes raisons. Par exemple, rendre à Dieu ce qu'on lui doit, c'est religion; le rendre à ses parents, c'est piété filiale; et d'autre part, rendre un bienfait, c'est reconnaissance, ce que rendre une dette ne serait pas. L'ensemble de toutes les vertus qui portent sur nos opérations et règlent par conséquent nos rapports sociaux, se trouve ainsi formé par une pluralité de vertus particulières qui se rangent, à titre d'espèces, sous la seule vertu de justice.

Ce premier groupe de vertus ainsi constitué, reste un deuxième groupe : les vertus qui se rapportent aux passions. On pourrait être tenté d'abord de faire correspondre les vertus aux passions en appliquant chacune d'elles à quelque passion particulière, mais c'est une méthode qui ne permettrait pas d'aboutir, car une seule vertu suffit pour modérer deux passions contraires, comme la crainte et l'audace, puisque la vertu consiste précisément à occuper le juste milieu ; et une seule vertu suffit encore à modérer deux passions qui dérivent directement l'une de l'autre. Nous aurons donc, par exemple, la tempérance contre les passions du concupiscible en général ; la force, contre les craintes et les audaces ; et ainsi des autres vertus. Mais de ce que le classement des vertus morales qui portent sur les passions ne suit pas toujours celui des passions, il ne résulte pas que leur classification soit impossible ; il résulte seulement qu'elle sera complexe et se référera simultanément à plusieurs principes différents : matières, passions ou objets des vertus. En combinant ou substituant les uns aux autres ces trois principes, saint Thomas retrouve les dix vertus morales relatives aux passions désignées par Aristote dans son *Éthique* (II, 7, leç. 8) : la *force*, qui modère la crainte et l'audace | dans l'irascible ; la *tempérance*, qui modère dans le concupiscible tous les appétits des biens perçus par le toucher et relatifs à la conservation de l'individu ou de l'espèce ; la *libéralité*, qui modère dans le concupiscible les appétits des biens du corps perçus par une faculté intérieure ; la *magnificence*, qui modère dans le concupiscible l'espoir de l'argent ; l'*honneur*, dont le nom même désigne le caractère concupiscible et l'objet ; la *magnanimité*, qui est dans l'irascible l'espoir d'un honneur difficile ; la *mansuétude*, qui modère la colère dans l'irascible ; l'*affabilité*, qui consiste à se montrer agréable avec les autres, en paroles et en actes, dans les affaires sérieuses ; la *sincérité*, qui consiste à se montrer, par ses paroles et ses actes, tel que l'on est ; l'*enjouement* enfin, ou vertu qui consiste à se rendre agréable par le jeu ou d'autres actions plaisantes (*ST*, Ia IIae, q. 60, art. 5, Concl.). Mais parmi toutes ces vertus, soit intellectuelles soit morales, quatre se détachent des autres et doivent être mises au premier plan, ce sont les quatre vertus dites *cardinales* : la *prudence*, la *tempérance*, la *force* et la *justice* :

190

On peut dénombrer des objets soit en partant de leurs principes formels, soit en partant de leurs sujets, et des deux manières on trouve quatre vertus cardinales. En effet, le principe formel des vertus dont nous parlons maintenant est le bien de la raison. Or on peut le considérer de deux manières ; premièrement, en tant qu'il consiste dans la considération même de la raison, et nous avons alors la vertu principale que l'on nomme prudence ; deuxièmement, selon que l'ordre de la raison s'introduit dans quelque chose ; et s'il s'introduit dans les opérations, on a la justice ; | mais s'il s'introduit dans les passions, on devra poser deux vertus pour tenir compte de la double répugnance des passions à la raison. La passion peut en effet d'abord pousser à quelque acte contraire à la raison, et il est alors nécessaire qu'elle soit réprimée, d'où le nom que prend la vertu de tempérance ; mais la passion peut également nous retenir de faire ce que prescrit la raison, comme la crainte détourne du danger ou de la fatigue, et il devient alors nécessaire que l'homme soit confirmé dans le parti de la raison, de peur qu'il ne s'en écarte, d'où le nom de la vertu de force. Pareillement nous retrouvons le même nombre en envisageant le sujet des vertus. Il y a en effet quatre sujets pour les vertus dont nous parlons maintenant : d'abord, la raison prise en elle-même, que la prudence parfait ; ensuite, ce qui ne fait que participer à la raison, et se subdivise à son tour en trois : la volonté qui est le sujet de la justice, le concupiscible qui est le sujet de la tempérance, et l'irascible qui est le sujet de la force (*ST*, Ia IIae, q. 61, art. 2, Concl.). Cf. *Q. disp. de Virtutibus cardinalibus*, q. unica, art. 1, Concl. ; et voir plus loin, p. 179 *sq.*

Ces vertus reçoivent le nom de cardinales parce qu'elles sont en quelque sorte les gonds (*cardines*) autour desquels tournent toutes les autres, et que toutes les autres semblent présupposer. Car toute vertu qui | fait le bien au nom de la raison relève de la prudence ; toute vertu qui dirige nos opérations vers le bien relève de la justice; toute vertu qui modère les passions relève de la tempérance, et toute vertu qui rend l'âme plus ferme contre les passions relève de la force. Elles sont donc les vertus morales fondamentales, mais elles ne sont cependant pas les plus hautes vertus, car les vertus théologales viennent à leur tour les parfaire et les couronner.

L'étude des vertus théologales considérées en elles-mêmes ne relève assurément pas de la compétence du moraliste et, comme leur nom suffit à l'indiquer, elles appartiennent au théologien. Mais si la morale ne peut avoir pour objet de les décrire, elle ne peut s'achever sans les postuler. Lorsque nous avons défini le Souverain Bien de l'homme, il nous est apparu que son essence impliquait une exigence d'infini qu'aucun bien humain n'était capable de satisfaire. De là les deux béatitudes distinctes, quoique coordonnées, dont nous avons dû décrire la nature et qu'il nous a fallu hiérarchiser (p. 53 *sq.*). Or, il est clair que s'il est de l'essence de l'homme d'être ordonné vers une fin transcendante à ce que peut réaliser son essence, il faut que des moyens appropriés lui soient accordés, ou qu'il désespère à tout jamais d'y parvenir. De même donc que la morale philosophique requiert, pour des raisons strictement philosophiques, une morale religieuse qui l'achève, de même les vertus intellectuelles et morales requièrent des vertus théologales qui les couronnent et conduisent l'œuvre qu'elles ont commencée jusqu'à son parfait achèvement.

Par la vertu l'homme devient capable d'accomplir les actes qui le conduisent à la béatitude, ainsi qu'il ressort de ce qui précède (q. 3, art. 5). Or la béatitude, ou félicité de l'homme, est double; l'une qui est proportionnée à la nature humaine, c'est-à-dire que l'homme peut | atteindre par les seuls prin- **193** cipes de sa nature; l'autre au contraire est une béatitude qui excède la nature de l'homme, à laquelle l'homme ne peut parvenir que grâce à la seule vertu divine et comme par une sorte de participation de la divinité; auquel sens il est dit que, par le Christ, *nous avons été faits participants de la nature* *divine* (IIe *Ep. de Pierre*, I, 4). Et parce que cette béatitude excède les limites de la nature humaine, les principes naturels dont l'homme part pour bien agir comme ses moyens le lui permettent ne suffisent pas à l'ordonner vers la béatitude dont nous venons de parler. Il faut donc que soient surajoutés à l'homme par Dieu d'autres principes, grâce auxquels il se trouvera disposé en vue de la béatitude surnaturelle, comme ses principes naturels le disposent en vue de la fin qui lui est connaturelle, non cependant déjà sans le concours de Dieu. Ces principes reçoivent le nom de vertus théologales, d'abord parce qu'elles ont Dieu pour objet, en ce sens qu'elles nous ordonnent vers Dieu comme nous devons l'être ; ensuite parce qu'elles sont infusées en nous par Dieu seul ; enfin parce que ces vertus ne nous sont connues que par la Sainte Écriture où Dieu nous les a révélées (*ST*, Ia IIae, q. 62, art. 1, Concl.). *Cf. In III Sent.*, dist. 33, q. 1, art. 4, 3. Cf. *ST*, Ia IIae, q. 65, art. 2, Concl.

194 | Avec la *foi*, qui parfait notre intelligence en lui conférant l'habitus des vérités à croire ; l'*espérance*, qui parfait l'intention de la volonté en l'ordonnant vers sa fin surnaturelle comme une chose désormais accessible à l'homme ; la *charité*, qui transforme spirituellement la volonté en l'attachant à cette fin, nous atteignons l'achèvement ultime de l'âme humaine, complètement apte désormais à travailler efficacement en vue d'atteindre le Souverain Bien. Les bases de l'édifice, y compris son couronnement surnaturel de dons et de béatitudes, sont désormais complètement posées ; arrêtons-nous un instant pour en considérer les fondements. D'abord l'intellect considéré dans sa fonction théorique, avec ses trois vertus de science, d'intelligence et de sagesse ; puis considéré dans sa fonction pratique, avec l'habitus de l'art, la vertu de prudence et les vertus de jugement et de bon conseil qui s'y rapportent. Ensuite l'appétit, considéré d'abord dans sa forme raisonnable, avec la vertu de justice qui parfait la volonté ; considéré ensuite sous sa forme sensitive, avec les dix vertus de force, de tempérance, de libéralité, de magnificence, de magnanimité, d'amour de l'honneur, de mansuétude, d'affabilité, de vérité et d'enjouement. Vient enfin la perfection surnaturelle qu'apportent à l'intelligence la foi, à la volonté l'espérance et la charité, pour rendre l'homme capable de son plus haut destin. Telle est l'âme entièrement équipée, *expedita*, comme disaient les Scolastiques ; il nous reste à la voir vivre et agir en acquérant, développant, reliant entre elles et appliquant à leurs actes ces multiples vertus.

III. LA VIE DES VERTUS

Nous avons déjà noté, en achevant de définir la vertu, qu'elle suppose toujours une disposition naturelle du sujet conduite progressivement à son parfait achèvement grâce à l'exercice de la raison (voir plus haut, p. 158). Cette conclusion vaut pour toute vertu morale proprement dite, à l'exclusion des vertus théologales, | qui ne sont pas **195** rationnellement acquises, mais infusées dans l'âme par Dieu, ou de ce que Dieu peut spécialement infuser en nous de vertu morale afin de préparer le terrain pour les vertus théologales dont il entend les couronner (*ST*, Ia IIae, q. 63, art. 3). Considérons donc une vertu morale simplement humaine, acquise progressivement par un exercice réitéré d'actes conformes à la raison, et demandons-nous de quelle manière elle agira ? Son effet propre et constant sera de déterminer toujours le juste milieu qu'un acte doit tenir pour être moralement bon :

Il résulte de ce qui précède (*ST*, Ia IIae, q. 55, art. 3) que, de par sa nature, la vertu dispose l'homme au bien, et que le propre de la vertu morale est de parfaire la partie appétitive de l'âme à l'égard de quelque matière déterminée. Or la mesure et la règle du mouvement de l'appétit vers ses objets, c'est la raison même. D'autre part, le bien de tout ce qui est mesuré et réglé consiste à se trouver rendu conforme à sa règle, comme le bien d'une œuvre d'art est d'obéir à la règle de l'art ; et le mal consiste par conséquent pour un objet de ce genre à être en désaccord avec sa règle ou sa mesure, désaccord qui peut naître, soit de ce qu'il excède sa mesure, soit de ce qu'il ne l'atteint pas. C'est ce qu'il est aisé de constater dans tous les objets réglés et mesurés, et il apparaît du même coup que le bien de la vertu morale consiste dans l'adéquation à la mesure de la raison. Mais il est manifeste que le milieu entre l'excès et le défaut est l'égalité, ou conformité, d'où il résulte non moins **196** manifestement | que la vertu morale consiste dans le juste milieu (*ST*, Ia IIae, q. 64, art. 1, Concl.). Cf. *Q. disp. de Virtutibus*, q. un., art. 13, Concl.

Ce juste milieu ne peut d'ailleurs pas être fixé par une règle abstraite qui permette de le calculer une fois pour toutes, car à mesure que la recherche morale approche de sa limite idéale, qui est la détermination du détail des actes particuliers, elle se particularise elle-même, pour s'adapter à toutes les circonstances qui définissent la nature de chaque acte pris dans son individualité :

Lorsqu'il s'agit d'actions et de passions, le milieu et les extrêmes ne se déterminent qu'en tenant compte de la diversité des circonstances. Rien n'empêche donc que ce qui est extrême dans une vertu à cause de telle circonstance ne devienne milieu dans d'autres circonstances parce qu'ainsi le voudra la raison. C'est ce qui se passe dans la magnificence et la magnanimité. Si l'on considère en effet la quantité absolue de ce vers quoi tend le magnifique ou le magnanime, on la qualifiera d'extrême et de maxima ; mais si on la rapporte à d'autres circonstances, elle se présentera comme un milieu, car c'est justement vers le maximum que les vertus de ce genre tendent selon la règle de la raison, c'est-à-dire : où il le faut, quand il le faut, et pourquoi il le faut. Ce qui serait un excès, ce serait de tendre vers ce **197** maximum quand il ne faut pas, où il ne faut pas et pourquoi | il ne faut pas. Et ce qui serait un défaut, ce serait de ne pas tendre vers ce maximum où il faut et quand il faut. Voilà pourquoi

Aristote dit au livre IV de l'*Éthique* (3, 8, leç. 8) que dans l'ordre de la grandeur le magnanime est assurément à l'extrême, mais que, s'y trouvant comme il faut, il garde le milieu (*ST*, Ia IIae, q. 64, art. 1, ad 2).

Par rapport à quoi la raison devra-t-elle déterminer ce milieu ? Lui faudra-t-il considérer celui de la chose, ou plutôt celui qui lui semblera tel par rapport au sujet qui agit ?

On peut nommer milieu de la raison ce que la raison détermine dans une matière quelconque, et, en ce sens, le milieu de toute vertu morale est un milieu de raison puisque, nous venons de le montrer, la vertu morale consiste dans le milieu conforme à la droite raison. Or il peut arriver parfois que le milieu de la raison soit également le milieu de la chose, et alors le milieu de la vertu morale doit être le milieu de la chose, ce qui est le cas dans la vertu de justice. Quelquefois au contraire le milieu de la raison n'est pas le milieu de la chose, mais un milieu déterminé par rapport à nous, et c'est le genre de milieu que l'on rencontre dans toutes les autres vertus morales. La raison en est que la justice règle des opérations qui portent sur les choses extérieures où le droit doit être établi en soi et absolument ; comme en effet la justice donne à chacun son dû, ni plus ni moins, | le milieu de la raison est identique **198** au milieu de la chose. Les autres vertus morales au contraire concernent les passions intérieures, où ce droit ne saurait être établi de la même façon parce que les hommes ne sont pas les mêmes sous le rapport des passions. C'est pourquoi, lorsqu'il s'agit des passions, la droite raison doit être déterminée par rapport à nous, qui sommes affectés de ces passions (*ST*, Ia IIae, q. 64, art. 2, Concl.).

On peut ajouter enfin que ce qui est vrai des vertus morales proprement dites est également vrai des vertus intellectuelles, et spécialement de cette vertu de l'intellect pratique dont nous avons dit qu'elle était régulatrice de toutes les vertus morales, la prudence. Car si l'on se place au point de vue de l'intellect spéculatif, l'objet qui est son bien propre est la vérité ; or la mesure de la vérité n'est autre que la chose qu'elle exprime. Si donc l'intellect manque cet objet par excès ou par défaut, il manque du même coup son milieu, son bien et son objet. Quant à l'intellect pratique, son bien propre est ce qu'il est vrai que l'appétit doive désirer. Or, considéré par rapport à son objet, c'est encore dans cet objet qu'il trouve sa mesure ; mais une fois que l'intellect pratique l'a saisi, c'est lui qui devient la mesure de l'appétit. La rectitude de la raison, qui consiste dans le juste milieu, se trouve donc être par là même la rectitude de la vertu morale qu'elle règle, la raison, qui est mesurée par son objet, devenant à son tour la mesure de la vertu (*Q. disp. de Virtutibus*, q. 13, Concl., ad *Virtutum autem…*).

Considérons maintenant un nouveau problème, celui du rapport et de la connexion des vertus entre elles. Son importance pratique est considérable, car de la solution que nous lui donnerons dépendra la

199 méthode | qu'il nous faudra tenir dans l'acquisition de la vertu. Or le résoudre pour les vertus cardinales, c'est le résoudre pour toutes les vertus qui en dépendent :

La vertu morale peut être considérée sous sa forme parfaite ou sous sa forme imparfaite. Considérée sous sa forme imparfaite, une vertu morale, comme la tempérance ou la force, n'est rien d'autre qu'une certaine inclination qui se trouve en nous à faire un acte bon, que cette inclination soit en nous par nature ou qu'elle résulte d'une habitude. Or, prises en ce sens, les vertus morales ne sont pas connexes, car nous voyons que tel qui serait prêt par complexion naturelle ou par habitude à faire œuvre de charité ne l'est cependant pas à faire œuvre de chasteté. La vertu morale parfaite, au contraire, est une disposition permanente qui nous incline à bien accomplir une bonne action, et si l'on considère ainsi les vertus morales, il faut dire qu'elles sont connexes, comme d'ailleurs presque tout le monde en convient.

On peut assigner à ce fait deux raisons, selon les deux manières différentes dont on distingue les vertus cardinales entre elles. Comme nous l'avons dit en effet (q. 61, art. 3 et 4), il en est qui les distinguent d'après les propriétés générales de ces vertus. Ils admettent, par exemple, que la discrétion appartient à la prudence, la rectitude à la justice, la modération à la tempérance et la fermeté d'âme à la force, quelle | que soit la **200** matière dans laquelle on les considère ; et, de ce point de vue, la raison de leur connexion apparaît manifestement, car la fermeté ne peut être louée comme une vertu si elle est sans modération, ou sans rectitude, ou sans discrétion, et il en est de même pour les autres. C'est cette raison de leur connexion que Grégoire assigne au livre XXII de sa *Morale* (chap. I) lorsqu'il dit que, si les vertus sont disjointes, elles ne peuvent être des vertus parfaites, parce que ce n'est pas une vraie prudence que celle qui n'est ni juste, ni tempérante, ni forte ; et il dit la même chose des autres vertus. Augustin assigne également une raison de ce genre au Livre VI *De la Trinité* (chap. IV).

D'autres distinguent au contraire les vertus cardinales d'après leurs matières, et c'est en se plaçant à ce point de vue qu'Aristote assigne la raison de leur connexion au Livre VI de l'*Éthique* (chap. XIII, 1144b36). Comme nous l'avons dit plus haut (q. 58, art. 4, p. 162), on ne peut avoir aucune vertu morale si l'on n'a pas la prudence. En effet, le propre de la vertu morale est de rendre droite l'élection ; or, pour que l'élection soit droite, il ne suffit pas qu'il y ait cette inclination vers la fin légitime que détermine la possession de la vertu morale, il faut en outre que l'on sache comment y parvenir, ce qui relève de la prudence, conseillère, juge et maîtresse des moyens. Mais

201 inversement, on ne pourrait posséder | la prudence si l'on
n'avait les vertus morales, puisque, étant la droite connaissance de ce qu'il faut faire, elle part des fins des actions comme
de ses principes, et que ce sont les vertus morales seules qui
nous font choisir les fins qu'il faut. De même donc que l'on
ne peut avoir de science spéculative sans l'intelligence des
principes (voir p. 176), de même aussi l'on ne peut avoir de
prudence sans vertus morales. D'où il résulte manifestement
que les vertus morales sont connexes.

    Quant à l'objection (que l'on peut s'exercer à pratiquer une
vertu sans s'exercer à pratiquer les autres), il faut répondre que
certaines vertus morales se bornent à nous élever au niveau
des devoirs communs, c'est-à-dire de ceux qui se présentent
communément dans toute vie humaine. Dans cet ordre,
l'homme devra s'exercer simultanément à pratiquer toutes les
vertus morales et, s'il s'exerce en toutes à bien agir, il acquerra
les habitus de toutes les vertus à la fois ; que si au contraire il ne
s'exerçait à maîtriser que la matière d'une de ces vertus en
négligeant celle d'une autre, par exemple à maîtriser la colère,
mais non la concupiscence, il acquerrait bien une certaine
disposition stable à refréner sa colère, mais elle ne serait pas
une véritable vertu puisque la prudence, corrompue par la
202 concupiscence, lui ferait alors défaut. Pareillement | les incli-
nations naturelles ne sauraient devenir parfaitement vertueuses
tant que la prudence fait défaut. Mais il existe certaines
autres vertus morales qui élèvent l'homme au-dessus de l'état
commun, telles que la magnificence et la magnanimité ; et
comme l'occasion ne s'offre pas communément à tous de
s'exercer sur les matières de ces vertus, on peut avoir les autres
vertus morales sans posséder actuellement celles-là, c'est-
à-dire sans les avoir effectivement acquises. Toutefois, si
l'on a acquis les autres vertus, on possède celles-là en puis-

sance prochaine. Lorsqu'en effet nous avons acquis à force d'exercice la libéralité pour de petits dons ou de petites dépenses, s'il nous survient abondance d'argent, nous acquerrons la vertu de magnificence au prix de peu d'exercice. Tel, le géomètre n'a besoin que de peu d'étude pour acquérir la science d'une conclusion à laquelle il n'a jamais réfléchi, car on dit que nous avons déjà ce qu'il nous est facile d'avoir, selon cette parole d'Aristote au livre II de la *Physique* (chap. v, n. 9, leç. 9) : quand il s'en faut de peu, il s'en faut de rien (*ST*, Ia IIae, q. 65, art. 1, Concl. et ad 1). Cf. *Q. disp. de Virtutibus*, q. unica, art. 2.

Le rapport que nous venons d'établir ne vaut d'ailleurs | que pour **203** les vertus morales et, par conséquent, acquises au moyen de l'exercice des actes ; il faudrait le formuler autrement pour résoudre le problème de la connexion des vertus théologales entre elles. On ne doit pas ignorer, en effet, que les vertus théologales, infusées dans l'âme par Dieu, sont seules des vertus parfaites parce que seules elles ordonnent l'homme en vue de sa fin suprême, au lieu que les vertus acquises ne sont que des vertus relatives, parce qu'elles ne disposent l'homme qu'en vue d'un des biens qui rentrent sous sa fin dernière. Il y a donc une différence de *genre* entre ces deux ordres de vertus, et c'est pourquoi l'on peut acquérir les vertus morales naturelles sans posséder les vertus théologales et surnaturelles. Beaucoup de païens ont pratiqué les premières sans être à même de recevoir les dernières, et cette expérience de fait suffit à trancher la question (*ST*, Ia IIae, q. 65, art. 2). Quant à la connexion des vertus théologales entre elles, le problème est simple. Ce que ces vertus ajoutent aux vertus morales, c'est d'ordonner nos actions vers une fin dernière surnaturelle ; or c'est la vertu de charité qui fixe la volonté sur cette fin, et par conséquent on ne peut recevoir de Dieu la charité sans recevoir du même coup la foi et l'espérance, comme on ne peut perdre la charité sans perdre en même temps les deux autres vertus. Inversement, la foi et l'espérance, jouant en quelque sorte le rôle de vertus préparatoires à la charité et s'engendrant l'une l'autre, on peut recevoir la foi sans posséder encore l'espérance et l'espérance sans posséder déjà la charité. La proposition ne vaut toutefois que s'il s'agit de ces vertus considérées sous leur forme imparfaite et par conséquent aussi comme méritant à peine le nom de vertus ; car sans la charité elles manquent de leur fin propre et n'accomplissent pas leurs actes comme ils doivent être accomplis. En résumé, il n'y a pas de connexion nécessaire entre l'ordre des vertus morales et celui des vertus théologales, mais on ne peut avoir les vertus théologales sans avoir les vertus morales. Et à **204** l'intérieur de chaque ordre de vertus, on peut bien avoir les | ébauches des vertus inférieures sans avoir les vertus supérieures, mais on ne peut avoir aucune vertu sous sa forme parfaite, ni les vertus les plus hautes qui couronnent les autres, comme la justice morale ou la charité théologale, sans les posséder toutes à la fois. Il est vrai que nous supposons par là même l'existence de degrés hiérarchiques entre les vertus, et c'est l'hypothèse qu'il nous faut maintenant examiner.

Si l'on se place au point de vue de la différence spécifique des vertus entre elles, la nécessité de les hiérarchiser apparaîtra aussitôt. C'est en effet la raison qui confère aux actes de l'homme leur caractère de bien proprement humain (voir p. 32) ; or la vertu qui perfectionne la raison quant à la science de ce qu'il faut faire est la prudence ; la prudence est donc supérieure à toutes les vertus morales qui ne participent que par elle à la règle de la raison. Pour la même cause, la justice l'emportera sur les autres vertus de la volonté comme plus rationnelle, et la force de l'irascible l'emportera sur la tempérance du concupiscible (*cf.* q. 66, art. 1). De plus, chaque vertu prise en elle-même peut se rencontrer sous une forme plus ou moins parfaite chez des individus différents, ou chez le même individu considéré à des moments différents. La vie vertueuse n'a pas cette rigidité qu'imaginaient les stoïciens, et il peut y avoir vertu sans qu'il y ait vertu absolue ; les degrés qu'introduisent l'habitude et le point où elle en est, les dispositions naturelles plus ou moins grandes, la perspicacité plus ou moins pénétrante de la raison, le don plus ou moins abondant de la grâce, doivent toujours être pris en considération par le moraliste qui veut en décrire la complexité. C'est donc seulement en supposant toutes choses égales d'ailleurs, et en nous plaçant au point de vue de leur valeur absolue, que nous sommes en droit d'introduire une hiérarchie fixe entre les différentes vertus. Leur ordre sera tel : les vertus intellectuelles l'emportent absolument sur les vertus morales ; la vertu morale la plus haute est la justice et la vertu intellectuelle la plus haute est la sagesse. Établissons d'abord le premier point :

| L'espèce d'une vertu dépend de son objet comme il **205** ressort évidemment de ce qui précède (q. 54, art. 2) ; c'est pourquoi, absolument parlant, la vertu la plus noble est celle qui a le plus noble objet. Or il est manifeste que l'objet de la raison est plus noble que l'objet de l'appétit, car la raison appréhende les choses dans ce qu'elles ont d'universel, au lieu que l'appétit tend vers les choses dans leur être particulier ; c'est donc pourquoi, étant des perfections de la raison, les vertus intellectuelles sont plus nobles, absolument parlant, que les vertus morales qui ne parfont que l'appétit. Si l'on considère au contraire la vertu du point de vue de l'acte, alors la vertu morale est la plus noble, parce qu'elle parfait l'appétit, dont c'est la fonction de mouvoir les autres puissances à leur acte ainsi que nous l'avons dit plus haut (q. 9, art. 1, p. 78). Puisqu'en effet une vertu est la perfection d'une puissance, le mot vertu désigne le principe d'un acte, et par conséquent, les vertus morales méritent mieux le nom de vertus que les vertus intellectuelles, encore que les vertus intellectuelles soient plus nobles qu'elles absolument parlant (*ST*, Ia IIae, q. 66, art. 3, Concl.).

Au nom de ce même principe, nous situerons la justice au sommet des vertus morales et lui subordonnerons, par l'intermédiaire des deux vertus cardinales de force et de tempérance, toutes les autres vertus :

| On considère comme la plus grande, absolument parlant, **206** la vertu où brille davantage le bien de la raison ; et, sous ce

rapport, la justice l'emporte sur toutes les autres vertus morales, comme étant plus proche de la raison, dans son sujet et dans son objet. Dans son sujet d'abord, parce que la justice réside dans la volonté et que la volonté est un appétit raisonnable, ainsi qu'il ressort de ce qui précède (q. 50, art. 5); dans son objet ensuite, ou sa matière, parce qu'elle concerne les opérations qui règlent, non seulement l'homme en lui-même, mais encore sa conduite à l'égard d'autrui, et c'est pourquoi, comme dit l'*Éthique* (V, chap. III, 1129b27), la justice est la plus belle des vertus.

Si nous passons maintenant aux autres vertus morales, celles qui concernent les passions, le bien de la raison éclate d'autant plus dans chacune d'elles que l'objet à propos duquel le mouvement de l'appétit se soumet à la raison est lui-même plus grand. Or le bien le plus grand qui appartienne à l'homme, c'est la vie, dont tout le reste dépend; et c'est pourquoi la force, qui soumet le mouvement de l'appétit à la raison dans tout ce qui se rapporte à la mort et à la vie, occupe la première place entre celles des vertus morales qui règlent les passions, bien qu'elle se subordonne à la justice. | C'est ce qui fait dire au Philosophe dans la *Rhétorique* (I, chap. IX, 1366b35), que les vertus les plus grandes sont nécessairement celles qui sont les plus honorées, car une vertu est un pouvoir bienfaisant, et c'est pourquoi l'on honore avant tout les forts et les justes, la vertu de force étant utile dans la guerre, la vertu de justice l'étant à la fois dans la guerre et dans la paix. – Après la force vient se ranger la tempérance, qui soumet l'appétit à la raison dans tout ce qui se rapporte immédiatement à la vie, soit de l'individu considéré en lui-même, soit de l'individu considéré par rapport à l'espèce, c'est-à-dire la nourriture et les rapports sexuels. Et c'est pourquoi ces trois vertus, en même temps que la prudence, passent pour les principales, même du point de vue de la dignité (*ST*, Ia IIae, q. 66, art. 4, Concl.).

Reste à déterminer la place de la prudence. Elle serait évidemment la première des vertus, puisqu'elle est la première des vertus cardinales, si nous pouvions la classer avec les trois vertus morales de justice, de force et de tempérance auxquelles elle préside ; mais elle est proprement la clef de voûte de l'édifice des vertus morales. C'est donc aux vertus de l'intellect qu'il nous faut la comparer, et nous sommes alors contraints de la subordonner à la sagesse. Car si la grandeur de la vertu se mesure à celle de son objet, nulle vertu ne l'emportera sur celle qui considère la première et suprême cause, c'est-à-dire Dieu :

Comme en effet la prudence concerne les | choses **208** humaines, et la sagesse au contraire la cause suprême, il ne se peut pas que la vertu de prudence soit une vertu plus grande que la sagesse Pour qu'il en fût autrement, comme le dit l'*Éthique* (VI, chap. VII, 1141a21), il faudrait que la plus grande des choses qui sont en ce monde fût l'homme. Il faut donc dire, ainsi qu'on le lit au même endroit, que la prudence ne commande pas à la sagesse elle-même, mais que c'est plutôt le contraire ; car l'*homme spirituel juge toutes choses et n'est lui-même jugé par personne* (I *Cor.* II, 15). La prudence n'a pas en effet à se mêler des choses sublimes que considère la sagesse, mais elle commande dans les matières qui se subordonnent à la sagesse, et prescrit notamment ce que les hommes doivent faire pour y parvenir ; si bien que la prudence, ou vertu politique, est en cela servante de la sagesse, car elle y introduit et en prépare la route, comme le serviteur qui se tient au seuil d'un roi.

En outre, la prudence considère les moyens de parvenir à la félicité, au lieu que la sagesse considère l'objet même de la félicité, qui est le suprême intelligible. Si donc la connaissance que la sagesse dirige vers son objet était parfaite, le bonheur parfait consisterait dans l'exercice de la sagesse ; mais comme l'exercice de la sagesse en cette vie reste imparfait à l'égard de son objet principal qui est Dieu, l'acte de | la sagesse est une **209** sorte d'ébauche ou de participation de la félicité à venir, qui se tient, par là même, plus près que la prudence de la félicité (*ST*, Ia IIae, q. 66, art. 5, ad 1 et 2).

Tel est le système idéal des vertus, avec l'ordre et les connexions nécessaires qui les hiérarchisent et les relient sous leur forme parfaite; mais, même dans les réalisations approximatives que nous en offre l'observation de la vie morale, les rapports que nous avons définis se trouvent respectés. Ce n'est jamais en effet une vertu isolée qui croît dans l'âme d'un homme, ou qui décroît, mais le système complet des vertus qui s'enrichit ou s'appauvrit, chaque vertu demeurant néanmoins au rang de perfection qui lui est propre. Les doigts de la main sont inégaux, mais ils grandissent ensemble sans que leur proportion s'en trouve altérée; les vertus, qu'elles soient plus ou moins nobles, grandissent ou diminuent sans altérer, elles non plus, leurs proportions (art. 2, Concl.). Dire que deux hommes sont également forts, mais que l'un d'eux est plus prudent, c'est oublier que la force de l'autre manque de prudence et que par conséquent elle est moins forte. La vie morale a la parfaite cohésion d'un organisme dont les éléments sont à la fois solidaires et hiérarchisés.

IV. LES VICES ET LES PÉCHÉS

La vertu, telle que nous en avons défini la nature, est essentiellement *ordonnée* vers l'accomplissement d'actes bons; les actes *désordonnés* et qui ne se rapportent pas à leur fin comme ils devraient, reçoivent au contraire le nom de *péchés*. De plus, la vertu est en elle-même une disposition *bonne*, indépendamment des actes qu'elle produit; la qualité mauvaise qui s'y oppose | reçoit le nom de *malice*. Enfin la vertu est avant tout cela un *habitus*, une disposition acquise et stable, et ce qui s'y oppose directement à titre d'habitus reçoit le nom de *vice*. Le péché est donc l'acte contraire à celui que produit la vertu; la malice est la qualité contraire à celle de la vertu; le vice est l'habitus contraire à celui que constitue la vertu. C'est dire que l'étude des vices reviendrait à prendre le contre-pied de l'étude des vertus, en montrant qu'ils sont en tout des dispositions contraires à la nature, et à la raison qui est le sommet de notre nature, comme les vertus sont des dispositions conformes à l'ordre de la nature, et de la raison ; c'est pourquoi saint Thomas ne s'attarde pas à leur définition générale, mais fait porter le poids de son effort sur l'étude des actes mauvais que les vices produisent, les Péchés.

On appelle péché un acte humain mauvais. Pour que cet acte soit humain, il faut qu'il soit volontaire (voir plus haut, p. 32) ; pour que cet acte soit mauvais, il faut qu'il viole la règle de la raison d'abord et, à travers cette règle de la raison, la loi de Dieu (Ia IIae, q. 71, art. 6, Concl.). Le genre que constituent les péchés ainsi défini, nous pouvons les classer en espèces selon les divers objets auxquels ils se rapportent. Les uns consisteront dans la jouissance désordonnée de biens spirituels (la gloire, les louanges, etc.) et se nommeront péchés spirituels ; les autres consisteront dans la jouissance désordonnée de biens corporels et naturels, saisissables par le toucher, et se nommeront péchés charnels (*ibid.*, q. 72, art. 5, Concl.). Ces objets eux-mêmes peuvent en outre se répartir différemment selon que le péché d'espèce spirituelle ou d'espèce charnelle viole la loi de Dieu, la loi sociale ou la loi de notre raison :

Ainsi que nous venons de le dire (q. 71, art. 1 et 6), le péché est un acte désordonné. Or l'ordre auquel l'homme doit satisfaire est triple : premièrement, à l'égard de la règle de la raison, en ce sens que toutes nos actions et | passions doivent se **211** conformer à la règle de la raison ; deuxièmement à l'égard de la règle de la loi divine selon laquelle l'homme doit se diriger en toutes choses. Et si l'homme était naturellement un être solitaire ces deux ordres suffiraient ; mais comme l'homme est naturellement un animal sociable, ainsi qu'il est prouvé dans la *Politique* (I, chap. I, 1253a2), un troisième ordre devient nécessaire pour que l'homme soit ordonné à l'égard des autres hommes avec lesquels il doit vivre. Or, de ces trois ordres, le second contient le premier et le dépasse. Tout ce qui est contenu sous l'ordre de la raison est en effet contenu sous l'ordre de Dieu lui-même, au lieu que certaines choses sont contenues sous l'ordre de Dieu, qui dépassent la raison, comme les vérités de la foi ou les devoirs qui ne sont dus qu'à Dieu seul; aussi celui qui pèche en pareilles choses est-il dit pécher contre Dieu, comme l'hérétique, le sacrilège et le blasphémateur. Pareillement encore le premier ordre inclut le troisième et le dépasse, car dans toutes nos relations avec notre prochain, il faut d'abord que nous nous dirigions selon la règle de la raison; mais dans certains cas, nous suivons la raison dans des matières qui ne concernent que nous, et non pas notre activité extérieure, et le péché en pareille matière s'appelle alors péché contre soi-même, tel le cas du gourmand, du luxu- 212 rieux ou du | prodigue; dans d'autres cas au contraire, le péché s'introduit dans nos rapports avec notre prochain, comme il arrive en cas de vol ou d'homicide. Or ce ne sont pas les mêmes objets qui sont intéressés dans nos rapports à l'égard de Dieu, du prochain et de nous-mêmes, si bien que cette distinction des péchés revient à celle de leurs objets, d'où résulte finalement leur distinction en différentes espèces. Ainsi donc cette distinction des péchés est proprement une distinction des différentes espèces de péchés, car les vertus elles-mêmes, auxquelles les péchés sont opposés, se distinguent en différentes espèces en raison de cette même différence. Il résulte en effet manifestement de ce qui précède (q. 62, art. 1-3) que les vertus théologales ordonnent l'homme à l'égard de Dieu, la tempérance et la force à l'égard de lui-même, la justice enfin à l'égard du prochain (*ST*, Ia IIae, q. 72, art. 4, Concl.).

On peut donc dire en résumé que ce qui distingue les espèces de péchés ce sont leurs divers motifs, et par conséquent leurs objets, puisque ce sont des objets différents qui les motivent. De là aussi résultent, comme de leur cause première et principale, les différents degrés de gravité qui s'introduisent entre les péchés :

Les péchés diffèrent en gravité de la manière dont on dit qu'une maladie est plus grave qu'une autre. De même en effet que le bien de la santé consiste dans une sorte d'équilibre des humeurs | en accord avec la nature de l'animal, de même le **213** bien de la vertu consiste dans une sorte d'équilibre de l'acte humain en accord avec la règle de la raison. Or il est manifeste qu'une maladie est d'autant plus grave que l'équilibre requis entre les humeurs est altéré par le manque de proportion d'un principe plus essentiel ; ainsi une maladie du corps humain est plus dangereuse lorsqu'elle provient du cœur, qui est le principe de la vie, ou d'un organe proche du cœur. Il faut donc aussi que le péché soit d'autant plus grave que le désordre concerne un principe plus haut placé dans l'ordre de la raison. Or, pour ce qui est des actes humains, la raison ordonne tout du point de vue de la fin, et par conséquent, plus la fin que le péché concerne dans les actes humains est haute, plus aussi le péché est grave. D'autre part il résulte de ce qui précède (q. 72, art. 1) que les objets des actes sont leurs fins, et c'est pourquoi la différence de gravité dans les péchés se mesure à la diversité de leurs objets. Il est par exemple évident que les choses extérieures sont ordonnées en vue de l'homme comme de leur fin, et que l'homme à son tour est ordonné vers Dieu comme vers sa fin, de telle sorte qu'un péché qui porte sur la substance même de l'homme, comme l'homicide, est plus grave qu'un péché qui porte sur des choses extérieures, comme le vol, et que le péché que l'on commet immédiatement | contre Dieu, comme l'infi- **214** délité, le blasphème et autres du même genre, est encore plus grave. De même enfin, si l'on se place à l'intérieur de chacun de ces ordres de péchés, un péché sera plus grave qu'un autre

selon qu'il portera sur quelque chose de plus ou moins important. Et comme les péchés empruntent leurs espèces de leurs
objets, la différence de gravité qui se mesure à la nature de
leurs objets est la première et la principale parce qu'elle
découle de leur espèce (*ST*, Ia IIae, q. 73, art. 3, Concl.).

De cette distinction découlent en effet plus ou moins directement
toutes les autres ; car si la gravité des péchés s'accroît avec la dignité
des vertus qu'ils contrarient c'est parce que les vertus, comme les
vices, se distinguent en fonction de leurs objets. Pour la même raison,
les péchés spirituels sont, toutes choses égales d'ailleurs, plus graves
que les péchés charnels, car les derniers ne consistent que dans un
mouvement qui se tourne vers le corps au lieu que les premiers
consistent dans un mouvement qui se détourne de Dieu. Et pour la
même raison enfin les circonstances aggravent la nature de nos péchés
dans la mesure même où, changeant la nature de l'objet sur lequel ils
portent, elles font que des principes plus relevés se trouvent intéressés
par notre action ; tels la fornication qui se change en adultère ou le vol
en sacrilège. La condition de la personne contre laquelle on pèche
ou la grandeur de celle qui pèche interviendront au nombre de ces
circonstances, de même que l'étendue et la complexité du mal causé
par notre mauvaise action.

Si nous cherchons dans quelles puissances de l'âme peut résider le
péché il nous apparaîtra immédiatement qu'étant un acte volontaire il
215 peut résider dans toute | puissance de l'âme capable de causer, direc-
tement ou non, les actes volontaires ; d'abord, par conséquent, dans la
raison qui juge en dernier ressort des actes à accomplir, les regards
fixés sur la loi divine (q. 74, art. 7, Concl.) ; dans la partie sensitive de
l'appétit qui doit se soumettre aux ordres de la raison ; dans la volonté
enfin qui est le principe immédiat de nos actes, et par conséquent de
nos actes mauvais comme de nos actes bons. C'est donc dans chacun
de ces trois sièges du péché que nous allons en chercher les causes, et
tout d'abord dans le principe qui confère à nos actes leur caractère
propre d'humanité, la raison. Le vice de raison qui constitue la cause
constante du péché est l'ignorance. En quoi consiste-t-elle ?

Ignorer diffère de ne pas savoir en ce que ne pas savoir marque une simple négation de science (car tout être à qui manque la science de certaines choses peut être dit ne pas les savoir)… au lieu que l'ignorance implique une privation de science, c'est-à-dire le manque de science de ce que l'on est naturellement capable de savoir. Or il y a telles choses que l'on est tenu de savoir, nommément celles sans la connaissance desquelles on ne peut pas accomplir comme il convient un acte que l'on doit accomplir : ainsi tout le monde en général est tenu de savoir ce qui est de foi et les règles universelles du droit, et chacun en particulier est tenu de savoir ce qui se rapporte à son état ou à son office. Mais il existe d'autres choses que l'on peut être capable de savoir sans être tenu, sauf exception, de les savoir, comme les théorèmes de géométrie ou certaines pres-criptions | particulières. Il est donc manifeste que quiconque **216** néglige d'avoir ou de faire ce qu'il est tenu d'avoir ou de faire pèche par omission, et c'est pourquoi l'ignorance de ce que l'on est tenu de savoir est un péché de négligence. Mais on n'impute pas à un homme comme une négligence de ne pas savoir ce qu'il ne peut pas savoir ; une telle ignorance reçoit au contraire le nom d'*invincible* parce que l'on ne peut en triompher par aucun moyen ; et c'est pourquoi l'ignorance de ce genre, n'étant pas volontaire puisqu'il n'est pas en notre pouvoir d'y remédier, n'est pas un péché. Il résulte par consé-quent de là qu'aucune ignorance invincible n'est un péché ; quant à l'ignorance qu'on peut vaincre, elle est un péché si elle porte sur ce que l'on est tenu de savoir, mais elle ne l'est pas si elle porte sur ce que l'on n'est pas tenu de savoir (*ST*, Ia IIae, q. 76, art. 2, Concl.).

Si l'on suppose que l'ignorance n'est pas une ignorance invincible, mais qu'elle existe de fait, qu'elle porte sur une matière que l'on n'est pas tenu de connaître, et qu'elle nous cache une circonstance de l'acte telle que nous nous abstiendrions de le commettre si nous la connaissions, elle a pour effet de rendre notre acte littéralement involontaire. Et en effet, nous croyons alors faire une chose tandis que nous en faisons une autre. Dans une doctrine comme celle de saint Thomas où le volontaire se fonde sur la connaissance rationnelle des fins possibles que l'appétit peut embrasser, le caractère volontaire des actes accomplis est rigoureusement proportionnel | à leur rationalité. Quant à mesurer dans chaque cas particulier le degré d'ignorance qui se mêle à l'acte et ce qu'elle lui laisse ou retire de volontaire, c'est évidemment une tâche extrêmement complexe et pour laquelle on ne peut formuler *a priori* que des directions générales :

217

Puisque tout péché est volontaire, l'ignorance peut diminuer le péché dans la mesure où elle diminue le volontaire ; mais si elle ne diminuait pas le volontaire, elle ne diminuerait aucunement le péché. Or il est manifeste que l'ignorance qui excuse totalement du péché parce qu'elle enlève totalement le volontaire, ne diminue pas le péché, mais le supprime tout à fait. D'autre part, une ignorance qui n'est pas cause du péché mais qui l'accompagne simplement, ne le diminue ni ne l'augmente. Reste donc, comme seule ignorance qui puisse diminuer le péché, celle qui est cause du péché sans toutefois excuser totalement du péché. Il peut arriver d'abord qu'une telle ignorance, directement et par soi, se trouve être volontaire, comme lorsqu'on reste de son propre mouvement dans l'ignorance de quelque chose pour pécher plus librement ; or une telle ignorance semble accroître le volontaire et le péché, car c'est alors l'attachement de la volonté au péché qui fait que l'on veut subir le mal de l'ignorance pour garder la liberté de pécher. Parfois au contraire l'ignorance qui est cause du péché n'est pas directement volontaire, mais indirectement, | ou par accident : par exemple lorsqu'un homme ne veut pas se

218

donner la peine d'étudier, d'où résulte qu'il reste ignorant ; ou lorsqu'il veut boire du vin sans modération, d'où résulte qu'il s'enivre et n'a plus sa raison. Or une telle ignorance diminue le volontaire et par conséquent le péché : lorsqu'on ne sait pas en effet qu'une chose est un péché, on ne peut pas dire que la volonté se porte directement et par soi sur le péché, mais seulement par accident, si bien qu'il y a là un moindre mépris de Dieu, et par conséquent aussi un moindre péché (*ST*, Ia IIae, q. 76, art. 4, Concl.).

Examinons maintenant les causes du péché dans l'appétit sensitif. On se souvient sans doute que cette partie de l'âme qui perçoit les biens sensibles par le corps et pour le compte du corps est le siège propre des passions. Or la passion peut exercer une influence, sinon directe, du moins indirecte sur la volonté ; car toutes les puissances de l'âme plongent leurs racines dans l'unité de sa substance, de telle façon que lorsqu'une de ces puissances est totalement employée à son acte, les autres sont obligées de se relâcher du leur, ou que du moins elle ne peut s'employer à les aider (q. 77, art. 1). C'est ce que l'on constate aisément en examinant l'influence que la passion peut exercer sur la science que possède la raison :

L'opinion de Socrate, à ce que rapporte Aristote au livre VII de l'*Éthique* (chap. II, n. 1, leç. 2), fut que la science ne pouvait jamais être vaincue par la passion, d'où il concluait que toutes les vertus sont des sciences et que tous | les péchés **219** sont des ignorances ; en quoi d'ailleurs il avait en une certaine mesure raison, car la volonté se portant toujours vers le bien, au moins apparent, jamais la volonté ne se portera vers le mal à moins que ce qui n'est pas bon n'apparaisse à la raison comme bon en un sens quelconque. Il est donc vrai que la volonté ne tendrait jamais vers le mal s'il ne se produisait quelque erreur ou ignorance de la raison, et c'est pourquoi il est dit dans les *Proverbes* (XIV, 22) : *Ceux-là se trompent qui font le mal.*

Mais c'est un fait d'expérience que beaucoup agissent en sens
contraire de ce qu'ils savent, et, en outre, on peut le confirmer
par l'autorité divine ; par exemple la parole de Luc (XII, 47) :
*Le serviteur qui connaît la volonté de son maître et ne l'a pas
faite sera frappé d'un grand nombre de coups*, ou celle de
Jacques (IV, 17) : *Savoir le bien qu'il faut faire, et ne pas le
faire, c'est un péché* ; et par conséquent Socrate n'avait pas
absolument raison.

   Il importe donc ici de distinguer, comme l'enseigne
Aristote au livre VII de l'*Éthique* (chap. III, 1146b31).
Puisqu'en effet l'homme est conduit à bien agir par une double
science, la science générale et la science particulière, le défaut
de l'une ou de l'autre suffit à empêcher la rectitude de la
volonté et de l'action, ainsi que nous l'avons dit plus haut
220 (q. 76, art. 1). Il peut | donc arriver que l'on possède la
science de quelque chose en général, par exemple qu'il ne faut
commettre aucun acte de fornication, mais que cependant on
ne sache pas que tel acte en particulier, qui est une fornication,
ne doit pas être accompli ; et cela suffit pour que la volonté
ne suive pas en ce point la science universelle de la raison. On
doit en outre considérer que rien n'empêche de posséder la
science d'une chose et cependant de ne pas y penser en fait ; il
peut donc arriver que l'on possède la science correcte d'un cas
particulier, et non plus seulement d'un principe général, mais
que cependant on n'y pense pas en fait, et alors il ne semble pas
difficile qu'un homme agisse en sens contraire de ce qu'il sait,
mais à quoi, en fait, il ne pense pas. Que maintenant un homme
ne recoure pas dans un cas particulier à une connaissance qu'il
possède, cela peut s'expliquer, tantôt par un simple manque
d'attention, comme lorsqu'un homme qui sait la géométrie ne
songe pas à considérer les conclusions de la géométrie qui sont
cependant à sa disposition immédiate ; tantôt au contraire, si

l'on ne considère pas les connaissances que l'on possède, c'est à cause de quelque empêchement, comme par exemple une occupation extérieure ou quelque infirmité corporelle.

Or c'est précisément pour cela que celui qui se trouve en état de passion ne considère pas | en particulier ce qu'il sait en **221** général, car sa passion l'empêche d'y penser. Et elle l'empêche de trois façons : premièrement par une sorte de distraction, comme nous venons de l'exposer (*cf.* q. 77, art. 1); deuxièmement par contrariété, parce que la plupart du temps la passion incline vers le contraire de ce que nous savons qu'il faut faire en général; troisièmement par une sorte de changement corporel, en conséquence duquel la raison se trouve comme liée et empêchée d'exercer librement son acte. C'est ainsi que le sommeil ou l'ivresse entravent l'usage de la raison par le changement corporel qu'ils déterminent. Or, que la même chose se produise avec les passions, c'est ce qui devient manifeste dans certains cas où, les passions étant très intenses, on perd totalement l'usage de la raison; nombreux en effet sont ceux qu'un excès d'amour ou de colère conduit à la folie; et l'on comprend de cette façon que la passion entraîne la raison à juger, dans un cas particulier, contre ce qu'elle sait qu'il faut faire en général (*ST*, Ia IIae, q. 77, art. 2, Concl.).

La passion joue donc en pareil cas le rôle d'une sorte d'infirmité. Alors en effet que toutes les puissances de l'âme doivent être soumises à la juridiction de la raison dans une âme saine et normalement équilibrée, c'est au contraire la raison qui se trouve sous la dépendance de l'appétit sensitif dans une âme dont les passions ne | sont pas réglées. **222** L'amour-propre, par lequel chacun de nous se veut à soi-même du bien, est alors désordonné; il se veut des biens sensibles, temporels, et se comporte comme si les biens supérieurs n'étaient là qu'en vue des inférieurs. Ce n'est pas en tant qu'amour-propre qu'il est mauvais, car c'est chose due et naturelle que de s'aimer soi-même; mais il faut s'aimer d'un amour ordonné et se vouloir le bien qui convient ; or tout amour de soi qui sort de l'ordre implique la préférence de l'homme à Dieu, ce qui est la définition même du péché ; l'amour désordonné de soi-même est donc bien au fond la cause première de tout péché. Mais si ce sont les passions qui le désordonnent, et si les passions sont une maladie, on peut croire qu'elles en diminuent la gravité et l'excusent ; il reste cependant à se demander jusqu'à quel point :

La seule raison qui puisse faire qu'un acte du genre mauvais soit totalement excusé de péché est qu'il soit rendu totalement involontaire ; si donc il se trouve une passion telle qu'elle rende totalement involontaire l'acte qui la suit, elle excuse totalement du péché, sinon elle n'en excuse pas totalement. À ce sujet, il faut considérer deux choses. Premièrement, qu'un acte peut être volontaire, ou bien en soi, comme lorsque la volonté s'y porte directement, ou bien en raison de sa cause, lorsque la volonté se porte sur une cause mais non sur son effet, comme c'est le cas pour l'homme qui s'enivre volontairement et à qui par conséquent on impute comme volontaire ce qu'il commet en état d'ébriété. Deuxièmement, on doit distinguer **223** entre ce qui est directement | volontaire et ce qui ne l'est qu'indirectement. Est directement volontaire ce sur quoi la volonté se porte ; l'est indirectement, au contraire, ce qu'elle aurait pu empêcher mais qu'elle n'empêche pas, et, en se plaçant à ce point de vue, on devra distinguer plusieurs cas différents. Parfois en effet la passion est si forte qu'elle supprime complètement l'usage de la raison, comme c'est évidemment le cas chez ceux que l'amour ou la colère font délirer ; en pareil cas, si cette passion a été volontaire dès son principe, l'acte est imputé à péché, parce qu'il est volontaire dans sa cause comme nous venons de le dire à propos de l'ivresse ; que si au contraire la cause n'en a pas été volontaire, mais naturelle, comme lorsqu'une maladie ou toute autre cause du même genre nous jette dans une passion telle qu'elle supprime totalement l'usage de la raison, l'acte est rendu tout à fait involontaire, et par conséquent aussi totalement excusé du péché. Mais dans certains cas la passion n'est pas telle qu'elle interrompe totalement l'usage de la raison, et alors la raison peut repousser la passion en se tournant vers d'autres pensées, ou l'empêcher de réaliser son effet, puisque les membres ne se mettent à l'œuvre que par le consentement de la raison, ainsi que nous l'avons dit plus haut (q. 17, art. 9); et c'est aussi pourquoi les passions de ce genre n'excusent pas totalement du | péché (*ST*, Ia IIae, q. 77, art. 7, Concl.).   **224**

Le troisième et dernier siège intérieur où réside une cause du péché que nous devons examiner est la volonté. De même que sa cause intellectuelle par excellence est l'*ignorance* et que sa cause sensible par excellence est la *passion*, sa cause volontaire par excellence reçoit le nom de *malice*, ou, pour employer l'expression complète dont use saint Thomas, de *malice certaine*. Voici ce qu'elle signifie. Pécher par malice certaine, ce n'est pas mal agir par ignorance, ni sous le coup d'une passion violente, mais choisir par volonté délibérée le mal à la place du bien. Pour que ce désordre puisse se produire, il faut le plus souvent qu'une disposition permanente vicieuse, autrement dit un habitus qui soit un vice, incline la volonté vers un acte mauvais, comme les habitus que sont les vertus l'inclinent vers un acte bon. Chaque fois, par conséquent, qu'un habitus, ou disposition permanente et acquise, sera la cause de l'acte mauvais que choisit la volonté, chaque fois aussi l'on dira du péché commis qu'il l'est par malice certaine de son fait et pleinement responsable de son choix. Mais la réciproque n'est pas vraie; si tout acte mauvais choisi par une disposition vicieuse est de malice certaine, il y a des actes de malice certaine qui ne naissent pas d'un vice. On peut accomplir des actes conformes à la vertu sans être vertueux; on peut également commettre des actes mauvais sans souffrir du vice auquel ils correspondent, car les vertus et les vices sont des habitudes, ce qu'un acte isolé n'est pas. Il faudra

donc se représenter de la manière suivante le tableau d'ensemble des
causes intérieures du péché :

La volonté se comporte à l'égard du bien autrement qu'à
l'égard du mal. En vertu de sa nature même, en effet, cette
225 puissance de l'âme est inclinée vers le bien de la raison | comme
vers son propre objet, et c'est d'ailleurs pourquoi l'on dit
que tout péché est contre nature. Pour que la volonté s'incline
vers quelque mal en choisissant, il faut donc que cela vienne
d'ailleurs. Tantôt en effet cela se produit par un défaut de
la raison, comme lorsqu'on pèche par ignorance, tantôt au
contraire par une impulsion de l'appétit sensitif, comme
lorsqu'on pèche par passion ; mais ni dans l'un ni dans l'autre
cas on ne pèche par malice certaine, car il n'y a péché de
malice certaine que lorsque c'est la volonté elle-même qui se
meut d'elle-même vers le mal. Or cela peut se produire de deux
façons.

La première façon consiste en ce qu'un homme possède
une disposition corrompue qui l'incline au mal, de telle sorte
qu'à cause de cette disposition un certain mal lui devienne
pour ainsi dire convenable et semblable ; cette convenance a en
effet pour résultat que la volonté tend alors vers ce mal comme
vers un bien, parce que de soi-même chaque chose tend vers ce
qui lui convient. Or les dispositions corrompues de ce genre
sont, ou bien des habitus acquis par une accoutumance qui se
change en nature, ou bien des dispositions maladives de la part
du corps, comme en ont ceux qui possèdent quelque inclination naturelle à certains péchés parce que leur nature est corrompue. La deuxième façon consiste en ce que la volonté tend
226 par soi | vers quelque mal parce que ce qui le lui interdisait se
trouve écarté. Supposons par exemple que quelqu'un s'inter-
dise de pécher, non parce que le péché lui déplaît en lui-même,

mais parce qu'il espère la vie éternelle ou craint l'enfer; si son espérance vient à se trouver écartée par le désespoir, ou sa crainte par la présomption, il en résultera que cet homme péchera de malice certaine comme s'il se trouvait sans frein. Il est donc évident que le péché qui se commet par malice certaine présuppose toujours dans l'homme un certain désordre, mais que ce désordre n'est pas toujours un vice, et par conséquent il n'est pas nécessaire que quiconque pèche par malice certaine pèche en raison d'un vice (*ST*, Ia IIae, q. 78, art. 3, Concl.).

De toute façon, le péché qui se commet de malice certaine est le plus grave de tous les péchés. Car d'abord le péché consiste principalement dans la volonté, et jamais la volonté n'est plus complètement responsable de son acte que lorsqu'elle le commet d'elle-même, comme c'est ici le cas, au lieu de le commettre par ignorance de l'intelligence ou passion de la sensibilité. En outre la passion cesse et l'ignorance se corrige sans peine, mais le vice est une habitude qui ne se défait que lentement; c'est même une qualité en quelque sorte permanente, et le vice est à la passion ce que la maladie chronique est à l'accès momentané d'une fièvre qui ne saisit le malade que par intervalles. Ajoutons surtout que le vicieux est mal disposé à l'égard de la fin même des actes moraux, tandis que le passionné peut ne se trouver détourné de son bon propos que pour l'heure que durera sa passion; c'est donc le principe de la | moralité qui est faussé chez le premier, **227** alors qu'il reste intact chez le second, l'un perdant, l'autre ne faisant qu'interrompre son bon propos (*ibid.*, art. 4).

Avec l'étude du vice et du péché qui en découle, nous avons achevé l'étude des principes intérieurs qui président à l'accomplissement de nos actes bons ou mauvais; conformément à l'ordre que nous nous sommes préalablement fixé (voir plus haut, p. 144) nous devons aborder maintenant l'étude des différentes lois morales, c'est-à-dire des principes extérieurs sur lesquels nos actes doivent se régler.

LES LOIS

Le théologien connaît un principe extérieur des actes mauvais que l'homme accomplit : c'est le démon, dont la tentation nous induit au péché. Il connaît également un principe extérieur des actes bons : c'est Dieu, dont la grâce est un secours efficace contre la tentation et un remède au mal d'une nature affaiblie par le péché. Mais le philosophe connaît un principe extérieur des actes bons, sur lequel sa réflexion peut naturellement s'exercer, bien qu'ici comme ailleurs nature et raison constatent finalement en elles-mêmes une exigence interne de se dépasser. Ce principe est la loi, qui règle nos actes du dehors et les oblige ; mais ce caractère extérieur de la loi n'introduit aucune hétéronomie dans notre vie morale, car elle est exactement du même ordre que le principe intérieur d'où les actes de l'homme reçoivent à la fois leur caractère d'humanité, et par conséquent de moralité : la raison.

La loi est une certaine règle et mesure des actes qui induit l'homme à agir ou le retient d'agir. La *loi* tire en effet son nom de *lier* parce qu'elle *oblige* à agir (*lex*, *ligare*, *obligare*). Or la règle et la mesure des actes humains est la raison, qui est le principe premier des actes | humains, comme il ressort de ce qui pré- **229** cède (q. 66, art. 1, p. 178). C'est en effet la raison qui ordonne en vue de la fin, principe premier dans l'ordre de ce qu'il faut faire, selon Aristote (*Éthique*, VII, chap. VIII, 1151a16) ; or, dans chaque genre, c'est ce qui est premier qui est principe, mesure, et règle de ce genre, comme l'unité dans le genre du nombre et le premier mouvement dans l'ordre des mouvements. Il reste donc que la loi soit quelque chose qui appartienne à l'ordre de la raison (*ST*, Ia IIae, q. 90, art. 1, Concl.).

Mais à quelle partie de la raison la loi appartient-elle ? Évidemment à la raison pratique, et, dans la raison pratique à la fin dernière, qui est le seul principe capable de lier la volonté de l'homme dans chacun de ses actes particuliers. Or cette fin dernière, nous le savons (p. 51 *sq.*), n'est autre que le bonheur de la vie, ou béatitude, et par conséquent la loi est une règle qui oblige nos actes en vue de nous conduire au bonheur. Toutefois elle ne se confond pas avec la raison particulière dont c'était aussi l'office pratique que de régler nos actes en vue du bonheur, car la raison ordonne les actes de l'individu en vue de son bonheur individuel ; mais cet individu vit en société et fait partie d'une communauté politique, et, comme c'est toujours le cas pour les parties, il est ordonné en vue du tout dont il fait partie. La raison individuelle, qualifiée pour régler les actes de l'individu en vue de son bonheur, ne l'est donc pas pour les adapter en vue du bonheur de la collectivité dont il fait partie et les y subordonner, et c'est ce qui fonde l'*extériorité*, par rapport à l'individu, d'un principe de ses actions qui l'oblige. La loi exprimera donc les exigences de la raison, ordonnant **230** les actes de l'individu en vue du bien commun de | la collectivité à laquelle il appartient, et parlant du dehors au nom de cette collectivité même :

À proprement parler, la loi vise premièrement et principalement l'ordre en vue du bien commun ; mais ordonner quelque chose en vue du bien commun ne peut être le fait que de la communauté tout entière ou de quelqu'un qui tienne la place de toute cette communauté ; et c'est pourquoi l'établissement de la loi n'appartient qu'à la communauté tout entière, ou à une personne publique chargée du soin de toute la communauté, car, ici comme ailleurs, ordonner en vue d'une fin revient à celui dont cette fin est la fin propre (*ST*, Ia IIae, q. 90, art. 3, Concl.).

La loi peut donc bien devenir un principe intérieur de nos actes, et même elle le doit, mais elle n'est au dedans de nous que comme une participation d'un principe promulgué en dehors de nous. C'est pourquoi nul particulier ne peut légiférer ni contraindre, mais seulement avertir, exhorter ou tout au plus prescrire. Le père lui-même commande à son foyer, mais il ne légifère pas : « car de même que l'individu est une partie de la famille, la famille est une partie de la cité qui constitue la communauté parfaite, et c'est pourquoi, de même que le bien d'un seul homme n'est pas la fin dernière, mais est ordonné en vue du bien commun, de même le bien de chaque famille est ordonné en vue du bien d'une seule cité, qui est la communauté parfaite ; celui qui ne gouverne qu'une famille peut donc prescrire des préceptes ou donner des ordres, mais qui n'ont cependant pas proprement force de loi » (*ibid.*, ad 3). Résumons en une seule formule tous ces caractères, et nous aurons la définition suivante : *la loi est une prescription de la* | *raison en vue du bien commun, promulguée par celui qui a la charge* **231** *de la communauté.*

Remontons immédiatement au principe. Quelle est la communauté la plus vaste ? L'univers. Quel est celui qui la gouverne ? Dieu. Quelle sera donc la première et la plus universelle de toutes les lois ? La *loi éternelle* de Dieu.

La loi n'est en effet rien d'autre que ce que prescrit la raison pratique du prince qui gouverne une communauté parfaite. Or il est manifeste, si l'on admet que le monde est régi par la divine Providence (cf. *ST*, I, q. 22, art. 1 et 2), que la communauté tout entière de l'univers est gouvernée par la raison divine (p. 30) ; et c'est pourquoi la raison même du gouvernement des choses, qui réside en Dieu comme dans le monarque de l'univers, a force de loi. Et comme la raison divine ne conçoit rien dans le temps, mais est une conception éternelle, comme disent les *Proverbes* (VIII, 23) il en résulte que l'on doit donner à une telle loi le nom de loi éternelle (*ST*, Ia IIae, q. 91, art. 1, Concl.). Cf. *ScG*, l. III, CXV.

Cette loi éternelle n'est donc que la raison éternelle de Dieu, considérée comme législatrice de toutes les opérations, actions et mouvements accomplis par les êtres créés quels qu'ils puissent être (*ST*, Ia IIae, q. 93, art. 1, Concl. *cf.* p. 32), et, par conséquent aussi, elle est la source première de toutes les autres lois :

Comme nous l'avons dit (p. 197), la loi suppose une raison qui dirige les actes vers leur fin ; or, toutes les fois que des **232** moteurs sont ordonnés, | il faut que l'efficace de ce qui meut en second dérive de l'efficace du premier moteur, parce que le deuxième moteur ne meut qu'en tant qu'il est mu par le premier moteur. Aussi voyons-nous la même chose se produire chez tous ceux qui gouvernent, et l'autorité du gouvernement dériver de celui qui gouverne en premier à ceux qui ne gouvernent qu'en second. Par exemple : la raison de ce qu'il faut faire dans la cité dérive du roi aux administrateurs qui lui sont subordonnés par les ordres qu'il leur donne ; de même encore, lorsqu'il s'agit de travaux d'art, c'est de l'architecte que dérive jusqu'aux artisans inférieurs, simples manœuvres, la raison qui les fait agir en ouvriers d'art. Puis donc que la loi éternelle est la raison du gouvernement chez le monarque suprême, il faut nécessairement que toutes les raisons de gouverner qui se rencontrent chez ses subordonnés dérivent de la loi éternelle. Or ces raisons sont toutes les lois autres que la loi divine, et c'est pourquoi toutes les lois participent de la droite raison dans la mesure où elles dérivent de la loi éternelle. Voilà pourquoi saint Augustin dit au Livre I du *Libre arbitre* (chap. VI, n. 15) qu'il n'y a dans la loi temporelle rien de juste ni de légitime que les hommes n'aient reçu d'une dérivation de la loi éternelle (*ST*, Ia IIae, q. 93, art. 3, Concl.).

| Si nous cherchons maintenant à définir le champ d'application **233** de cette loi, il nous apparaîtra comme embrassant tout ce qui n'est pas éternel et incréé comme elle-même, en un mot tout ce qui, n'étant pas elle, n'est pas Dieu. Par conséquent, la totalité du créé, qu'il s'agisse de choses contingentes ou de choses nécessaires, est soumise à la loi éternelle, mais les êtres dépourvus de connaissance intellectuelle n'y sont pas soumis de la même manière que les êtres doués de raison. Ceux-là ne font que subir la loi divine inscrite dans la structure même de leur être, ils ne la connaissent pas (*ibid.*, art. 5, Concl.); l'homme, au contraire, n'est pas simplement soumis à la loi de Dieu, il est soumis au précepte de cette loi, c'est-à-dire à la connaissance qu'il en a; de telle sorte que sa soumission à la loi est double : en tant qu'être naturel d'abord, et à ce titre, assujetti au gouvernement de la Providence comme tout ce qui est créé; en tant qu'être connaissant ensuite, et capable de participer par sa raison à une notion intérieure de cette loi divine et extérieure qui le domine. L'homme parfaitement bon est celui qui se trouve parfaitement assujetti à la loi éternelle et agit toujours d'après elle; les hommes sont au contraire mauvais dans la mesure exacte où, la connaissant et l'observant mal, ils tentent de s'y soustraire. Mais leurs tentatives n'ont jamais qu'un succès apparent, car ce que le méchant n'accomplit pas de la loi éternelle, il doit par compensation le subir sous forme de châtiment, de telle manière qu'elle se trouve en fin de compte toujours rigoureusement satisfaite (*ibid.*, 6, Concl.). Voyons maintenant comment les autres lois dérivent de cette loi première, et d'abord ce qu'est la *loi naturelle* :

Règle et mesure, la loi peut être en quelqu'un de deux façons : premièrement, parce qu'il est régulateur et mesurant; deuxièmement, parce qu'il est mesuré et réglé, car pour autant | qu'une chose participe de la règle et de la mesure, elle se **234** trouve mesurée et réglée. Aussi toutes choses étant soumises à la divine Providence, et par conséquent réglées et mesurées par la loi éternelle (voir p. 199), il est manifeste que toutes choses participent à la loi éternelle de quelque façon, savoir, en tant que cette loi, qui est imprimée en elles, les incline à leurs actes propres et à leurs fins. Or, comparée aux autres, la créature raisonnable est soumise à la divine Providence d'une manière plus excellente parce que, participant elle-même à la Providence, elle est capable de prévoir pour soi et pour les autres. C'est également en cela qu'elle participe à la raison éternelle, dont elle tient une inclination naturelle vers l'acte qu'elle doit accomplir et vers sa fin, et c'est cette participation de la loi éternelle dans une créature raisonnable que l'on nomme *loi naturelle*; voilà pourquoi, après avoir dit (*Ps.* IV, 6): *Sacrifiez à Dieu un sacrifice de justice*, le Psalmiste ajoute, comme si on lui demandait quelles sont les œuvres de justice: *Beaucoup disent: Qui nous montrera le bien?* Puis répondant à cette question, il déclare: *La lumière de ta face a laissé sur nous sa marque, Seigneur*; comme si la lumière de la raison naturelle par laquelle nous discernons le bien du mal (ce qui relève de la loi naturelle) n'était pas autre chose qu'une marque imprimée sur nous par la lumière | divine. D'où il résulte que la loi naturelle n'est rien d'autre qu'une participation de la loi éternelle dans une créature douée de raison (*ST*, Ia IIae, q. 91, art. 2).

Efforçons-nous ensuite de déterminer le contenu de cette loi. On peut le déduire avec certitude du rôle que joue la loi naturelle comme principe régulateur de nos actes. De même en effet que tout raisonnement dérive des principes premiers qui nous sont naturellement connus, de même tout désir des moyens dérive, directement ou indirectement, de l'appétit naturel de la fin dernière; et puisque c'est la loi naturelle qui nous dirige vers la fin dernière de l'univers, c'est d'elle aussi que vient la direction première de tous nos actes (*ibid.*, ad 2). Or le rapport des moyens particuliers à la fin dernière est loin d'être simple et il est clair, notamment, que chaque puissance de l'âme se tournera vers elle selon l'aspect particulier sous lequel elle l'appréhende, si bien que la loi naturelle universelle qui nous ordonne vers

Dieu va se diversifier sous nos yeux en plusieurs lois naturelles subordonnées :

De même que l'être est le premier objet qui tombe sous les prises de notre intellect, absolument parlant, de même le bien est le premier objet qui tombe sous les prises de notre raison pratique ordonnée comme elle l'est vers l'action. Tout ce qui agit, agit en effet en vue d'une fin, qui rentre dans l'ordre du bien, et c'est pourquoi il y a dans la raison pratique un premier principe fondé sur la définition du bien qui est celle-ci : *Le bien est ce que tout désire*. Voilà donc quel est le premier précepte de la loi : il faut faire le bien et éviter le mal ; et c'est là-dessus que se | fondent tous les autres préceptes de la loi naturelle, si **236** bien que toutes les choses qu'il faut faire ou éviter relèvent des préceptes de la loi naturelle en tant que la raison pratique les appréhende naturellement comme des biens humains. Mais comme d'autre part le bien a raison de fin et que le mal en est le contraire, il résulte que la raison appréhende naturellement comme bonnes et par conséquent comme méritant que l'on agisse de manière à les atteindre, toutes les choses pour lesquelles l'homme éprouve une inclination naturelle, et qu'elle appréhende leurs contraires comme choses mauvaises et à éviter. C'est dire que l'ordre des préceptes de la loi naturelle suivra l'ordre des inclinations de la nature. On trouve en effet premièrement dans l'homme une inclination vers ce qui lui est bon selon sa nature ; il la partage en commun avec toutes les substances, puisque chaque substance désire la conservation de son être selon sa nature, et c'est en raison de cette inclination que tout ce qui conserve la vie de l'homme et écarte ce qui lui nuit relève de la loi naturelle. En second lieu, on trouve chez l'homme une inclination vers certains objets qui conviennent plus particulièrement à sa nature, prise dans ce qu'elle a

de commun avec les autres animaux ; et c'est à cause de cela qu'on attribue à la loi naturelle ce que la nature enseigne à tous
237 les animaux, comme de se | reproduire, d'élever leurs petits, et autres actes du même genre. En troisième lieu, il y a chez l'homme une inclination vers ce qui est bien selon la nature de la raison, et qui lui est propre : ainsi l'homme éprouve une inclination particulière à connaître la vérité sur Dieu, ou à vivre en société, et c'est par là que rentre dans la loi de nature tout ce qui concerne les inclinations de ce genre : qu'il faut par exemple éviter l'ignorance, ne pas nuire à ceux parmi lesquels on doit vivre, et autres préceptes du même ordre qui s'y rapportent (*ST*, Ia IIae, q. 94, art. 2, Concl.).

Multiple dans ses déterminations particulières, la loi de nature est une de l'unité du premier précepte que nous avons dit contenir tous les autres, et elle est une en outre du fait qu'elle est la même pour tous. C'est d'ailleurs pourquoi le droit naturel est le même pour tous les peuples. Il est vrai que l'on peut alors se demander comment il se fait que les usages et coutumes soient si différents dans les différents pays, et d'abord même, comment il se fait que des hommes doués d'une même nature humaine, déduisent des mêmes principes du droit naturel des conséquences aussi radicalement divergentes ? C'est que, à la différence des sciences et de la raison spéculative, qui portent en droit sur l'universel et le nécessaire, la morale et la raison pratique portent en droit sur le particulier et sur le contingent. Les principes de la loi naturelle sont donc les mêmes chez tous ; quant à leurs conséquences les plus générales elles sont communément aussi les mêmes chez tous ; mais à mesure que l'on redescend vers des prescriptions de plus en plus particulières, les chances d'erreur dans la déduction s'accroissent
238 en proportion : la passion | intervient, les mauvaises habitudes s'en mêlent, si bien que, raisonnant à partir des principes de la loi naturelle, l'homme en arrive à vouloir des actes qui contredisent cette loi (*ibid.*, art. 4). Voilà pourquoi, une chez tous les hommes, la loi naturelle paraît multiple et discordante chez les divers individus. Elle est donc

immuable en soi et indéracinable du cœur de l'homme dans ses principes, encore qu'elle semble variable et soit parfois offusquée par l'erreur dans son application au détail des cas particuliers.

À la loi divine qui contient toutes les autres, et à la loi naturelle qui en est l'application immédiate à l'ensemble des êtres, vient s'ajouter la *loi humaine*, qui s'efforce précisément de diminuer l'intervalle entre les principes universels de la loi de nature et l'infinie multiplicité des cas particuliers (*ST*, Ia IIae, q. 91, art. 3, Concl.). Les lois édictées spécialement par l'autorité des princes et des collectivités qu'ils représentent n'ajoutent donc absolument rien au contenu de la loi naturelle, elles ne font que le définir et le préciser, pour que ceux qui ne savent pas ou ne veulent pas la faire trouvent toute faite et imposée à leur acceptation la déduction qui tire des principes universels de la loi de nature les conclusions particulières requises par la vie en société. Saint Thomas a excellemment marqué ce caractère en quelque sorte pédagogique de la loi positive, et qu'elle est une éducatrice nécessaire à cause de l'insuffisante moralité des hommes encore jeunes ou du danger que font courir à la paix sociale des individus mal disciplinés. L'honnête homme pleinement formé n'a pas besoin de la loi pour se trouver d'accord avec elle, mais elle est indispensable au bien du corps social pris dans son ensemble, car c'est elle qui met à la raison ceux que leur propre raison ne conduit pas :

Il y a chez l'homme une aptitude naturelle à la vertu, mais la perfection même de la vertu requiert nécessairement une certaine discipline | pour qui veut l'acquérir ; exactement **239** comme nous voyons l'homme mettre en œuvre, pour se procurer les aliments ou les vêtements nécessaires, une industrie dont la nature lui fournit les points de départ, qui sont sa raison et ses mains, mais non pas l'achèvement, bien qu'elle le fournisse aux autres animaux à qui elle a donné le vivre et le couvert en suffisance. Or, cette discipline vertueuse, il n'est pas facile de trouver un homme capable de se la donner, puisque la perfection de la vertu consiste principalement à détourner l'homme des plaisirs défendus, alors que c'est à quoi les hommes sont le plus portés, et surtout les jeunes gens, auxquels la discipline s'applique de la manière la plus efficace. Pour cette raison, il faut donc que les hommes reçoivent du dehors la discipline qui conduit à la vertu. Lorsqu'il s'agit de ces jeunes gens qui sont portés à accomplir des actes vertueux, soit par une bonne disposition naturelle, soit par habitude, soit plutôt par la faveur divine, il suffit de la discipline paternelle qui procède par avertissements. Mais il y a de jeunes impudents, enclins au vice, et qui ne se laissent pas facilement émouvoir par des paroles ; il a donc fallu recourir à la force ou à la crainte pour les détourner du mal, car cessant au moins par là de mal faire, et laissant les autres vivre tranquilles, ils se trouvent finalement conduits **240** | eux-mêmes, par l'habitude qu'ils en ont prise, à faire volontairement ce dont ils s'acquittaient d'abord par crainte, et à devenir ainsi vertueux. Or cette discipline qui contraint par la peur du châtiment, est la discipline des lois, dont l'établissement s'est trouvé nécessaire pour assurer la paix entre les hommes et développer la vertu. Comme dit en effet Aristote au livre I de sa *Politique* (chap. II, 1253a31-33), de même que l'homme consommé en vertu est le meilleur des animaux, de même l'homme sans loi et sans justice est le plus mauvais de tous, parce que l'homme dispose, pour lutter contre ses emportements et ses concupiscences, des armes de la raison dont ne disposent pas les autres animaux (*ST*, Ia IIae, q. 95, art. 1, Concl.).

De ce caractère essentiel dérivent toutes les autres propriétés que l'on peut attribuer aux lois humaines. D'abord, elles visent en principe les situations générales et rarement les cas particuliers ; car les moyens doivent être proportionnés à la fin, et comme la fin que visent les lois humaines est le bien commun, c'est-à-dire celui de la cité, qui se compose de beaucoup de personnes diverses exerçant des activités différentes en des temps différents, il faut que les lois soient instituées pour toute la durée de la cité et l'ensemble des citoyens qui la composent (*ibid.*, q. 96, 1, Concl.). Ensuite les lois ne condamnent pas absolument tous les vices; non qu'elles les approuvent, mais parce que la loi humaine, promulguée en vue de l'ordre politique, ne s'intéresse qu'à ce qui concerne immédiatement cet ordre, ou du moins ne proscrit avec rigueur que les | vices qui le menacent directement; pour le **241** reste, destinée à s'appliquer au corps politique tout entier, elle doit être adaptée à la moyenne des individus qui le composent, non pas à une infime minorité qui serait l'élite des parfaits :

Comme le dit en effet Isidore de Séville dans ses *Étymologies* (livre V, chap. XXI) la loi doit être possible à la fois du point de vue de la nature et du point de vue de la coutume du pays. Or tout pouvoir ou faculté d'agir procède d'une disposition intérieure, et la preuve en est que la même chose n'est pas possible à celui qui ne possède pas une vertu et à celui qui la possède, comme d'ailleurs la même chose n'est pas possible à un enfant et à un homme accompli. C'est précisément pour cela qu'on n'impose pas aux enfants la même loi qu'aux adultes, puisqu'on tolère chez les enfants bien des choses que la loi punit chez les adultes ou dont on les blâme; et, pour la même raison, bien des choses doivent être permises à des hommes qui ne sont pas de vertu consommée, que l'on ne pourrait pas tolérer chez des hommes vertueux. Or la loi humaine est établie pour une multitude d'hommes dont la plupart ne sont pas de vertu consommée, et c'est pourquoi la loi humaine ne prohibe pas tous les vices dont les vertueux s'abstiennent, mais seulement les plus graves, dont il est possible à la plupart de s'abstenir, et principalement | ceux qui **242** sont si nuisibles aux autres hommes que, sans leur prohibition, la société humaine ne pourrait subsister. C'est ainsi que l'homicide, le vol et autres vices du même genre sont prohibés par la loi humaine (*ST*, Ia IIae, q. 96, art. 2, Concl.).

Les lois humaines et leur nature étant ainsi définies il nous reste à considérer deux graves problèmes: dans quelles mesure ces lois obligent-elles la conscience de l'individu? Dans quels cas et pour quelles raisons est-il permis de changer les lois de l'État ou d'en dispenser certains particuliers? Examinons d'abord le premier, et nous verrons s'imposer à notre raison trois conclusions principales: toute loi oblige la conscience dans la mesure où elle est juste; la loi s'impose à tous; mais c'est moins la lettre de la loi qui s'impose à nous que son esprit:

Des lois établies par les hommes, les unes sont justes, les autres sont injustes. Quand les lois sont justes, elles tiennent de la loi éternelle dont elles dérivent le pouvoir de nous obliger dans notre for intérieur, selon cette parole des *Proverbes*, VIII (v. 15): *C'est par moi que les rois règnent et que les législateurs décrètent la justice*. Or les lois sont dites justes à la fois en raison de leur fin, c'est-à-dire lorsqu'elles sont ordonnées en vue du bien commun; en raison de leur auteur, c'est-à-dire lorsque la loi qu'il établit n'excède pas les forces de ceux qui doivent la supporter; et en raison de leur forme, c'est-à-dire

243   lorsque | les charges imposées aux sujets sont équitablement réparties en vue du bien commun. L'homme est en effet une partie de la multitude, et par conséquent l'être même de chaque homme, et tout ce qu'il a, fait partie de la multitude, comme l'être de toute partie appartient à son tout. C'est à cause de cela que la nature inflige certains dommages à telle partie pour sauver le tout et, de ce point de vue, les lois qui imposent des charges de ce genre en les répartissant équitablement sont justes, obligent dans le for intérieur, et sont des lois légales.

Quand elles sont injustes au contraire, les lois le sont de deux façons. Tout d'abord elles peuvent s'opposer au bien humain en ce qu'elles font le contraire de ce que nous venons de dire ; dans leur fin, comme lorsqu'un prince impose à ses sujets des lois onéreuses qui ne profitent pas à l'utilité commune, mais plutôt à sa propre cupidité ou à sa gloire ; dans leur auteur, comme lorsqu'un homme établit une loi qui excède le pouvoir dont il a été investi ; ou même dans leur forme comme c'est le cas lorsque les charges sont inégalement réparties sur le peuple, encore même qu'elles seraient ordonnées en vue du bien commun. Et les lois de ce genre sont plutôt des violences que des lois, car, ainsi que le dit Augustin au livre I du *Libre Arbitre* (chap. V, init.), | une loi qu'n'est pas **244** juste n'est pas une loi. Il résulte de là que de telles lois n'obligent pas dans le for intérieur, si ce n'est peut-être pour éviter le scandale et le désordre, auquel cas on doit sacrifier même son droit, selon cette parole de saint Matthieu (V, 41) : *Si quelqu'un t'oblige à faire une lieue, fais-en deux autres avec lui, et si l'on t'enlève ta tunique donne aussi le manteau.* Mais les lois peuvent être injustes d'une autre manière, en ce qu'elles contrarient le bien divin comme les lois des tyrans qui prescrivent l'idolâtrie ou tout autre acte contraire à la loi divine ; et, les lois de ce genre, on ne doit en aucune manière les observer parce que, selon la parole des Actes (IV, 19) : *Il vaut mieux obéir à Dieu qu'aux hommes* (*ST*, Ia IIae, q. 96, art. 4, Concl.).

En ce qui concerne la deuxième conclusion, que la loi s'impose à tous, aucune difficulté ne peut nous retenir : faite pour le bien de la multitude, elle doit s'appliquer à chacun des individus qui la composent, sauf peut-être trois exceptions qui ne sont telles qu'en apparence : un homme n'est tenu d'obéir qu'à la loi de son pays, car la loi du groupe dont il ne fait pas partie n'est pas sa loi ; l'inférieur ne peut nous imposer une loi dont son supérieur nous dispense, car l'inférieur n'agit légitimement qu'en vertu d'un mandat de son supérieur ; enfin

et surtout, la loi s'impose à tous, mais elle ne *contraint* que les méchants (voir p. 205 *sq.*), car sous ce rapport : « les vertueux et les justes ne sont pas soumis à la loi, mais les seuls méchants ; ce qui
245 contraint et violente contrarie en effet la volonté, or la volonté | des bons est d'accord avec la loi, au lieu que la volonté des méchants est en désaccord avec elle, et c'est pourquoi, sous ce rapport, les bons ne sont pas soumis à la loi, mais seulement les méchants » (art. 5, Concl.). – Quant au troisième point : comment interpréter la lettre de la loi, il doit être traité dans le même sens et en se référant à la notion fondamentale de la légalité. Toute loi est ordonnée en vue du bien commun des hommes qui la supportent et c'est son utilité qui mesure sa légalité :

Or il arrive souvent qu'une observance soit utile au bien de tous dans la plupart des cas, mais que cependant elle se trouve en certains cas extrêmement nuisible. Comme donc le législateur ne peut pas envisager un à un tous les cas particuliers il propose une loi en se basant sur ce qui se produit le plus souvent et en portant son intention sur l'utilité commune ; aussi, lorsqu'il vient à surgir un cas dans lequel l'observation d'une telle loi serait dommageable au salut commun, elle ne doit pas être observée. Prenons un exemple. Si l'on établit dans une ville assiégée une loi d'après laquelle les portes de la ville doivent rester fermées, c'est chose utile au salut commun dans la généralité des cas ; mais s'il se produit un cas où les ennemis poursuivent des citoyens chargés de défendre la ville, il serait extrêmement dommageable à cette ville de ne pas leur ouvrir ses portes ; et c'est pourquoi, en pareil cas, il faudrait ouvrir les
246 portes contrairement à la lettre de la loi pour | sauvegarder l'utilité commune qui est le but du législateur. On remarquera cependant que si l'observation littérale de la loi n'entraîne pas de péril immédiat auquel il faille remédier sur le champ, il n'appartient pas à n'importe qui de décider ce qui est utile à la cité et ce qui lui est inutile, car cela n'appartient qu'aux princes

qui possèdent l'autorité pour déroger aux lois en pareils cas. Mais si le danger est subit et ne souffre pas le délai nécessaire pour que l'on puisse recourir à l'autorité supérieure, la nécessité elle-même entraîne avec soi la dispense, parce que nécessité n'a pas de loi (*ST*, Ia IIae, q. 96, art. 6, Concl.).

On aperçoit sans doute dès à présent comment se règlera le deuxième problème que nous avons posé : est-il permis de changer les lois ? Faites pour le bien de tous, elles doivent s'adapter aux besoins de ceux qu'elles gouvernent, en se perfectionnant elles-mêmes, et en suivant dans leurs variations les besoins des hommes qui les supportent :

La loi humaine est une prescription de la raison, par laquelle sont dirigés les actes humains ; et, de ce point de vue, on peut découvrir une double cause pour qu'il soit juste de changer la loi humaine, l'une de la part de la raison, l'autre de la part des hommes dont les actes sont réglés par la loi. De la part de la raison d'abord, parce qu'il semble | naturel à la raison **247** humaine de s'élever progressivement de l'imparfait au parfait ; et c'est pourquoi nous constatons dans les sciences spéculatives que ceux qui ont philosophé les premiers nous ont laissé des œuvres imparfaites, que leurs successeurs nous ont ensuite transmises dans un état plus parfait. Or il en est de même dans l'ordre de ce qu'il faut faire. Ceux qui sont venus les premiers se proposaient de découvrir quelque chose d'utile à l'ensemble des hommes ; mais étant incapables d'embrasser à eux seuls la totalité du problème, ils ont laissé quelques institutions inachevées et pleines de défauts, et leurs successeurs les ont modifiées, laissant ainsi des institutions moins insuffisantes au point de vue de l'utilité commune. Que si l'on considère d'autre part les hommes eux-mêmes dont les actes sont réglés par les lois, il peut être légitime de modifier les lois à cause des

modifications qui surviennent dans leur condition, ce qui leur
convient changeant de nature en même temps que cette condition. C'est ce dont Augustin nous donne un exemple au livre I
de son *Libre arbitre* (chap. VI, au début). Supposons un peuple
bien réglé, sérieux, gardien très diligent de l'utilité commune ;
on aura raison d'établir une loi pour autoriser ce peuple à se
créer des magistrats qui administreront la chose publique. Mais
248 si le même | peuple, se dépravant progressivement, en arrive à
la vénalité des suffrages et confie le gouvernement à des crimi-
nels et des scélérats, il est juste de lui enlever le pouvoir de
confier des honneurs et de le remettre à la discrétion d'un petit
nombre d'hommes de bien (*ST*, Ia IIae, q. 97, art. 1, Concl.).

De ce que la loi doit être changée lorsqu'il y a lieu de l'améliorer,
résulte-t-il qu'elle doive être changée aussitôt que l'on conçoit la
possibilité de l'améliorer ? En aucune façon, car ce serait là contredire
le principe même que l'on prétendrait appliquer. La notion d'amélio-
ration ne doit pas être entendue de la loi prise abstraitement en elle-
même mais de la situation des hommes qui s'y trouvent assujettis. Les
changements de loi doivent donc avoir pour résultat, non de rendre
la loi meilleure, mais de rendre meilleure la situation réelle des
citoyens. De là résulte qu'une attitude prudemment conservatrice est
recommandable dans la plupart des cas :

Ainsi que nous venons de le dire, il n'est légitime de
modifier les lois humaines que dans la mesure où cette modi-
fication est profitable à l'intérêt commun. Or le changement
de loi lui-même, pris en soi, entraîne un certain dommage
pour l'intérêt commun. La coutume contribue en effet pour
beaucoup à l'observance des lois, à tel point que ce qui se fait
contre la coutume commune, même si c'est de peu d'importance, semble grave. Il résulte de là que tout changement de
249 la loi diminue la force | contraignante de la loi en ébranlant la
coutume, et c'est pourquoi l'on ne doit jamais modifier une loi

humaine à moins que le gain qui en résulte d'autre part pour l'intérêt commun ne compense le dommage qu'on lui fait subir sur ce point. C'est ce qui peut arriver, soit qu'une très considérable et très évidente utilité doive résulter du statut nouveau, soit qu'il y ait nécessité urgente à l'admettre, soit que la loi reçue contienne une iniquité manifeste ou que son maintien soit nuisible à beaucoup de citoyens. C'est pourquoi le juriste Ulpien déclare (*De Const. Princ.*, l. I) que *pour établir quelque chose de nouveau, il faut qu'il y ait utilité évidente à renoncer à la législation qui a longtemps semblé juste* (*ST*, Ia IIae, q. 97, art. 2, Concl.).

Ce conservatisme pratique de saint Thomas, qui s'appuie sur les enseignements du droit, fait présager les formules et les conclusions analogues qui se retrouveront chez un Montaigne, puis chez un Pascal. Mais l'inspiration qui les anime est bien différente dans l'intellectualisme thomiste de ce qu'elle sera dans le pyrrhonisme des *Essais*. Si la coutume est respectable et bienfaisante aux yeux de saint Thomas, ce n'est pas en tant que coutume, c'est en tant qu'elle concrétise et condense une sorte de jugement pratique de la raison qui, sans se formuler en paroles, traduit par les actes réitérés d'un grand nombre leur accord de fait sur ce qu'ils considèrent comme un bien. Et c'est pourquoi la coutume peut aller jusqu'à fonder des lois nouvelles. La raison qui établit les lois ne se manifeste pas seulement en effet par des paroles, mais encore par des | actes; si bien que le mouvement inté- **250** rieur de la volonté et les concepts de la raison peuvent s'exprimer par des actes extérieurs multiples et réitérés d'un grand nombre d'hommes, témoignant par là du fait que la loi ancienne ne répond plus aux exigences de la situation actuelle, qu'elle est donc devenue inutile et qu'il faut par conséquent la réformer (art. 3, Concl. et ad 2). Ainsi, non seulement le peuple peut avoir le droit de se donner comme loi sa propre coutume, comme c'est le cas lorsqu'il s'agit d'un peuple libre et qui jouit du pouvoir législatif; mais encore des actes répétés, accomplis par les sujets d'un prince, révèlent, de par leur répétition même, un caractère non accidentel, donc raisonnable, et, acceptés en fait par le prince, acquièrent ainsi force de loi.

Avec la définition de la loi humaine, la morale générale achève la description du principe extérieur des actes moraux le plus immédiat que puisse atteindre la réflexion du philosophe. S'il n'est pas donné à la raison seule d'aller au delà, il lui est du moins permis de marquer la place de ce qui la dépasse et de rappeler que l'exigence en est inscrite au sein de sa propre nature (voir p. 169 et p. 50). C'est la raison, faculté capable de l'infini, qui requiert pour nous une fin transcendante et infinie : « et puisque l'homme est ordonné comme en vue de sa fin vers une béatitude éternelle et hors de proportion avec ses facultés naturelles, il était nécessaire qu'en outre de la loi naturelle et de la loi humaine, il fût dirigé vers sa fin par une loi venue de Dieu » (q. 91, art. 4). Telle est précisément la loi divine, qui vient au secours de la raison et la libère des incertitudes dont elle souffre même dans l'ordre de la loi naturelle, pénètre jusqu'au dedans des consciences pour régler leur intérieur que la loi humaine n'atteint pas et ordonne l'homme en vue de sa fin surnaturelle qui est Dieu.

MORALE PARTICULIÈRE

Nous avons jusqu'ici considéré en général les vertus, les vices et tout ce qui se rattache au domaine de la morale, mais il nous faut maintenant y revenir pour les considérer de nouveau en particulier. C'est qu'en effet, aussi longtemps qu'elles restent générales, les considérations morales n'ont pas leur complète utilité, puisqu'elles doivent finalement aboutir à prescrire ce que les hommes doivent faire et que les actions humaines portent sur le particulier. Or, si nous les considérons en particulier, les problèmes moraux sont de deux sortes; les uns, que nous examinerons en premier lieu (chap. I-V) portent sur l'étude de telle ou telle vertu particulière ou sur l'un quelconque des vices qui s'y opposent; les autres, que nous examinerons en dernier lieu (chap. VI) concernent les divers états, c'est-à-dire les situations de fait dans lesquelles les hommes se trouvent placés et les genres de vie qu'ils peuvent mener.

Chapitre premier

LA CHARITÉ

Si nous nous reportons à la classification des vertus qui résulte de la morale générale, nous les voyons se ranger toutes sous sept vertus principales : trois vertus | théologales, qui sont la foi, l'espérance et **252** la charité ; quatre vertus cardinales, qui sont la prudence, la justice, la force et la tempérance. La considération des vertus théologales, surnaturellement infuses en nous par Dieu en vue de fins également surnaturelles, ne relève pas de la compétence du philosophe en tant que tel ; ainsi que leur nom l'indique, elle appartient au théologien. Ce n'est pas à dire cependant que la vie puisse s'en passer, ni par conséquent que le moraliste puisse légitimement les ignorer ; car si la science morale est formellement distincte de la science théologique, l'homme concret qui mène une vie morale déterminée la mènera bien différemment selon qu'il la subordonnera ou non à une vie surnaturelle. Ainsi que le veut l'ordre architectonique des sciences, qui les range toutes sous la sagesse chrétienne, la théologie inclut la morale, et la morale n'inclut donc pas la théologie. D'où il résulte que l'exposé complet de la morale proprement dite ne requiert pas l'étude des vertus théologales, et que cependant les vertus théologales sont la condition nécessaire d'une vie morale complète. Nous estimons donc nécessaire de marquer d'abord la place occupée par ces clefs de voûte de la vie morale, et spécialement de celle qui maintient en place toutes les autres, la charité.

La charité est essentiellement un amour d'amitié, c'est-à-dire, conformément à la distinction que nous avons déjà posée (voir p. 117), un amour par lequel on veut du bien à quelqu'un. Vouloir le bien lui-même, c'est un amour de concupiscence et personne ne prétendra ressentir de l'amitié pour les biens dont il éprouve le désir; on peut aimer le vin ou les chevaux, on ne peut pas les avoir pour amis. Si donc il doit y avoir amitié, c'est sur la personne même à qui nous voulons ce bien que notre sentiment devra porter. Mais la bienveillance même ne suffit pas à constituer pleinement l'amitié : « il y faut encore un amour réciproque, car l'ami est un ami pour son ami; une telle bienveillance ne va jamais en effet sans une certaine communication, et comme il **253** existe entre l'homme et | Dieu une communication par laquelle il nous communique sa béatitude, il faut bien que cette communication devienne le fondement d'une certaine amitié ». L'amour sur lequel cette communication se fonde est précisément la charité, d'où il résulte manifestement que *la charité est une sorte d'amitié entre l'homme et Dieu* (IIa IIae, q. 23, art. 1, Concl.). Et c'est par là que la charité nous apparaît comme la plus éminente de toutes les vertus. « Les actes humains sont en effet considérés comme bons dans la mesure où ils sont réglés par la règle qu'ils doivent suivre; et puisque la vertu humaine est le principe des actes bons, il résulte nécessairement de là qu'elle consiste à atteindre la règle des actes humains. Or la règle des actes humains est double, ainsi que nous l'avons dit plus haut (p. 98) : la raison humaine, et Dieu. Mais c'est Dieu qui est la première règle, puisque c'est par elle que la raison humaine doit être elle-même réglée; et comme c'est la nature propre des vertus théologales dont Dieu même est l'objet que d'atteindre cette première règle, elles l'emportent en excellence sur les vertus morales ou intellectuelles dont la nature consiste à atteindre simplement la raison humaine. Pour la même raison, entre les vertus théologales elles-mêmes, celle-là doit l'emporter sur les autres qui atteint davantage Dieu. Or ce qui est par soi est toujours supérieur à ce qui n'est que par autrui, et, de ce point de vue, la foi et l'espérance n'atteignent Dieu qu'en tant que nous recevons de lui la connaissance du vrai ou la possession du bien, au lieu que la charité atteint Dieu lui-même comme le terme en qui nous nous arrêtons, et non comme ce dont nous attendrions quelque chose. Voilà pourquoi la charité l'emporte en excellence sur la foi et l'espérance, et par conséquent aussi sur toutes les autres vertus, exactement comme la prudence, qui atteint la raison en elle-même, l'emporte en excellence sur toutes les autres vertus morales, qui n'atteignent la raison qu'en tant qu'elle permet de déterminer le juste milieu dans les opérations ou les passions humaines » (*ST*, IIa IIae, q. 23, art. 6, Concl.).

| S'il en est ainsi, nous tenons à plus forte raison encore, dans cette **254** vertu suprême, la source de tous les actes de charité qu'un homme peut accomplir. Cette amitié réciproque de l'homme et de Dieu ne saurait en effet se limiter à l'être divin pris en lui-même, elle s'étend nécessairement à tout ce qui relève de l'être divin et lui appartient en quelque sens que ce soit. Pour comprendre la nécessité d'une telle conséquence il suffit de se souvenir du rapport qui nous unit toujours aux biens de ceux que nous aimons. Lorsque nous avons un homme comme ami, nous aimons de la même amitié qui nous l'attache, ses enfants, ses serviteurs et tout ce qui lui appartient à quelque titre que ce soit. Bien plus, nous pouvons aimer notre ami d'une affection si profonde que nous en arrivions à aimer les siens pour l'amour de lui, même alors qu'ils nous offensent ou nous haïssent (*ibid.*, art. 1, ad 2). Ainsi la charité que nous éprouvons à l'égard de Dieu, grâce au don de Dieu lui-même, devient spontanément la source de notre amour pour les hommes, en tant qu'ils relèvent de Dieu et lui appartiennent (*ibid.*, q. 25, art. 1, Concl.). Dès lors, la hiérarchie générale de nos actes de charité se révèle à nous, au moins dans son principe fondamental. Seront d'abord exclues de notre charité toutes les créatures qui ne sont pas capables de lier avec nous ni avec Dieu cette société d'amitié sur laquelle la charité se fonde. Telles sont précisément les créatures dénuées de raison. Comment en effet leur voudrions-nous du bien, puisque, n'étant pas raisonnables, elles ne sont pas libres et par conséquent aussi pas capables d'en user ? Comment, en outre, y aurait-il entre elles et nous cette communication sur laquelle l'amitié repose puisqu'elles sont privées de la raison par laquelle nous pourrions communiquer ? Et comment enfin la charité nous unirait-elle à des

êtres incapables de la béatitude éternelle, alors qu'elle est elle-même fondée sur la communication de la béatitude éternelle? On ne peut donc aimer des créatures sans raison d'une amitié de charité que par métaphore, et d'une manière indirecte, c'est-à-dire en tant que nous **255** souhaitons leur | conservation pour l'honneur de Dieu ou le bien des hommes, mais non pour elles-mêmes et directement (IIa IIae, q. 25, art. 3, Concl.). Mais cette exclusion de principe une fois portée, on peut dire que la charité de l'homme pour Dieu s'étendra naturellement à tout ce qui peut entrer en société avec lui et participer à sa béatitude.

Comment passer ensuite de ce principe universel à la hiérarchie des actes de charité qu'il doit permettre d'établir? Évidemment en classant ces actes selon le caractère plus ou moins immédiat du rapport qui les unit à la charité première dont ils dérivent. Il y a donc un ordre dans la charité, et cet ordre se fonde sur la relation de l'amour dont nous aimons chaque être au premier principe de cet amour qui est Dieu (IIa IIae, q. 26, art. 1, Concl.). Appliquons cette règle aux cas les plus remarquables sur lesquels l'expérience morale nous invite à réfléchir, et d'abord au rapport entre l'amour que nous devons à Dieu et celui que nous devons à notre prochain.

Toute amitié se porte d'abord sur l'objet en qui réside principalement le bien sur la communication duquel elle se fonde. Or nous venons de voir que la source première de toute charité est la béatitude parce que c'est en elle que communiquent ceux qui s'aiment; et puisque c'est en Dieu que réside immédiatement la béatitude, c'est évidemment Dieu qu'il faut aimer principalement et d'abord d'un amour de charité. Ainsi Dieu est l'objet par excellence de la charité parce qu'il est la béatitude même, au lieu que nous aimons notre prochain d'une charité dérivée, en tant qu'il participe comme nous-mêmes à cette béatitude qui est Dieu (q. 26, art. 2). Pour la même raison chaque homme doit aimer Dieu plus que soi-même (art. 3), et, en soi-même, il doit aimer son âme plus que son corps, puisqu'il n'aime son corps qu'en raison de la béatitude à laquelle le corps ne participera qu'indirectement. Cet amour du corps doit s'exprimer d'ailleurs par un effort constant pour le purifier de toute souillure et le faire servir à l'œuvre de l'âme qui est d'atteindre la jouissance

| parfaite de Dieu (IIa IIae, q. 25, art. 5, Concl.). Plus délicate à résoudre **256** est la question de savoir si l'homme doit aimer son prochain plus que soi-même. En fait, Dieu nous a dit seulement : *Aimez votre prochain comme vous-mêmes* (*Lev.*, 19 et *Matth.*, 22); il semble donc que l'amour que nous éprouvons pour nous-mêmes doive être considéré comme le modèle à l'imitation duquel nous aimerons autrui, et que par conséquent il lui soit supérieur. En droit, le principe premier de toute charité est Dieu, et l'homme ne s'aime soi-même que par rapport à Dieu; mais il n'aime son prochain que plus indirectement encore, et seulement en tant qu'associé à lui dans la jouissance du même bien. Il résulte donc évidemment de là que, si nous conservons comme centre de référence la charité première sur laquelle toutes les autres se fondent, l'amour que nous avons pour nous-mêmes commande et précède celui que nous devons avoir pour notre prochain. La preuve que charité bien ordonnée commence par soi-même est d'ailleurs que nul ne doit consentir à commettre un péché pour libérer un autre du péché, parce que le péché nous interdit de participer à la béatitude (IIa IIae, q. 26, art. 4, Concl.) qui est la raison d'être de la charité. Il en irait tout autrement, faut-il le dire, si nous comparions l'amour que nous vouons à notre propre corps à celui que nous vouons à notre prochain. Car si nous aimons notre prochain comme associé à notre amour de Dieu, par conséquent aussi à notre béatitude, nous devons aimer son âme, qui participe directement à cette béatitude, plus que notre corps, qui n'y participe au contraire qu'indirectement (art. 5, Concl.).

Si nous considérons ensuite notre prochain par rapport à la multiplicité et à la diversité des êtres dont il se compose, bien des degrés de charité vont encore pouvoir intervenir. Puisqu'en effet la charité consiste à vouloir du bien aux autres pour l'amour de Dieu, nous devrons éprouver à l'égard des autres un degré de charité proportionnel à celui du bien que nous devrons leur vouloir. Mais ici, une distinction capitale s'impose entre la nature du bien que nous voulons aux autres, | et l'intensité de l'acte intérieur par lequel nous le leur **257** voulons. Si l'on se place au premier point de vue, il est clair que notre charité voudra le même bien à tous les êtres, sans aucune distinction; notre amour veut en effet que tous les hommes participent à la même béatitude, il veut donc que tous participent à Dieu. Bien plus, de ce même point de vue, notre charité n'admettra pas d'autres degrés dans la béatitude de notre prochain que ceux qui résulteront nécessairement de son attitude de fait à l'égard du Souverain Bien ; en d'autres termes, une charité qui n'aime les autres que pour l'amour de Dieu veut que ces autres, quels qu'ils soient, participent à la béatitude selon des degrés exactement correspondants à celui de leurs mérites. Comment en effet pourrions nous aimer les autres en vue de Dieu si nous ne faisions passer avant tout l'amour de la justice de Dieu, qui veut que les meilleurs participent plus complètement que les autres à sa béatitude ? Mais si nous nous situons au deuxième point de vue, qui est celui de l'intensité de l'acte par lequel nous aimons notre prochain, il en va tout autrement. Bien que nous ne cessions pas de vouloir que la justice de Dieu soit satisfaite et que les meilleurs soient aussi les mieux récompensés, nous ne pouvons pas ne pas désirer avec plus d'ardeur que ces meilleurs soient aussi nos conjoints les plus proches, et souhaiter plus de bonheur, donc, à ceux qui nous touchent de plus près, les aimer d'une charité plus intense (q. 26, art. 7). Efforçons-nous de démêler l'ordre que la charité doit tenir dans ce domaine complexe et abondant en problèmes épineux.

La première question que l'on ait à se poser sous ce rapport est la suivante : devons-nous placer avant tout autre amour celui que nous portons aux membres de notre famille ? Absolument parlant, il faut répondre oui, car il n'y a pas de lien qui soit plus intime ni plus stable que celui de la consanguinité ; mais on observera cependant que, dans certaines circonstances données, certaines liaisons accidentelles peuvent et doivent passer avant le lien du sang. La formule la plus **258** générale qui permette de régler les cas de ce genre est | celle qui nous prescrit de faire passer avant tous les autres le lien correspondant à la circonstance qui se trouve actuellement réalisée. Par exemple, s'il s'agit d'un rapport de l'ordre naturel, nous devons faire passer avant les autres ceux qui nous sont unis par un lien de consanguinité ; s'il s'agit de questions qui intéressent l'ordre civil, nous devons faire passer avant tout nos concitoyens ; et s'il s'agit d'une situation guerrière, nous devons faire passer d'abord nos camarades de combat.

C'est d'ailleurs ce que confirme spontanément l'usage; car, s'il s'agit d'un mariage, on invite et l'on met à la place d'honneur ses parents, au lieu que s'il s'agit d'une cérémonie publique, on fait passer ses parents après les représentants de l'autorité (IIa IIae, q. 26, art. 8). D'un mot, l'amitié que nous portons à nos parents demeure en soi la plus profonde, mais les autres peuvent prendre le pas sur elle, et le prennent effectivement, pour ce qui relève en propre de chacune de ces amitiés.

Enfermons-nous maintenant à l'intérieur même de la famille, nous y retrouverons une hiérarchie de la charité, mais dont les degrés peuvent s'intervertir selon l'aspect sous lequel nous les considérons. Ainsi le père est pour son fils un bien supérieur à ce que le fils est pour son père, car le père tient auprès de son fils la place de Dieu; mais si l'on se place au point de vue du sentiment éprouvé et de son intensité, le père aime son fils plus que le fils n'aime son père, car le père s'aime soi-même dans ce fils qui est une partie de lui et qu'il aime depuis sa naissance, c'est-à-dire depuis bien plus longtemps que son fils n'a pu le connaître et l'aimer (art. 9). Pareillement, l'époux doit considérer ses parents comme dignes d'un amour plus déférent que celui qu'il éprouve pour son épouse; mais le sentiment qui l'unit à son épouse sera celui d'une union plus étroite, puisqu'ils ne seront plus deux, mais une seule chair; et c'est pourquoi, quittant ses parents pour vivre avec son épouse, il fera cependant passer dans bien des circonstances les devoirs qu'il a envers elle après ceux qu'il doit à ses parents (art. 11). Pareillement enfin, et c'est peut-être | le cas où apparaît le plus claire- **259** ment quelle différence sépare l'ordre du bien de l'ordre du sentiment, les bienfaiteurs méritent d'être aimés de ceux qu'ils ont secouru plus qu'ils ne les aiment eux-mêmes, et cependant ils les aiment souvent plus qu'ils n'en sont aimés, ce qu'Aristote explique par plusieurs raisons.

D'abord le bienfaiteur considère son obligé comme son œuvre, et s'il dit effectivement de son protégé qu'il est sa créature, c'est qu'en vérité il a mis en lui, par ses bienfaits, quelque chose de lui-même; c'est donc lui-même que le bienfaiteur aime dans son obligé, comme le poète s'aime dans son poème, car chacun s'aime, et ne retrouve nulle part ce qu'il est mieux que dans ce qu'il fait. Mais on peut en alléguer une autre raison ; l'homme aime naturellement à contempler son bien ; or l'obligé ne contemple en son bienfaiteur qu'un bien qui lui est utile, au lieu que le bienfaiteur contemple en son obligé un bien qui lui fait honneur ; mais l'utilité passe, et l'honneur reste, de telle sorte que le protégé reste agréable au bienfaiteur plus longtemps que le bienfaiteur n'est utile au protégé. Enfin nous aimons ce qui nous a coûté des efforts, et comme il en faut plus pour rendre des services que pour en recevoir, nous aimons moins ceux qui nous obligent que ceux que nous avons obligés (art. 12).

Ces observations de caractère purement psychologique nous permettent d'apercevoir immédiatement pourquoi la charité n'est pas une vertu morale, mais une vertu qui transcende le plan de la moralité. En soi, tous ces mouvements de l'âme par lesquels nous nous attachons à nos proches et leur voulons du bien ne sont pas autre chose que des passions de l'âme, et c'est parmi ces dernières que nous les avons déjà rencontrés. Quel est le sommet de l'amour auquel puissent atteindre des êtres naturels ? Le plus intense, sinon le plus noble, est l'amour maternel. Ce sont les mères qui aiment le plus, observe saint Thomas. Mais un tel amour est moins une vertu qu'une passion par laquelle la mère adhère à son enfant comme à celui de tous les biens qui lui est le plus inséparablement conjoint. De même | pour les autres attachements dont nous avons parlé, car il est clair que le bienfaiteur s'attache à son obligé comme à une source inépuisable de satisfactions intérieures, et au miroir où se reflète sa propre bonté. Tous ces mouvements de l'âme sont donc naturels, et c'est parce qu'ils ne sont que naturels que l'intervention d'un principe transcendant se trouve requise pour les élever au rang des vertus. Participation en nous de la grâce divine, la Charité ne se substitue pas à notre âme comme origine de ces mouvements ; c'est toujours bien nous qui aimons, et comme notre volonté en reste l'origine, elle en conserve le mérite ; mais la charité oriente notre volonté vers Dieu et dirige en vue de cette fin surnaturelle tous les actes que cette volonté accomplit (IIa IIae, q. 23, art. 2). Elle vient donc ici recueillir, ordonner et par là même sanctifier, ce qui de soi ne dépasserait pas l'ordre de la nature proprement dite.

Cette constatation permet de comprendre pourquoi les vertus théologales dominent la vie morale de l'homme et, sans jamais pouvoir s'enfermer dans ses limites, la conduisent à sa perfection. Si nous considérons en effet à part et en eux-mêmes les mouvements de l'âme que la charité transfigure, jamais ils ne pourront s'élever de l'ordre des affections ou des passions naturelles à celui des vertus. Tout d'abord, ils ne sauraient s'élever à la dignité de vertus surna-turelles, car la nature ne contient rien en soi qui lui permette de se hausser au-dessus de soi et de faire que ce qui est bon pour elle devienne bon et méritoire aux yeux de Dieu; Dieu seul peut la couron-ner de cette grâce et se la rendre « acceptable »; il la rend telle par une vertu, c'est-à-dire une disposition stable à bien agir; mais comme le bien dont il s'agit n'est pas inclus dans l'ordre de la nature, la vertu qui le rend accessible ne peut pas non plus venir de la nature ni même lui appartenir, et c'est pourquoi la charité demeure toujours transcen-dante à l'ordre de la moralité. Mais, pour la même raison, cette charité surnaturelle ne saurait faire que ce qui n'était d'abord chez nous que passions se transforme en vertus morales. La mère aime son enfant; le citoyen aime son | concitoyen; le soldat aime son camarade de combat; **261** affections naturelles, normales, légitimes et bonnes en soi parce que conformes au mouvement spontané d'une volonté droite, mais qui ne sont pas des vertus morales et qui ne sauraient en aucun cas le devenir. Elles ne sont pas des vertus morales, parce que la mère n'a besoin d'aucune disposition permanente, acquise par l'exercice et confirmée par l'habitude pour arriver à aimer comme elle le doit l'enfant qu'elle a mis au monde. De même, le fils ne s'entraîne pas en vue d'arriver à aimer son père, et le citoyen, né dans une ville, élevé parmi ceux qui l'habitent, fait depuis son enfance aux mœurs, langage et coutumes de ses concitoyens, se trouve spontanément incliné à les aimer sans qu'un effort de sa part soit requis pour qu'il puisse y parvenir. Que la charité vienne maintenant s'ajouter à notre vie morale, elle ne fera jamais que l'amour naturellement jailli du cœur de la mère pour son enfant devienne une vertu, mais elle mettra simplement cet amour à la place qui lui revient dans un ordre qui n'est pas l'ordre de la nature; elle ne peut donc pas faire que ce qui n'est pas une vertu morale devienne une vertu morale, mais elle peut en faire une vertu surnaturelle (Ia IIae, q. 23, art. 3, ad 1) qui ordonne et transfigure ce que ne saurait atteindre par elle-même la moralité. Fixée sur Dieu comme sur son objet propre, la charité exclut en effet toutes les fausses vertus qui ne sont tournées que vers l'homme : la prudence de l'avare, qui se met au service du gain ; la justice de l'avare, qui n'est que crainte de perdre davantage ; la tempérance de l'avare, qui n'est que peur de la dépense ; la force de l'avare, qui n'est qu'ardeur à travailler pour amasser. Quant aux vraies vertus morales, elle les rend parfaites en subordonnant leurs fins, bonnes en soi, à la fin suprême qui est le bien suprême, c'est-à-dire Dieu. Que si nous considérons en dernier lieu les inclinations naturelles et les passions elles-mêmes, elles deviennent capables de revêtir, grâce à la charité, une valeur de vertus surnaturelles qu'elles ne sauraient revêtir dans l'ordre de la moralité. Ainsi la charité, en **262** posant Dieu comme fin | dernière de la vie humaine, la pénètre et la transfigure complètement par le dedans, et c'est pourquoi l'on peut dire qu'elle est la forme de toutes les vertus.

Il existe d'ailleurs dans la vie humaine un point de discernement où le partage s'établit entre ce qui est de la nature et ce qui est de la grâce comme par une expérience cruciale, c'est le précepte évangélique d'aimer nos ennemis. *Si vous aimez ceux qui vous aiment*, dit en effet saint Matthieu (V, 46), *quelle récompense méritez-vous ? Est-ce que les publicains eux-mêmes ne le font pas ? Et si vous ne saluez que vos frères, que faites-vous de plus que les autres ? Est-ce que les païens eux-mêmes ne le font pas ?* Ce qui ne signifie nullement qu'il ne soit pas bon et moralement recommandable de saluer nos frères ou d'aimer nos amis. Bien plus, il est certainement meilleur d'aimer son ami que son ennemi, car l'amour a le bien pour objet, et l'ami, par le fait même qu'il aime, est meilleur que l'ennemi en qui ne se rencontre que haine ; l'ami est donc un objet plus convenable à l'amour que l'ennemi. Mais si nous considérons d'autre part *la raison* pour laquelle nous aimons les uns et les autres, alors l'amour que nous portons à nos ennemis revêt un caractère exceptionnellement méritoire, et même unique ; il rentre dans cette charité dont Pascal dira qu'elle est d'*un autre ordre*, et supérieure, car *il peut y avoir d'autres raisons que Dieu pour que l'homme aime ses amis, mais Dieu est la seule raison que l'homme puisse avoir d'aimer ses ennemis.* Et certes, nous pouvons invoquer Dieu comme raison plus haute d'aimer ceux qui nous aiment, car notre amitié s'en trouvera transfigurée ; mais de même que la puissance du feu se reconnaît à ce qu'elle embrase successivement des matières de plus en plus difficilement combustibles, de même l'intensité de notre amour pour Dieu se reconnaît à ce qu'il pénètre et embrase les objets les plus difficiles à aimer (IIa IIae, q. 27, art. 7).

Si nous la considérions en elle-même, et dans les effets surnaturels qui lui sont propres, la charité nous apparaîtrait surtout comme chargée des deux fruits les | plus beaux qu'elle puisse produire, la joie **263** spirituelle pure de toute tristesse que confère la présence du bien aimé, et la paix parfaite, que tout désire, mais qui ne se trouve qu'en Dieu (q. 28, art. 1, et q. 29, art. 3). Simples moralistes, nous devons la considérer dans ces transformations qu'elle impose de haut à notre vie morale et les effets bienfaisants qu'elle y produit.

Le terrain d'élection sur lequel s'exerce son influence, lorsqu'on l'envisage de ce point de vue, est celui de la miséricorde et de l'aumône, deux nouvelles occasions pour nous de préciser sur des exemples concrets la spécificité de l'ordre de la grâce et de l'ordre de la morale naturelle.

Prise en elle-même, la pitié n'est pas une vertu. Nous voulons ce qui nous est bon, et détestons naturellement ce qui nous est contraire ; placés en face du mal dont souffre notre prochain, nous éprouvons donc une impression pénible, et même douloureuse, parce que notre prochain est une partie de nous-mêmes et que nous nous sentons indirectement lésés par le mal dont il souffre. À proprement parler, la pitié n'est donc rien d'autre qu'une passion de l'âme et c'est ce que confirme le caractère subit, involontaire et irréfléchi de cette impression lorsque nous la ressentons. Mais le mouvement involontaire qui nous trouble et qui peut même nous incliner à quelque geste spontané de miséricorde se trouve recueilli dans certaines âmes par la raison qui le juge, l'ordonne et le justifie ; il devient alors une des formes particulières de la vertu de justice, et cette miséricorde raisonnée nous engage à rétablir le malheureux dans les biens auxquels il a droit

quoique l'injustice du sort l'en ait privé (IIa IIae, q. 30, art. 3). Or, la
charité surnaturelle fait bien plus encore, et tout autre chose ; car elle
recueille à son tour cette vertu, ou même cette simple passion de l'âme
naturellement bonne (*ibid.*, ad 4), et elle en fait l'œuvre chrétienne par
excellence en ce qui concerne les devoirs de l'homme à l'égard du
prochain. Certes, la charité de l'homme pour Dieu domine la vie
264 chrétienne tout entière, mais immédiatement au-dessous de | l'amour
de Dieu se place l'amour du prochain en Dieu, et par conséquent aussi
la vertu chrétienne de miséricorde, qui porte remède aux maux que
souffrent les hommes, pour l'amour de Dieu (*ibid.*, art. 4, ad 1).

C'est dire par là même que la bienfaisance et l'aumône, effets et
manifestations extérieures de la charité, suivent la miséricorde dans
les transformations que la grâce lui impose. Faire du bien à ceux que
nous aimons est un geste naturel, car nous les incluons, en tant que
nous les aimons, dans l'amour que nous nous portons à nous-mêmes ;
mais la raison fait de ce sentiment une vertu en le réglant et en veillant
à ce que nos bienfaits s'adressent d'abord à nos plus proches ; entendant par là, que nous devons accorder d'abord à chacun les bienfaits
relatifs à l'ordre selon lequel il nous est immédiatement conjoint : à
nos parents, ceux de la vie de famille ; à nos concitoyens, ceux de la vie
civile, et ainsi des autres (voir p. 222-223 et IIa IIae, q. 31, art. 3). Mais
la bienfaisance ne reçoit sa pleine valeur qu'en se subordonnant à la
plus haute des vertus surnaturelles, et ce n'est pas sans raison que
l'acte de donner l'aumône, qui en est la matérialisation concrète,
s'appelle communément faire la charité. L'aumône, prise avec la tota-
lité des éléments qui la définissent, consiste en effet à donner quelque
chose aux pauvres, par compassion, et pour l'amour de Dieu (*ibid.*,
q. 32, art. 1). Aumônes corporelles, qui se réalisent dans les sept œuvres
de miséricorde et remédient à la pauvreté du corps ; aumônes spiri-
tuelles, qui se réalisent dans la prière pour l'âme du prochain, l'enseignement qui comble la pauvreté de son intellect spéculatif, le conseil
qui guide l'incertitude de son intellect pratique, la consolation qui
soulage les tristesses que ses passions engendrent, la correction
fraternelle enfin, qui le reprend affectueusement de ses fautes pour
l'en corriger (*ibid.*, q. 32, art. 2). Là encore, l'ordre et la discrétion

s'imposent, et c'est la raison qui les introduit. Il est clair par exemple que l'aumône spirituelle vaut mieux que l'aumône matérielle, absolument parlant; on ne commettra cependant pas la sottise de secourir un homme qui meurt de faim | en lui enseignant la philosophie : *magis* **265** *est pascendus moriens quam docendus*; il est également clair qu'on doit secourir tous les indigents que l'on peut secourir, en prenant sur son superflu, et même sur ce que l'on considère parfois avec trop d'indulgence comme son nécessaire, mais que cependant un choix judicieux s'impose en tenant compte de toutes les circonstances données. Ce qui demeure commun à tous ces actes d'aumône, c'est l'amour de Dieu qui les anime, et qui transfigure de simples mouvements de notre pitié naturelle en actes méritoires de charité.

LA PRUDENCE

La prudence, nous le rappelons (voir p. 163), est une vertu cardinale dont le siège est dans la raison pratique, et grâce à laquelle nous sommes capables de déterminer quels moyens la volonté doit choisir pour atteindre sa fin. C'est donc à elle qu'incombe la charge de guider les démarches des trois autres vertus, car elle dicte à chacune ce qu'il faut faire pour agir conformément à la raison (IIa IIae, q. 47, art. 7). Si nous la considérons, ainsi que nous avons désormais à le faire, dans son activité concrète, elle nous apparaît comme se manifestant par une série de qualités intellectuelles qui en constituent, pour ainsi dire, les parties intégrantes.

L'homme prudent est d'abord un homme qui sait se souvenir, car la prudence est fondée sur l'expérience, et l'expérience se réduit au trésor des souvenirs grâce auxquels nous pouvons faire bénéficier notre vie présente des enseignements de notre vie passée. La mémoire dont il est ici question n'est évidemment pas la simple faculté de se souvenir, encore que celle-ci en constitue la base ; elle est bien plutôt l'art de conserver avec soin des souvenirs que l'on pourra plus tard avoir besoin de consulter. La vertu de prudence ne néglige rien de ce qui peut faciliter et régler nos opérations, pas même les procédés mnémotechniques à l'aide desquels nous fixons plus aisément nos souvenirs : associer à des images sensibles, qui se retiennent facilement | parce que le sensible est l'objet propre de notre connaissance, **267** les idées abstraites qui se retiendraient difficilement seules ; mettre nos idées en ordre, de manière à retrouver nos souvenirs en passant des uns aux autres ; y réfléchir et les méditer lorsque leur importance est telle que nous voulons les conserver, c'est-à-dire, d'une part, les imprimer fortement en nous par un effort initial d'attention, et d'autre part y revenir souvent pour entretenir leur souvenir en les évoquant (IIa IIae, q. 49, art. 1). En outre, l'intelligence joue nécessairement un rôle dans la vertu de prudence. Ici encore, ce n'est plus de l'intellect, puissance de l'âme par laquelle nous percevons les principes premiers de la connaissance, qu'il s'agit, mais d'une certaine qualité de l'intellect. En tant que faculté de l'âme, l'intellect pose les principes universels qui deviennent les majeures de nos syllogismes moraux : *il ne faut faire de mal à personne* ; mais la prudence a pour objet de déterminer ce qu'il faut faire dans tel cas particulier pour ne pas faire de mal à quelqu'un ; le difficile est donc de trouver la mineure du syllogisme, le *or ce serait faire du mal...*, dans le cas particulier où nous sommes placés ; en un mot, et conformément à notre définition de la prudence, c'est à elle de trouver le moyen grâce auquel, dans un cas donné, la fin générale qui est de ne jamais faire de mal se trouvera réalisée. Voilà pourquoi la prudence requiert une certaine qualité divinatrice de l'intellect, qui lui permettra de formuler correctement le *principe particulier* de l'action morale dans chaque circonstance déterminée. Bien plus, il y a là autre chose qu'une aptitude naturelle, il y a une habileté spéciale à acquérir, comme une sorte d'entraînement à découvrir le moyen qui s'impose dans chaque cas particulier (*ibid.*, art. 4). Pour acquérir ces qualités, celui qui veut devenir prudent ne négligera donc aucun moyen : il sera docile et toujours prêt à s'instruire auprès des mieux informés (art. 3) ; il apprendra l'art de bien raisonner pour ne pas errer dans ses délibérations (art. 5) ; il sera circonspect, pour tenir **268** compte de toutes les circonstances (art. 7) et | usera de précaution pour ne laisser rien de mauvais s'introduire dans son acte ; mais surtout, et c'est là le grand art de l'homme prudent, il saura prévoir l'avenir. Prévision bien hasardeuse, puisqu'elle porte sur des futurs contingents et qu'il est impossible d'en faire une science, mais si nécessaire que son nom même est en quelque sorte identique à celui de la vertu qu'elle sert ; prudence, c'est prévoyance, c'est-à-dire prévision de la manière dont actes et événements vont se dérouler entre le moment où la fin est voulue et celui où elle sera atteinte grâce aux moyens que la prudence vient de choisir (art. 6, Concl. et ad 1).

Considérons maintenant cette vertu à l'œuvre dans le vaste domaine qui lui appartient. Nul ne doute qu'elle ne soit chez elle lorsqu'elle entreprend de régler la vie morale individuelle, puisque c'est sa fonction propre, et par conséquent saint Thomas n'y insistera pas; mais il importe au contraire de mettre en évidence l'extension remarquable qui soumet à son contrôle la vie sociale tout entière, et il importe plus encore de comprendre pourquoi la prudence devient une vertu de plus en plus parfaite à mesure que son champ d'action se développe et que son autorité s'étend. On le concevra clairement lorsqu'on aura réfléchi d'abord à ce qu'est la vertu de bien gouverner, et spécialement à ce qu'est la vertu de bien exercer l'autorité dans la forme de gouvernement la meilleure de toutes, la royauté.

Il appartient à la prudence de régner et de prescrire, et c'est pourquoi chaque manière spéciale de gouverner et de prescrire comporte une espèce correspondante de prudence. Or il est manifeste que celui dont la fonction est de régner, non seulement sur lui-même, mais encore sur ces communautés parfaites que sont une cité ou un royaume, exerce le gouvernement sous une forme spéciale et | parfaite. Un gouvernement, en effet, est **269** d'autant plus parfait qu'il est plus universel, s'étend à plus de choses et atteint une fin plus éloignée; ainsi donc, la prudence convient au roi, dont c'est l'office que de régner sur la cité ou sur le royaume, d'une manière spéciale et très parfaite, et c'est pourquoi l'on considère que c'est une espèce de la prudence que de savoir régner (*ST*, IIa IIae, q. 50, art. 1).

Mais c'en est une aussi, et non des moindres, que de savoir obéir au gouvernement et de s'y soumettre librement en vue du bien de l'état; on nomme cette vertu: vertu politique, et elle est la vertu propre des sujets comme la précédente était la vertu propre des rois:

Les mouvements du serf obéissent aux ordres de son seigneur et il est soumis à celui qui le commande, mais pas de la manière dont les êtres dépourvus de raison et les êtres inanimés sont mus par ce qui les meut. Les êtres inanimés et les êtres dépourvus de raison sont en effet simplement agis par les autres, parce qu'ils n'exercent pas sur leurs actes la maîtrise que confère le libre arbitre ; aussi la rectitude de leur gouvernement ne réside-t-elle pas en eux-mêmes, mais seulement en ceux qui les meuvent. Des hommes au contraire, qu'ils soient serfs ou sujets à un titre quelconque, sont agis par les prescriptions des autres, mais de telle | manière qu'ils agissent aussi sur eux-mêmes par leur libre arbitre ; c'est pourquoi une certaine rectitude dans la manière de se gouverner est requise chez eux pour qu'ils se dirigent d'eux-mêmes dans la voie de l'obéissance à leurs princes, et c'est à quoi se rapporte l'espèce de la prudence à laquelle on donne le nom de *politique* (*ST*, IIa IIae, q. 50, art. 2).

Cette vertu cardinale peut et doit d'ailleurs se particulariser encore pour embrasser jusqu'au détail des objets qui rentrent dans son domaine :

C'est en effet la nature de l'objet qui, selon qu'on le considère en général ou en particulier, en tout ou en partie, diversifie les arts et les vertus ; et c'est à son tour cette diversité qui fait que telle vertu prime telle autre. Or, il est manifeste qu'une famille est intermédiaire entre une seule personne particulière et une cité ou un royaume, car de même qu'une seule personne particulière est une partie de sa famille, de même une famille est une partie de sa cité ou de son royaume ; et puisque nous avons distingué la prudence en général, par laquelle un seul se gouverne, de la prudence politique, il faut nécessairement que l'économie domestique se distingue de toutes deux (*ST*, IIa IIae, q. 50, art. 3).

Pour la même raison, nous ajouterons une dernière | espèce aux **271** trois espèces de prudence précédentes : celle du chef d'armée :

Les opérations de l'art et de la raison doivent être conformes à celles de la nature qui ont été instituées par la raison divine ; or la nature tend à deux choses : premièrement, à régir chaque chose prise en elle-même ; deuxièmement, à résister à ce qui l'attaque du dehors et peut la détruire. C'est à cause de cela que la nature n'a pas donné seulement aux animaux la faculté concupiscible qui les meut vers les objets propres à les conserver, mais encore l'irascible, grâce auquel l'animal résiste contre ses ennemis (voir p. 107). Voilà aussi pourquoi les opérations qui obéissent à la raison, ne doivent pas mettre en œuvre seulement la prudence politique pour disposer convenablement ce que requiert le bien commun, mais en outre la prudence militaire, pour repousser les assauts des ennemis (*ST*, IIa IIae, q. 50, art. 4).

À la prudence ainsi considérée dans ses diverses parties s'adjoignent trois vertus étroitement connexes, dont nous devons assigner ici la place et qu'il nous faut étudier en particulier. D'abord, la vertu que l'on peut appeler *vertu de bon conseil*, c'est-à-dire : qui nous rend capables de bien délibérer ; elle se subordonne immédiatement à la prudence, mais ne se confond pas avec elle :

L'objet propre auquel se rapporte la vertu, c'est l'acte qu'elle rend bon ; c'est pourquoi, | à des actes différents, **272** doivent correspondre des vertus différentes, surtout lorsque ce n'est pas pour la même raison que ces actes sont bons. Si en effet la même raison de bonté se rencontrait en eux, ces actes différents relèveraient de la même vertu ; c'est ainsi que la

bonté d'un amour, d'un désir, d'une joie, dépendent de la
même chose, et relèvent par conséquent de la même vertu de
charité. Mais les actes de la raison diffèrent entre eux comme
ce qu'ils produisent et ne sont pas bons pour la même raison ;
autre en effet est la raison qui rend un homme capable de délibérer, autre celle qui le rend capable de bien juger, autre encore
celle qui le rend capable de bien prescrire, et la preuve manifeste en est que ces diverses qualités se trouvent quelquefois
séparées les unes des autres. Il doit donc y avoir une vertu de
bon conseil, qui rende l'homme capable de bien délibérer, et
une autre vertu, la prudence, qui rende l'homme capable de
bien prescrire ; et comme on ne délibère qu'en vue de prescrire,
ce qui est la fin principale, le bon conseil est ordonné en vue
de la prudence comme en vue d'une vertu supérieure et sans
laquelle elle ne serait pas même une vertu, pas plus que les
vertus morales sans la prudence, ni aucune vertu sans la charité
(*ST*, IIa IIae, q. 51, art. 2, Concl.).

273 | Le vice opposé à la prudence en général est celui que l'on nomme
l'imprudence, et le vice opposé au bon conseil en particulier, et celui
qui constitue la cause la plus fréquente de trouble et d'erreur dans
la délibération : la *précipitation*. Cette expression n'est sans doute
qu'une métaphore empruntée à l'ordre sensible pour exprimer un
mouvement purement intérieur, mais elle est expressive. Se précipi-
ter, c'est, littéralement, se jeter dans un précipice, c'est-à-dire tomber
au lieu de descendre degrés par degrés :

Or le sommet de l'âme est la raison ; le bas, c'est l'opération effectuée par le corps ; les degrés intermédiaires qu'il faut
descendre en ordre sont : la mémoire du passé, l'intelligence
du présent, l'habileté à prévoir l'avenir, le raisonnement qui
compare l'un à l'autre, la docilité par laquelle on accède au
sentiment de ses aînés. Voilà les degrés par lesquels celui qui

délibère bien descend vers son acte ; mais celui qui se laisse emporter à agir par l'entraînement de sa volonté ou de sa passion, en négligeant les degrés intermédiaires, fait preuve de précipitation ; et puisque le désordre dans la délibération est un acte d'imprudence, il est manifeste que le vice de précipitation est contenu sous l'imprudence (*ST*, IIa IIae, q. 53, art. 3).

Mais en descendant ainsi dans le détail des opérations subordonnées à la vertu de prudence ; nous constatons la nécessité de renforcer par une vertu annexe une opération plus immédiatement importante encore que la délibération : le jugement, en raison duquel la | prudence va prescrire, et qui clôt la délibération. Ce jugement n'est **274** pas celui par lequel nous concluons les spéculations abstraites dans l'ordre des sciences, mais celui par lequel nous décidons de ce qu'il faut faire dans un cas particulier ; l'expérience montre surabondamment que beaucoup de savants sont dépourvus de bon sens, et c'est donc bien là d'une vertu spécifiquement distincte qu'il s'agit :

Le bon sens confère la droiture du jugement, non dans l'ordre spéculatif, mais dans les actions particulières sur lesquelles porte la prudence ; c'est pourquoi l'on donne en grec le nom de σύνετοι à ceux qui possèdent cette vertu (*synesis*, en latin), c'est-à-dire de gens sensés, ou encore d'εὐσύνετοι, c'est-à-dire d'hommes de bon sens ; de même qu'au contraire ceux qui sont privés de cette vertu sont appelés ἀσύνετοι, c'est-à-dire insensés. Or il faut qu'à des actes différents, et qui ne dépendent pas de la même cause, correspondent des vertus différentes ; et il est en outre manifeste que la bonne qualité de la délibération et la bonne qualité du jugement ne dépendent pas de la même cause, puisqu'il y a beaucoup de gens qui délibèrent bien et qui ne sont cependant pas bien sensés, c'est-à-dire capables de bien juger. Il en est ici comme dans les sciences spéculatives ; certains sont bons pour la recherche parce que leur raison est prompte à discourir en tous sens,

probablement par une disposition naturelle de leur faculté
275 d'imaginer qui peut former facilement | des images diffé-
rentes, et cependant ils ne sont pas toujours capables de bien
juger, à cause d'un défaut de l'intellect qui résulte principalement de la mauvaise disposition de leur sens commun qui
juge mal. Il doit donc nécessairement y avoir, en dehors du bon
conseil, une autre vertu, qui est celle de bien juger et que l'on
nomme le bon sens (*ST*, IIa IIae, q. 51, art. 3, Concl.).

Le vice opposé à cette vertu est le même que celui qui s'oppose à
la troisième vertu connexe de la prudence, la perspicacité. Cette
dernière vertu porte en effet sur le jugement, comme le bon sens, mais
c'est un jugement qui doit s'exercer dans des circonstances exception-
nelles et où, par conséquent, le simple bon sens ne suffit plus. La
nature agit selon des règles fixes, et celui qui prédit le développement
d'un germe a raison de prédire que ce développement se fera normalement; cependant, parfois, il se trompe, et c'est un monstre impré-
visible qui naît. Or, celui qui aurait pu juger, non plus du point de vue
des lois ordinaires de la nature, mais du point de vue de la providence
divine, aurait compris que cette dérogation aux lois ordinaires devait
se produire en accord avec des lois plus universelles qui ne sont
connues que de Dieu. L'homme de bon sens est cet homme qui sait
juger des situations ordinaires de la vie morale en invoquant les règles
normales de la conduite; mais il existe des situations anormales, où
des dérogations aux règles habituelles de la conduite sont requises
pour satisfaire à des lois supérieures et plus universelles, et c'est la
vertu de perspicacité qui permet au jugement de discerner ces lois (*ST*,
IIa IIae, q. 51, art. 4). Le vice qui s'oppose à la fois au bon sens et à la
perspicacité est l'inconsidération, c'est-à-dire la négligence à consi-
276 dérer ce qu'il était de notre devoir de prendre en considération | pour
porter un jugement droit (q. 53, art. 4).

Tous les défauts dont nous avons parlé menaçaient les diverses
opérations qui nous ont semblé requises pour mener à bien le jugement
que doit porter un homme prudent; mais la prudence n'a pas pour fin
propre de juger, elle ne juge que pour prescrire, et prescrire même ne

suffit pas, il faut en outre se tenir à ce que l'on a prescrit ; ici encore, un vice menacera donc la prudence, et, cette fois, dans la permanence même de son acte propre. C'est l'inconstance :

L'inconstance consiste à renier le bon propos auquel on s'est fixé, et le principe d'un reniement de ce genre est toujours dans la faculté appétitive, car on ne renie le bien que l'on s'était d'abord proposé qu'à cause du plaisir désordonné que l'on prend à quelque objet ; mais ce reniement ne se trouve consommé que par une faute de la raison, faute qui consiste en ce qu'elle répudie ce qu'elle avait d'abord légitimement accepté. Or, qu'elle ne résiste pas à l'entraînement des passions alors qu'elle pourrait le faire, cela provient de la faiblesse d'une raison qui ne s'en tient pas fermement au bon propos qu'elle avait conçu, et ainsi, envisagée quant au reniement qui la consomme, l'inconstance relève d'un défaut de la raison. Mais puisque toute rectitude de la raison pratique relève en un sens quelconque de la prudence, tout manque de cette rectitude relève corrélativement de l'imprudence, et c'est pourquoi, lorsqu'on l'envisage quant à ce qui la consomme, l'inconstance relève de l'imprudence. De même donc que | la précipi- **277** tation naît d'un défaut dans l'acte de délibérer et l'irréflexion d'un défaut dans l'acte de juger, de même aussi l'inconstance naît d'un défaut dans l'acte de prescrire, car on donne le nom d'inconstant à celui dont la raison manque à prescrire ce qui est délibéré et jugé (*ST*, IIa IIae, q. 53, art. 5, Concl.).

Reste enfin à considérer, pour achever l'étude pratique de la prudence, toute une série de vices qui consistent beaucoup moins à la contrarier directement qu'à l'imiter et, pour ainsi dire, à la parodier. Il suffira de nommer, par exemple, la prudence de la chair, pour que l'on conçoive immédiatement quelle déformation ce vice fait subir à la vertu de prudence en ordonnant tous nos actes en vue du bien du corps au lieu de les ordonner comme ferait la prudence en vue du Souverain

Bien (*ibid.*, q. 55, art. 1). Mais il est d'autres vices dont on découvre moins aisément quel déguisement ils imposent à la prudence, par exemple l'astuce et la ruse :

> L'astuce consiste à emprunter des voies qui ne sont pas sincères, mais simulées et apparentes, en vue de poursuivre une fin quelconque, bonne ou mauvaise. Or le fait d'emprunter de telles voies peut être envisagé à deux points de vue. On peut d'abord considérer l'invention même de ces voies, et elle appartient en propre à l'astuce de la même manière que l'invention des voies droites qui conduisent à une fin légitime appartient à la prudence. On peut ensuite considérer dans l'invention de ces voies ce qu'il faut faire pour les mettre à exécution, et c'est là le fait de la ruse. La ruse est donc en quelque sorte la | mise à exécution de l'astuce, à laquelle par là même elle appartient (*ST*, IIa IIae, q. 55, art. 4, Concl.).

278

La fraude rentrerait à son tour dans la même catégorie, n'étant qu'une variété particulière de la ruse. On peut en effet donner le nom de ruse à tout procédé pour mettre l'astuce à exécution, qu'il s'agisse de paroles ou d'actions ; le nom de fraude désigne plus proprement une ruse qui se traduit en actes (art. 5), mais elle reste une ruse et demeure justiciable de la même définition. Il est par contre plus difficile de marquer la différence entre la vraie vertu de prudence et le simple souci des choses temporelles qui lui ressemble par certains de ses aspects :

> Un souci suppose une certaine peine que l'on prend pour acquérir quelque chose ; or on y dépense manifestement plus de peine lorsqu'on a peur de la manquer, et c'est ce qui fait que, lorsqu'on est certain de l'acquérir, le souci que l'on éprouve est moindre. Ceci posé, le souci des choses temporelles peut être illicite pour trois raisons. Premièrement, du point de vue des objets pour lesquels nous éprouvons ce souci, c'est-à-dire lorsque nous poursuivons les choses temporelles comme notre

fin; et c'est en ce sens qu'Augustin déclare dans son livre *Sur les œuvres monastiques* (chap. XXVI): «Lorsque le Seigneur dit: *N'ayez point souci de votre nourriture ni de votre vêtement*, il nous le dit afin que nous n'ayons pas ces choses pour objet et que nous ne fassions pas pour l'amour d'elles tout ce | que la prédication de l'Évangile nous ordonne de faire». **279** Deuxièmement le souci des choses temporelles peut devenir illicite en raison de l'excès de peine que nous dépensons pour les acquérir et qui nous détourne des choses spirituelles auxquelles nous devons avant tout nous consacrer; et c'est pourquoi saint Matthieu nous dit (XIII, 22) que *le souci du monde étouffe la parole de Dieu*. Troisièmement, il peut y avoir excès de crainte, lorsqu'un homme craint que, s'il ne fait pas ce qu'il doit, il ne vienne à manquer du nécessaire; car cette crainte est triplement exclue par le Seigneur: d'abord en ce qu'il nous a déjà donné des biens beaucoup plus grands sans que nous ayons eu à nous en soucier, à savoir notre corps et notre âme; ensuite en ce que Dieu subvient aux besoins des plantes et des animaux, sans le concours de l'homme, et selon ce qui convient à leur nature; enfin par la providence divine, dont l'ignorance seule induit les païens à mettre leur principal souci dans la recherche des biens temporels. Et c'est pourquoi saint Augustin conclut (*ibid.*, chap. XXVII, fin), que nous devons nous soucier avant tout des biens spirituels dans l'espérance que les biens temporels nécessaires nous seront donnés par surcroît si nous faisons ce que nous devons (*ST*, IIa IIae, q. 55, art. 6, Concl.).

Par là se trouve en même temps résolue la question de savoir si nous devons nous soucier du lendemain:

| Aucun acte ne peut être considéré comme vertueux **280** s'il ne s'entoure des circonstances voulues. Or l'une de ces

circonstances est le temps convenable, selon cette parole de l'*Ecclésiaste* (VIII, 6) : *En toute chose, il y a un temps et une opportunité.* Et cela n'est pas vrai seulement dans les actions extérieures, mais s'applique également aux soucis du dedans. À chaque temps en effet convient le souci qui lui est propre : à l'été convient celui de la moisson, et à l'automne même convient celui de la vendange, si bien que se préoccuper de la vendange dès le temps de l'été serait se charger inutilement d'un souci qui regarde le temps à venir. Et c'est aussi pourquoi le Seigneur interdit comme superflue cette sollicitude, en nous disant (*Matth.* VI, 34) : *Ne vous souciez pas du lendemain* ; à quoi il ajoute (*ibid.*) : *demain se souciera de lui-même,* c'est-à-dire : il aura son souci propre et qui suffira pour affliger l'esprit, comme l'indique la parole suivante (*Matth.* VI, 34) : *À chaque jour suffit son mal,* c'est-à-dire l'affliction qui apporte le souci (*ST*, IIa IIae, q. 55, art. 7, Concl.).

LA JUSTICE

L'objet propre de la justice (*justitia*) est ce qui est juste (*justum*) c'est-à-dire, en fin de compte, ce qu'exige le droit (*jus*). Le droit que vise la justice se divise en droit naturel et droit positif. Pour que la justice soit satisfaite, il faut en effet qu'elle assure le respect de l'égalité entre des personnes différentes intéressées par un même acte. Or cette égalité peut être de deux sortes. Supposons, par exemple, qu'il s'agisse d'échanger des produits ; on pourra d'abord régler l'échange en ne tenant compte que de la nature même des produits échangés, chacun donnant juste autant qu'il reçoit, et ce sera le droit naturel ; mais on pourra régler l'échange en invoquant un pacte, ou convention, soit privé, soit public et promulgué par le Prince, et ce sera un cas de droit positif (*ST*, IIa IIae, q. 57, art. 2).

La loi écrite n'est rien d'autre que la formule de ces deux droits, encore que le code soutienne un rapport différent avec l'un et l'autre ; le code contient en effet le droit naturel, mais il ne l'institue pas, et ce n'est pas alors de la loi qu'il tient sa force, mais de la nature ; quant au droit positif, non seulement il le contient, mais il lui donne en outre force de loi et l'institue (*ibid.*, q. 60, art. 5, Concl.).

Quelle que soit la nature du droit considéré, on devra dire avec les juristes que la justice est « la volonté perpétuelle et constante d'attribuer à chacun son droit » (*ibid.*, q. 58, art. 1). Étant une volonté réglée par la raison, et douée d'une disposition stable à bien agir, elle est | manifestement une vertu, comme nous l'avons d'ailleurs **282** précédemment établi ; elle est même, pourrions-nous dire, une vertu en quelque sorte générale, puisque nous l'avons vue chargée de déterminer le juste milieu dans toutes les actions qui portent sur les choses extérieures (voir plus haut, p. 146. Cf. *ST*, IIa IIae, q. 58, art. 5 et 6), mais elle n'en conserve pas moins son objet propre puisqu'elle vise au maintien du droit, c'est-à-dire de l'égalité naturelle ou positive qui doit régler les rapports des hommes entre eux.

À la vertu de justice s'oppose le vice de l'injustice qui en constitue point pour point la négation. En tant que la justice règle conformément aux exigences du droit les rapports de l'individu avec la cité et le subordonne au bien commun, elle reçoit le nom de justice légale ; le vice qui la nie prend donc le nom contraire d'illégalité. En tant que la justice règle conformément aux exigences du droit les rapports des individus entre eux à l'intérieur de la cité, elle reçoit le nom de justice particulière ; le vice qui la nie prend alors le nom d'injustice pure et simple, et c'est par elle que chacun veut avoir plus de biens, qu'il s'agisse de richesses ou d'honneurs, et moins de peines, qu'il s'agisse de charges ou de travaux, que la juste part à laquelle il a droit (*ibid.*, q. 59, art. 1). On observera que les vices étant, ainsi que les vertus auxquelles ils s'opposent, des dispositions stables à agir d'une certaine manière, on ne considérera pas comme un homme proprement injuste celui qui aurait donné aux autres plus ou moins que leur droit par simple inadvertance ou sous le coup d'une colère qui trouble momentanément son jugement. L'homme taré par le vice d'injustice est celui qui choisit volontairement une inégalité contraire au droit, comme celui qui manifeste la vertu de justice est celui qui choisit volontairement l'égalité conforme au droit ; car celui qui choisit volontairement l'injustice ne la choisit que parce qu'elle lui plaît, et elle ne lui plaît que parce qu'elle est devenue chez lui une habitude, donc un vice (*ibid.*, art. 2). Mais elle est alors un vice grave, qui nie la loi naturelle en même temps que la loi de Dieu même et, par le seul fait qu'elle tend au mal du prochain, ruine en nous la charité, clef de voûte de l'édifice entier des vertus.

283 |

De même que l'objet propre de la justice est le droit, l'acte propre de la justice est de dire quel est le droit, en un mot, de juger. Mais pour qu'un jugement soit licite, il doit satisfaire à trois conditions fonda-mentales : procéder d'une inclination juste, provenir de quelqu'un qui ait autorité pour le porter, être proféré selon la droite raison que guide la prudence. Que si l'une quelconque de ces trois conditions vient à faire défaut, le jugement doit être considéré comme vicieux et illicite. S'il pèche pour avoir contredit la rectitude de la justice, c'est un jugement pervers et injuste ; s'il pèche par faute d'autorité de la part de celui qui l'a porté, c'est un jugement usurpé ; s'il pèche enfin pour avoir été porté dans des matières obscures, sur la foi de simples conjectures et sans fondement suffisant, c'est un jugement téméraire (*ST*, IIa IIae, q. 60, art. 2) ou, comme l'on dit encore, un simple soupçon. Rien de plus commun que ce dernier genre d'injustice, mais rien de plus complexe aussi que les causes dont il provient :

Il y a soupçon, comme le dit Cicéron, lorsqu'il y a opinion d'un mal fondée sur de légers indices, et cette opinion peut naître pour trois sortes de raisons. Premièrement, parce que celui qui la forme est en lui-même mauvais et, ne faisant en quelque sorte que prendre conscience de sa propre malice, pense aisément du mal des autres ; c'est ce que dit l'*Ecclésiaste* (X, 3) : *quand un fou se promène sur la route, étant insensé lui-même, il considère tous ceux qu'il rencontre comme fous.* Deuxièmement, parce que celui qui porte ce jugement est mal disposé à l'égard d'autrui ; dès | lors en effet que l'on méprise **284** ou que l'on hait quelqu'un, que l'on est en colère contre lui ou qu'on l'envie, de légers signes suffisent pour que l'on en pense du mal, parce que chacun croit aisément ce qu'il désire. Troisièmement, un tel jugement peut être suggéré par une longue expérience, et c'est pourquoi le Philosophe nous dit au livre II de la *Rhétorique*, chap. XIII, 1389b21, que les vieillards sont extrêmement soupçonneux parce qu'ils ont maintes fois éprouvé les défauts des autres. De ces causes qui engendrent le soupçon, les deux premières relèvent manifestement d'une perversité de sentiment, au lieu que la troisième diminue plutôt le caractère soupçonneux des jugements, parce que l'expérience est favorable à la certitude et que la certitude est contraire à la nature du soupçon. C'est pourquoi le soupçon ne va jamais sans quelque vice, et plus le soupçon s'étend, plus il est vicieux. Or on peut distinguer trois degrés de suspicion. Au premier degré, on commence par douter de la vertu de quelqu'un sur de légers indices ; c'est un péché véniel et peu grave qui rentre dans ces tentations humaines sans lesquelles la vie ne saurait se passer, ainsi que le dit la Glose ordinaire à propos de ce texte de la Ire *Épître aux Corinthiens* (IV, 5) : *Ne juguez pas avant le temps*. Au deuxième degré, on considère la

285 méchanceté d'autrui comme certaine en ne se | fondant que sur de légers indices, et s'il s'agit alors d'une matière grave, c'est un péché mortel, parce qu'un tel soupçon ne va pas sans le mépris du prochain ; c'est pourquoi la même Glose ajoute : « Si donc nous ne pouvons éviter de concevoir des soupçons, parce que nous sommes hommes, nos jugements du moins, c'est-à-dire nos assertions définitives et fermes, nous devons les contenir ». Le troisième degré consiste en ce qu'un juge procède à condamner quelqu'un sur un simple soupçon, ce qui contredit directement la justice et constitue par conséquent un péché mortel (*ST*, IIa IIae, q. 60, art. 3).

La justice étant ainsi définie en elle-même, nous abordons l'étude des parties qui la constituent, c'est-à-dire, tout d'abord l'étude de ses deux espèces principales : la justice commutative et la justice distributive ; ensuite l'étude des vertus connexes de la justice, et qui la complètent.

I. Justice commutative et justice distributive

La distinction entre ces deux espèces fondamentales de la justice se rattache étroitement à la distinction que nous avons établie entre la justice légale et la justice particulière. La justice particulière vise en effet une personne privée, qui n'occupe d'autre place dans la communauté que celle qu'occupe une partie quelconque à l'intérieur d'un tout. Or si l'on considère l'une de ces parties par rapport à une autre partie, on voit naître un simple rapport entre deux personnes privées, et les | rapports de ce genre sont régis par la justice commutative, **286** régulatrice des échanges qui s'établissent entre deux individus. Mais on peut considérer au contraire l'ordre qui s'établit entre le tout et ses parties, c'est-à-dire l'ordre qui répartit entre les différents individus ce qui leur appartient en commun; les rapports de ce genre sont régis par la justice distributive, qui veille à ce que chaque membre de la communauté reçoive la part proportionnelle des biens communs à laquelle il a droit (*ST*, IIa IIae, q. 61, art. 1, Concl.). Dans l'un et l'autre cas la justice demeure fidèle à sa fonction propre, qui est d'assurer le juste milieu et de maintenir l'égalité entre les deux parties en présence, mais cette égalité n'est pas de même nature selon qu'il s'agit de justice commutative ou de justice distributive :

La justice distributive consiste à donner quelque chose à une personne privée en vertu de ce principe que ce qui appartient au tout est dû à sa partie; et ce qu'on lui donne est naturellement d'autant plus grand qu'elle occupe elle-même une place plus importante dans le tout; c'est pourquoi, du point de vue de la justice distributive, on attribue à chacun une part des biens de la collectivité d'autant plus grande qu'il occupe dans cette collectivité un rang plus éminent, soit sous le rapport de la vertu s'il s'agit d'une aristocratie, soit sous le rapport des richesses s'il s'agit d'une oligarchie, soit sous le rapport de la liberté s'il s'agit d'une démocratie, et ainsi de suite pour chacun des autres régimes. Il résulte de là que, lorsqu'on se tient dans

287 l'ordre de la justice distributive, on ne fait pas consister | le juste milieu dans l'égalité d'une chose avec une autre chose, mais dans une certaine proportion entre les choses et les personnes, de telle manière que ce que l'on donne à une personne l'emporte sur ce que l'on donne à une autre d'autant que cette personne l'emporte sur l'autre. C'est ce qu'Aristote veut exprimer (*Éthique*, l. V, chap. III, 1131a29), en disant que le milieu consiste alors dans une *proportion géométrique*, dont l'égalité ne réside par conséquent pas dans la quantité, mais dans sa proportion. Ainsi, nous disons que six est à quatre comme trois est à deux parce que, dans les deux cas, la proportion est de un et demi, le grand nombre contenant le petit tout entier, plus sa moitié ; il n'y a cependant pas alors égalité entre les quantités dont chacun des grands nombres dépasse le petit, puisque quatre est deux de plus que deux, tandis que trois ne dépasse deux que d'un.

Lorsqu'on se place au contraire au point de vue des échanges, ou commutations, on rend quelque chose à une personne particulière en tenant compte d'une autre chose que l'on en a reçue. L'exemple le plus clair est celui d'un achat, ou d'une vente, qui réalisent de la manière la plus immédiate la définition de l'échange. Il faut donc obtenir en pareil cas l'égalité des deux choses et s'y prendre de telle façon que celui qui **288** détient du bien d'un autre une part | supérieure à celle qu'il doit posséder lui rende exactement la part qui lui revient. L'égalité qui s'établit alors est donc celle d'une *moyenne arithmétique*, c'est-à-dire dont l'écart par rapport aux deux quantités extrêmes est le même ; cinq, par exemple, est la moyenne arithmétique entre six et quatre, car il dépasse quatre et est dépassé par six d'une unité ; si donc, pour commencer, deux personnes ont cinq, et que l'une d'elles reçoive un de ce qui appartient à l'autre, l'une d'elles (celle qui reçoit) aura six, et il ne restera plus à l'autre que quatre; la justice consistera dès lors à ce que toutes deux soient ramenées à la moyenne, en enlevant un à celle qui possède six pour le donner à celle qui n'a que quatre et les ramenant l'une et l'autre à cinq, ce qui est le juste milieu (*ST*, IIa IIae, q. 61, art. 2, Concl.).

Examinons successivement les vices qui peuvent mettre en danger les vertus de justice distributive et de justice commutative. En ce qui concerne le premier genre de justice, le vice capital à éviter est celui que l'on désigne par le nom d'*acception de personnes*. La règle fondamentale de la justice distributive consiste en effet à donner à chaque membre de la communauté la part de bien qui lui revient d'après la place qu'il occupe dans cette communauté; l'acception de personne vient vicier le partage chaque fois que l'on fait entrer en ligne de compte autre chose que ce principe pour fixer la quotité qui revient à chaque individu.

Supposons par exemple qu'il s'agisse de conférer à quelqu'un la dignité et les fonctions du professeur; du point de vue de la justice distributive, cet homme n'y a | droit qu'en proportion exacte de sa **289** science, car c'est sa science, qui définit sa place dans la hiérarchie sociale par rapport à l'ordre de l'enseignement. Agir justement, en pareil cas, c'est donc ne tenir compte que de la science du candidat; faire acception de personne, au contraire, c'est considérer sa personne, c'est-à-dire tout ce qui n'est pas la seule cause légitime que l'on puisse avoir de lui conférer cette dignité: ses richesses, par exemple, ou la parenté qui nous unit à lui. On peut donc définir ici la personne, d'une manière générale, comme étant: toute condition autre que la cause légitime d'attribution du bien considéré. C'est dire que la personne varie nécessairement selon les cas, telle condition qui entraîne l'acception de personne dans un cas donné devenant au contraire légitime et même requise par la justice dans un autre: c'est faire acception de personne que de tenir compte de la parenté pour conférer une prélature, ce n'est pas faire acception de personne que d'en tenir compte pour partager un héritage, et le vice dont nous parlons n'apparaît qu'au moment où il intervient dans le partage pour en fausser la proportion

(*ST*, IIa IIae, q. 63, art. 1, Concl.). Ce n'est pas à dire, d'ailleurs, qu'il soit toujours aisé de fixer le point où ce vice intervient, car le droit qui fixe la part de l'individu au bien de la communauté est rarement chose simple. Puisque nous avons pris un cas d'honneur et de charge publique comme exemple, on notera que l'honneur est bien un témoignage rendu à la vertu de celui que l'on veut honorer, mais que les honneurs publics s'adressent souvent beaucoup moins à ce que les hommes sont qu'à ce qu'ils représentent. Un prélat, même mauvais, mérite d'être honoré comme représentant de Dieu; nos parents et nos maîtres ont droit aux honneurs, non seulement pour leur vertu propre, mais comme participants à la dignité de Celui qui est père et seigneur de toutes choses; les vieillards eux-mêmes ont droit à l'honneur, parce que la vieillesse permet de présumer au moins la vertu. Il est vrai que ce signe est parfois trompeur et que, comme le dit la *Sagesse* (IV, 8) : **290** *ce | n'est pas sa durée qui rend la vieillesse vénérable, et il ne faut pas la juger au nombre des années; l'époque de la vieillesse est celle où la vie est sans tache*. Quant aux riches, il faut les honorer à cause de la place que les richesses leur confèrent dans la communauté, car c'est cette place qui fonde la règle de la justice distributive, mais ce serait commettre une acception de personne que de prendre en considération leurs richesses elles-mêmes et de les en honorer (q. 63, art. 3).

Si nous examinons ensuite les vices opposés à la justice commutative, ils nous apparaîtront extrêmement nombreux et divers à cause des manières si différentes dont les échanges entre individus peuvent s'effectuer :

Des échanges auxquels préside la justice commutative et qui se font entre deux personnes, les uns sont volontaires, les autres sont involontaires. Il y a échange involontaire chaque fois que l'on fait usage de la chose, de la personne ou de l'œuvre d'autrui contre son gré. Le fait peut se produire tantôt en secret et par fraude, tantôt ouvertement et par violence, et, dans l'un et l'autre cas, il peut porter soit sur la chose, soit sur la personne elle-même, soit sur une personne qui lui est conjointe.

Lorsqu'il s'agit d'une chose, et que quelqu'un s'empare en secret d'un objet qui appartienne à autrui, cela s'appelle un *larcin*; s'il s'en empare ouvertement, cela se nomme un *vol*. Lorsqu'il s'agit d'une personne prise en elle-même, l'acte pourra intéresser soit son existence soit sa dignité. Son existence d'abord, comme lorsqu'on nuit à quelqu'un secrètement : en | le tuant par ruse, en le blessant ou en lui versant du **291** poison; ouvertement : par un meurtre public, par incarcération, par coups ou blessures et par mutilation d'un membre. La dignité de sa personne ensuite, comme lorsqu'on lui nuit secrètement par de faux témoignages, des diffamations qui détruisent sa réputation ou autres procédés de ce genre, et ouvertement, par accusation devant un tribunal ou insulte publique. Lorsqu'il s'agit d'une personne qui lui est conjointe, on peut nuire à quelqu'un dans son épouse, par voie d'adultère, ou dans son serviteur, en le subornant pour le détacher de son maître, actes qui se perpètrent généralement en secret, bien qu'ils puissent aussi s'accomplir ouvertement; et il en est de même pour toutes les autres personnes conjointes, sur chacune desquelles on peut commettre des injustices de toutes sortes exactement comme sur la personne principale; mais l'adultère et le détournement des serviteurs sont les injustices qui atteignent directement cette personne elle-même, avec cette seule différence que, le serviteur étant comme une sorte de propriété de son maître, l'en détourner est une espèce de vol.

Il y a échange volontaire, au contraire, lorsque nous remettons volontairement à autrui un objet qui nous appartient. Lorsqu'on ne fait que remettre cet objet à quelqu'un bien qu'on ne lui doive rien, comme dans une *donation*, | ce n'est **292** plus un acte de justice, mais de libéralité, car le transfert volontaire d'un objet n'intéresse la justice que dans la mesure où il suppose l'existence d'une dette. Or cette dette peut se

présenter sous plusieurs formes. Premier cas : on abandonne
purement et simplement à quelqu'un une chose que l'on possédait en échange d'autre chose, ce qui est le cas des *achats* ou
des *ventes*. Deuxième cas : on remet à quelqu'un ce que l'on
possède, en lui en concédant la jouissance, mais en conservant
le droit de le récupérer ; et si on le lui concède gratuitement, cet
échange reçoit le nom d'*usufruit* lorsqu'il s'agit de choses qui
effectivement fructifient, ou de *prêt* lorsqu'il s'agit d'objets
qui ne fructifient pas, comme de l'argent, des meubles et autres
du même genre ; que si, au contraire, la jouissance n'en est pas
concédée gratuitement, cela s'appelle une *location*. Troisième
cas : on remet à quelqu'un l'objet que l'on possède avec l'intention de le récupérer et non pour qu'il en jouisse mais, ou bien
pour qu'il nous le conserve, et c'est alors un *dépôt*, ou bien à
titre de *nantissement*, comme lorsqu'on le dépose en gage chez
un prêteur ou que l'on se porte caution pour quelqu'autre. Or
dans toutes les actions de ce genre, soit volontaires, soit involontaires, la manière de déterminer le milieu reste la même,
les deux parties ayant droit à un égale compensation, et c'est
293 pourquoi | toutes ces actions relèvent d'une seule et même
espèce de justice, la justice commutative (*ST*, IIa IIae, q. 61,
art. 3, Concl.).

Il est aisé d'apercevoir que, parmi tous ces actes où le bien
d'autrui se trouve intéressé, ceux-là correspondent à des vices qui
disposent du bien d'autrui sans son consentement, tel l'*homicide*. Non
pas d'ailleurs que toute destruction d'une vie quelconque soit une
faute contre la justice, car les individus n'ont de raison d'exister qu'en
vue du tout dont ils font partie, et chaque fois que leur destruction est
utile au bon ordre du tout, elle devient chose légitime. L'homme peut
donc sans scrupule sacrifier les plantes pour nourrir les animaux et les
animaux pour se nourrir lui-même, car c'est user de ces êtres en vue
de leur fin normale (q. 64, art. 1) ; il peut même mettre à mort les

malfaiteurs, car cette sorte d'individus est nuisible à la communauté tout entière, et le prince, ou le juge qui le représente, ne font que veiller comme ils le doivent au salut de la communauté en l'amputant de ses parties corrompues comme on ampute un corps de ses membres gangrenés. Mais il va sans dire qu'aucune personne privée n'a autorité pour le faire, sauf en cas de légitime défense, et que, moins que tout autre, le prêtre ne doit souiller ses mains du sang versé :

Il n'est pas permis aux clercs de tuer, et cela pour deux raisons. Premièrement, parce qu'ils sont appelés au service de l'autel, où la passion du Christ mis à mort est représentée. Or, comme il est dit dans la *Première Épître* de Pierre (II, 23), le Christ ne rendait pas les coups dont on le frappait, il ne convient donc pas que des clercs frappent ni tuent, car des serviteurs doivent imiter leur maître, selon cette parole de | l'*Ecclésiastique* (X, 12) : *tel est le juge du peuple ; tels sont* **294** *aussi ses ministres.* Une deuxième raison est que ce qui est confié aux clercs, c'est le ministère de la nouvelle loi, qui ne comporte ni peine de mort ni mutilation corporelle (*sc.* contrairement à l'ancienne loi dont les Prêtres et Lévites pouvaient châtier et mettre à mort) ; et c'est pourquoi, s'ils veulent être tels que doivent être les ministres du Nouveau Testament, les clercs doivent s'abstenir de frapper et de tuer (*ST*, IIa IIae, q. 64, art. 4).

Du même ordre de crimes relève le *suicide*, car non seulement il détruit la charité dont l'homme a le devoir de s'aimer lui-même, mais encore il dispose, comme si ce bien lui appartenait, d'une vie qui n'appartient en réalité qu'à Dieu. Le libre arbitre de l'homme s'étend à tous les actes de sa vie, mais non pas à sa vie même, car il l'a reçue, et c'est à Celui-là seul dont il la tient, qu'appartient le droit de le délivrer de sa misère présente pour le faire passer dans une vie plus heureuse (q. 64, art. 5, ad 3). Mutiler, blesser, priver sans raison un homme de sa liberté, c'est encore commettre une injustice, car c'est disposer contre son gré de l'intégrité ou de la liberté de sa personne, qui ne nous appartient pas. Il va d'ailleurs sans dire que, dans ces cas comme dans celui de l'homicide, l'interdiction est subordonnée à toute raison valable de la lever, le juge peut donc faire châtier et incarcérer le coupable comme il peut le faire mettre à mort, et le père, à qui son fils appartient, peut châtier, sans toutefois nuire à l'intégrité de sa santé ou de sa personne, l'enfant coupable dont l'éducation lui est confiée.

Tous les vices que nous venons de signaler atteignent notre prochain dans sa personne, mais il en est d'autres qui l'atteignent dans **295** ses biens, c'est-à-dire dans les | objets qu'il possède. L'existence de pareils vices suppose manifestement la légitimité du droit de propriété, car s'il n'y avait pas de propriété légitime, il n'y aurait aucune injustice à s'emparer de ce que les hommes déclarent posséder. Or c'est d'abord un droit naturel à l'homme que celui de posséder les objets extérieurs et de se les approprier. Tout est à Dieu, mais l'homme est l'image de Dieu précisément en ce qu'il est doué de raison, et capable par là même de disposer à son gré du monde matériel. C'est pourquoi Dieu dit en le créant : *Faisons l'homme à notre image et ressemblance, et qu'il préside aux poissons de la mer*, etc. Mais en outre, il est salutaire et profitable au bien général de la société que l'individu possède certains biens qui lui appartiennent en propre, sans préjudice des biens communs qui doivent rester à la disposition de toute la communauté :

En ce qui concerne les biens extérieurs, l'homme possède deux privilèges. Le premier consiste dans le pouvoir de les acquérir et d'en disposer. Or, sous ce rapport, il est légitime que l'homme possède des biens en propre, et c'est même nécessaire à la vie humaine, pour trois raisons. Tout d'abord, chacun se donne plus de peine s'il s'agit d'acquérir quelque chose qui doit lui appartenir en propre, à lui seul, que s'il s'agit d'une chose qui sera commune à tous ou à beaucoup ; car alors chacun évite la peine et se décharge sur les autres de ce qui intéresse la communauté, comme il arrive là où il y a beaucoup de serviteurs. Ensuite, les affaires humaines se font avec plus d'ordre si chaque individu est spécialement chargé | de **296** s'occuper d'une chose déterminée, car ce serait une confusion générale si chacun pouvait s'occuper de tout indistinctement. Enfin la propriété individuelle est favorable au maintien de l'état de paix entre les hommes, chacun étant content d'avoir ce qu'il possède, au lieu que nous voyons de fréquentes dissensions séparer ceux qui possèdent des biens en commun ou sous forme de propriété indivise. Mais l'homme n'a pas que le privilège de posséder des biens extérieurs, il a aussi celui d'en user, et sous ce rapport il ne doit pas se les attribuer en propre, mais les considérer comme à tous, afin d'être plus disposé par là même à les mettre au service des autres en cas de besoin. C'est pourquoi l'apôtre Paul nous dit (I *à Tim.*, VI, 18) : *Prescrivez aux riches de ce monde de donner facilement, de répandre leurs biens, et de thésauriser ainsi ce qui sera pour eux le bien futur, et le fondement de la vraie Vie* (*ST*, IIa IIae, q. 66, art. 2, Concl.).

Tel étant le fondement naturel et social du droit de propriété, il est clair que tout acte de dérogation à ce droit est une faute et que toute disposition stable à y déroger est un vice ; c'est aussi pourquoi nous avons rangé parmi les injustices le vol, et le larcin qui n'est que la forme furtive du vol ; mais c'est aussi pourquoi tout vol apparent cesse d'en être un lorsqu'il se légitime en dernier ressort par le principe même qui fonde la propriété, ce qui semblait un vol devenant alors, en vertu de ce principe, une appropriation légitime :

| En effet, rien de ce qui est de droit humain ne saurait **297** déroger à ce qui est de droit naturel ni de droit divin. Or l'ordre naturel institué par la providence divine veut que les choses inférieures soient ordonnées à l'égard des hommes de telle manière qu'ils s'en servent pour subvenir à leurs nécessités. Il

découle de là que le partage des biens et l'appropriation qui en résulte de droit humain ne supprime pas la nécessité qui s'impose à l'homme d'user de ces biens pour subvenir à ses besoins. C'est pourquoi les biens que certains possèdent en surabondance sont destinés, de droit naturel, à secourir les pauvres; d'où ces paroles de saint Ambroise (*Serm. 64*, de Tempore): « Il appartient à ceux qui ont faim, ce pain que tu gardes; ils appartiennent à ceux qui sont nus, ces vêtements que vous cachez; c'est le rachat et la délivrance des malheureux, cet argent que vous enfouissez en terre ». Mais comme le nombre est grand de ceux qui sont dans le besoin, et que l'on ne peut les secourir tous avec les mêmes ressources, chacun conserve la libre disposition de ses propres biens en vue de soulager les malheureux. Que s'il se rencontre enfin quelque cas de nécessité évidente et urgente, tel qu'il fallût manifestement prendre ce qui se trouve sous la main pour subvenir à un besoin pressant, comme par exemple lorsqu'il y a péril pour la personne et que l'on ne | peut faire autrement, chacun peut alors légitimement user du bien d'autrui pour subvenir à ses besoins, et le prendre, ouvertement ou en secret, sans commettre pour autant ni un véritable vol, ni un vrai larcin (*ST*, IIa IIae, q. 66, art. 7, Concl.).

298

Si fréquente que puisse être l'injustice commise contre les personnes ou contre les biens, on peut dire que son terrain d'élection, c'est encore ce que les hommes nomment en propre la Justice, c'est-à-dire celle que devraient rendre les tribunaux. Il n'est aucune des parties en présence que ce vice ne guette : le juge, le plaignant qui accuse, l'inculpé qui se défend, le témoin qui dépose, l'avocat qui plaide, tous sont exposés à y succomber. Le défaut le plus grave qui puisse menacer le juge, personne publique et rendant la justice au nom du prince, est la tentation d'exercer ses fonctions en personne privée : juger quelqu'un qui ne relèverait pas de sa juridiction, le condamner sur ce qu'il sait de l'affaire en tant que personne privée et non sur ce que lui en révèlent les débats ou ce que ses renseignements personnels lui permettent de leur faire régulièrement révéler, condamner un homme qu'il sait coupable mais que personne n'accuse, voilà autant de confusions entre l'homme et le juge que la justice ordonne d'éviter (q. 67). Quant à l'accusation, elle n'est pas seulement un droit, elle est un devoir chaque fois que le mal commis menace de porter dommage au bien spirituel ou matériel de la communauté. Mais l'accusateur doit être d'abord tenu de faire la preuve irrécusable de ce qu'il avance, et s'il ne le peut, son devoir est de s'abstenir (q. 68, art. 1); que s'il passe outre, surtout de mauvaise foi, l'accusateur devient un calomniateur, coupable à son tour d'une action criminelle et que le juge peut inculper:

On ne doit procéder à une accusation que | lorsqu'il s'agit **299** d'une chose dont on est absolument sûr et où l'ignorance des faits ne puisse trouver place. Il n'en résulte cependant pas que celui qui charge un autre d'une accusation fausse soit un calomniateur, mais seulement celui que la malice pousse à cette fausse accusation. Il peut arriver en effet qu'on se laisse aller par légèreté d'âme à accuser quelqu'un; soit que l'on ait cru trop facilement ce que l'on a entendu, ce qui est de la témérité; soit que l'on se trouve conduit à accuser en raison d'une erreur légitime; et c'est à la prudence du juge qu'il appartient de discerner ces différents cas, afin de ne pas condamner pour calomnie celui que sa légèreté ou quelque juste erreur aurait entraîné à porter une fausse accusation (*ST*, IIa IIae, q. 68, art. 3 ad 1).

L'accusé pense naturellement tout d'abord à se défendre; il n'a cependant pas le droit de le faire au détriment de la vérité :

Autre chose est taire la vérité, autre chose avancer une erreur. Le premier est permis dans certains cas, car l'accusé n'est pas tenu d'avouer toute la vérité, mais seulement ce que son juge peut et doit exiger qu'il en avoue selon les formes régulières du droit; par exemple lorsque des bruits infamants ont déjà couru sur son crime, ou lorsqu'il y en a des indices apparents, ou enfin lorsque la preuve en est déjà à moitié | faite. **300** Avancer une erreur, au contraire, n'est jamais permis à personne en aucun cas. Quant à ce qu'il est permis de faire, on peut s'y prendre, soit en suivant des voies légitimes et adaptées à la fin désirée, ce qui relève de la prudence; soit en suivant des voies illégitimes et mal adaptées à leur fin, ce qui relève de l'astuce, ainsi que de la fraude et de la ruse qu'elle met en œuvre (voir plus haut, p. 240). Suivre les premières est louable; suivre les autres est vicieux. Je considère donc qu'il est permis à l'accusé de se défendre en cachant par des procédés convenables la vérité qu'il n'est pas tenu d'avouer; par exemple en ne répondant pas à des questions auxquelles il n'est pas tenu de répondre, car ce n'est pas là se défendre calomnieusement, mais plutôt s'esquiver prudemment. Il ne lui serait pas permis au contraire de mentir, de taire ce qu'il est tenu d'avouer de la vérité, ni même de mettre en œuvre quelque ruse ou quelque fraude, car la fraude et la ruse ont même portée que le mensonge, et ce serait là se défendre calomnieusement.

Toutefois, on pourrait objecter qu'il est permis à un accusé de se défendre calomnieusement puisque, d'après les lois civiles, il est permis à n'importe qui de corrompre son adversaire lorsqu'il s'agit d'un crime; or c'est là se défendre de la **301** manière la plus calomnieuse, et par conséquent un accusé | ne pèche pas lorsque, dans une cause criminelle, il se défend calomnieusement. À quoi l'on doit répondre que les lois humaines laissent impunies bien des actions qui sont des péchés au jugement de Dieu, par exemple la simple fornication. C'est qu'en effet la loi humaine n'exige pas de l'homme la vertu sous toutes ses formes, qui n'est le fait que de bien peu et ne saurait appartenir à des foules aussi nombreuses que celles que les lois humaines sont destinées à maintenir. Or, qu'il arrive à un homme de ne pas vouloir commettre un péché pour éviter le supplice dont, en matière criminelle les accusés sont menacés, c'est un acte de vertu parfaite, car *de toutes les choses terribles la mort est la plus terrible* (Aristote, *Éthique*, III, chap. VI, 1115a26). C'est pourquoi, bien que le coupable pèche lorsqu'il corrompt son adversaire en matière criminelle et l'induit ainsi à un acte illicite, la loi civile ne sanctionne par aucune peine ce péché qui se trouve permis pour autant (*ST*, IIa IIae, q. 69, art. 2, Concl. & ad 1).

Si nous considérons maintenant le rôle du témoin, il ne soulève pas moins de difficultés, ni de moins épineuses. Témoigner en faveur d'un accusé que l'on sait innocent, c'est un devoir strict; tout homme est tenu de le faire si on le lui demande, et il est même tenu de le faire spontanément si on ne le lui demande pas. Par contre nul n'est tenu de témoigner contre un accusé | pour le charger de faits dont nul ne **302** le soupçonne et que l'enquête régulière de la justice n'a pas relevés contre lui. Encore moins est-on tenu de témoigner pour aider l'accusateur à faire sa preuve dans un cas où il n'y réussit pas, car personne ne l'obligeait à accuser s'il n'était pas capable de prouver son accusation : « et même s'il y a danger menaçant pour l'accusateur, on n'a pas à s'en soucier, parce que c'est de lui-même qu'il s'est mis dans ce mauvais cas, alors que c'est au contraire malgré lui que l'accusé est exposé au danger dont il se voit menacé » (*ibid.*, q. 70, art. 1). Quant à l'appréciation des témoignages, on peut dire qu'elle ne comporte pas de règle absolue. Un acte humain, c'est du contingent et du particulier; or il n'y a pas de science du particulier; que l'on dispose donc de deux, de trois ou de mille témoins, on n'aura toujours qu'une probabilité; mais jamais de véritable certitude. Ce n'est cependant pas une raison pour mépriser la probabilité qu'apporte le témoignage de deux ou trois témoins, ni pour contester que trois témoins ne vaillent mieux qu'un. Trois, cela permet un commencement, un milieu et une fin, c'est-à-dire une confirmation dernière de l'accord qui vient de s'établir entre les deux premiers témoins. Il est vrai que cet accord n'existe pas toujours et que le difficile est de savoir dans quelle mesure on doit l'obtenir :

Lorsque le désaccord entre les témoins porte sur des circonstances principales et capables de changer la nature du fait, comme le temps, le lieu, ou les personnages principaux de l'affaire, il enlève à leur témoignage toute efficacité, parce que si les témoins sont en désaccord sur des points de ce genre, tout se passe comme si leurs témoignages étaient individuels et comme s'ils parlaient de faits différents. C'est le cas lorsque, **303** par exemple, l'un | disant que telle chose a été faite à tel moment ou à tel endroit, l'autre dit que cela s'est fait en tel autre endroit ou à tel autre moment, car ils semblent alors ne pas parler de a même chose. Le témoignage n'est pas ébranlé au contraire, lorsqu'un témoin déclare ne pas se souvenir, alors que l'autre assigne de manière précise un temps ou un lieu déterminés. Que si les témoins du demandeur et ceux de l'accusé, étant d'ailleurs de même nombre et d'égale autorité, sont en complet désaccord sur tous les points importants, on doit décider en faveur de l'accusé, parce qu'un juge doit être plus enclin à absoudre qu'à condamner, sauf peut-être dans certains cas qui préviennent en faveur de l'accusé. Que si d'autre part les témoins de l'un des deux adversaires ne s'accordent pas entre eux, le juge suivra ses propres impressions pour déterminer quel parti doit avoir gain de cause, en tenant compte du nombre des témoins, de leur importance, de la prévention que l'on peut avoir dans la cause, de la nature de l'affaire, et ainsi de suite. À bien plus forte raison devra-t-on écarter le témoignage d'un même individu s'il se contredit sur ce qu'il prétend savoir de science certaine et avoir vu, mais non pas cependant s'il y a désaccord entre ses réponses touchant ce qu'il suppose ou ce dont il dit avoir entendu parler, parce qu'il peut être | entraîné à répondre différemment selon des impressions ou des rumeurs différentes. Que si enfin le désaccord entre les témoins se limitait à des circonstances qui ne concernent pas la substance même du fait en question ; de savoir, par exemple, si le temps était couvert ou s'il faisait beau, si une maison était peinte ou non, et autres de ce genre, ce désaccord n'ébranlerait en rien leur témoignage, parce que l'on prête généralement peu d'attention à ces détails, qu'ils sortent, ainsi facilement de la mémoire et qu'au contraire même, comme le dit saint Chrysostome (*Sup. Matth.*, Homélie 1), ces désaccords sur les petits détails rendent les témoignages plus dignes de foi, l'accord complet des témoins sur la totalité des moindres circonstances invitant à soupçonner qu'ils se sont entendus avant de témoigner. C'est, bien entendu, à la prudence du juge qu'il appartient de le discerner (*ST*, IIa IIae, q. 70, art. 2, ad 2). **304**

Restent enfin les avocats, dont la tâche, bien souvent aussi, est fort délicate. C'est un métier qu'ils exercent, et pour lequel ils ont droit par conséquent à recevoir un juste salaire (*ibid.*, q. 71, art. 4) ; bien plus, ils ne sont pas tenus, absolument parlant, de mettre leur travail au service du pauvre qui en a besoin, car c'est une œuvre de miséricorde et, comme toute aumône, elle n'est obligatoire que sous certaines conditions, par exemple : si le pauvre est dans un besoin urgent de | secours judiciaire et que personne ne soit mieux désigné pour le secourir. Si au contraire le besoin n'est pas urgent, ou que ce pauvre puisse être secouru par quelque avocat qui lui soit plus proche ou qui soit plus riche, c'est une bonne œuvre que de le défendre, mais ce n'est pas un devoir absolu ; autrement on aboutirait à cette conséquence que les avocats devraient mettre de côté toutes leurs affaires pour se consacrer au service des pauvres. Que l'avocat soit donc charitable ; qu'il ait en outre les qualités requises pour exercer sa profession ; de l'habileté pour présenter la défense de son client ; de l'oreille pour entendre les accusations et de la langue pour les réfuter ; une réputation **305** d'honnêteté à l'abri de tout soupçon, car celui qui ne peut répondre de soi-même peut encore bien moins répondre des autres; de l'honneur surtout, qui lui interdise de jamais défendre une cause qu'il sait pertinemment être injuste, car c'est se faire complice de l'injustice que de s'employer à la faire triompher (*ST*, IIa IIae, q. 71, art. 3).

Quelle que soit la forme que puisse revêtir l'injustice, et qu'il s'agisse de crimes proprement dits, ou de torts moins directs contre les personnes, comme l'insulte, le mépris, le dénigrement, la calomnie, la moquerie, le remède spécifique au mal ainsi commis reste le même : la restitution. Restituer, c'est remettre quelqu'un en possession de ce qui lui appartenait, et dont il s'est volontairement dépossédé, s'il s'agit d'un prêt ou d'un dépôt, ou dont il a été dépossédé malgré lui, s'il s'agit d'une injustice quelconque (*ibid.*, q. 62, art. 1). Dans les cas où la restitution ne peut consister à rendre l'objet même qui a été détourné ou détruit, il faut du moins en rendre l'équivalent; c'est le cas lorsqu'on a porté atteinte à quelqu'un dans son honneur ou qu'on l'a mutilé dans un de ses membres, et la compensation doit être alors fixée en tenant compte de la condition des parties en présence, par un homme juste que l'on a choisi comme arbitre (*ibid.*, art. 2, ad 1), et sans préjudice de la peine que peut mériter en outre le coupable pour la faute morale qu'il a commise (*ibid.*, art. 3). L'exigence de restitution est donc 306 absolue si l'on se place au point de | vue de la justice morale, et c'est ce caractère absolu qui permet de déterminer *a priori* les conditions dans lesquelles elle doit s'effectuer. Toute personne qui a, non seulement commis, mais favorisé l'injustice en y participant, est tenue à restitution et réparation dans la mesure même où sa responsabilité s'y trouve engagée : celui qui ordonne l'acte injuste, par exemple, en est évidemment responsable; mais aussi le complice sans le consentement duquel l'acte n'aurait pas été accompli, le recéleur qui cache le produit du vol, le prince lui-même, qui doit veiller à ce que la justice soit respectée sur son domaine et qui laisse les malfaiteurs s'y multiplier comme si les revenus dont il jouit n'étaient pas destinés précisément à lui permettre de maintenir la justice (*ibid.*, art. 7). Et non seulement tout homme coupable ou complice d'injustice doit restituer, mais il doit le faire immédiatement, car ce n'est pas un acte moins coupable de détenir que de prendre le bien d'autrui.

II. Vertus connexes de la justice

Il peut d'abord paraître singulier qu'il existe des vertus connexes de la justice, c'est-à-dire qui s'y rattachent, mais qui cependant ne lui appartiennent pas au sens strict. Le fait s'explique néanmoins si l'on tient compte de la double exigence qui doit être satisfaite pour qu'il y ait vertu de justice : rendre à autrui ce qui lui est dû, de manière à rétablir une égalité qui se trouvait détruite. De ce point de vue, on peut dire que toute action vertueuse exercée à l'égard d'autrui intéresse plus ou moins immédiatement la vertu de justice, mais on aperçoit aussi qu'il n'y aura pas justice proprement dite lorsque l'action considérée n'aura pas pour fin de rendre à quelqu'un ce qui lui est dû, ou lorsqu'elle ne pourra pas le lui rendre de manière à rétablir l'égalité. De là toute une multitude d'actions vertueuses, justes parce qu'elles établissent le rapport qui convient entre celui qui les accomplit et la personne | qu'elles visent, mais incomplètement justes cependant **307** parce qu'elles ne payent pas une véritable dette ou n'établissent pas une réelle égalité. Un exemple typique de ce deuxième cas nous est offert par la vertu de *religion*. Être religieux, c'est rendre à Dieu ce qui lui est dû, et c'est par conséquent faire œuvre de justice. Mais comment rendre à Dieu ce qui lui est dû ? *Que rendrai-je au Seigneur*, dit le *Psaume* (CXV, 12), *pour tout ce qu'il m'a donné ?* Et, pour autant, la vertu de religion n'est qu'une bien incomplète justice. Du même ordre est la *piété filiale*, par laquelle nous rendons à nos parents la révérence qui leur est due, mais sans espoir de rétablir ainsi l'équilibre entre ce que nous leur rendons et ce qu'ils ont fait pour nous. Des exemples plus nombreux encore du premier cas pourraient être allégués sans peine ; car s'il y a dette absolue lorsqu'il y a dette légale à l'égard du prochain, il y a dette en un sens beaucoup plus indéterminé lorsqu'il y a dette simplement morale, et l'on ne saurait parler alors de justice au sens strict de l'expression. C'est ainsi que nous devons la vérité aux autres, et que les autres nous doivent de la reconnaissance pour le bien que nous leur avons fait. Du même genre sont la libéralité, l'affabilité, la bienveillance, la concorde, et quantité d'autres dispositions vertueuses, qui font que nous nous comportons comme il convient à l'égard d'autrui, mais déterminent des actions dont le caractère de dette est faiblement marqué (*ST*, IIa IIae, q. 80, art. un).

Considérons d'abord la vertu de religion. C'est une vertu spéciale, puisqu'elle a son objet spécial qui est de rendre à Dieu l'honneur qui lui est dû ; et c'est une vertu morale, non théologale, quoi qu'il puisse d'abord sembler :

La vertu de religion rend à Dieu le culte qui lui est dû. Il y a donc dans la religion deux choses à considérer : l'une consiste **308** dans ce que la religion offre à Dieu, c'est-à-dire | le culte, et joue à l'égard de la religion le rôle de matière ou d'objet ; l'autre consiste dans la personne à qui elle l'offre, c'est-à-dire Dieu, à qui nous rendons ce culte. Or l'acte par lequel nous rendons un culte à Dieu n'atteint pas Dieu lui-même comme l'acte par lequel nous croyons en Dieu atteint Dieu lorsque nous accomplissons un acte de foi en lui. On peut dire en effet que Dieu est l'objet de la foi, non pas simplement en tant que nous croyons Dieu, mais en tant que nous croyons en Dieu ; au lieu que rendre à Dieu le culte qui lui est dû se borne à accomplir en l'honneur de Dieu les cérémonies du culte, telle que l'offrande d'un sacrifice ou tout autre du même genre. Il est donc manifeste que Dieu ne se comporte pas à l'égard de la vertu de religion comme sa matière ou son objet, mais comme sa fin ; et c'est pourquoi la religion n'est pas une vertu théologale dont la fin dernière serait l'objet, mais une vertu morale qui concerne les moyens à employer en vue d'atteindre cette fin (*ST*, IIa IIae, q. 81, art. 5, Concl.).

Il va d'ailleurs de soi que si la vertu de religion est une vertu morale, elle est de droit la première de toutes comme ayant immédiatement et directement l'honneur de Dieu pour objet. La forme la plus accessible à l'observation sous laquelle elle s'exprime est le culte, c'est-à-dire, | un ou plusieurs actes extérieurs auxquels le corps prend **309** nécessairement part; mais sa forme la plus profonde est la dévotion, c'est-à-dire, l'acte par lequel l'âme elle-même se dévoue et s'abandonne tout entière à Dieu. Considérons donc, en premier lieu, les actes intérieurs qu'inspire et règle la vertu de religion : la dévotion, et la prière qui l'exprime.

La dévotion produit dans l'âme religieuse deux effets aisément observables : une tristesse accidentelle, née du spectacle de l'éloignement où notre âme se tient habituellement de Dieu, et une joie essentielle, née du sentiment qu'éprouve cette âme de se rapprocher actuellement de Dieu; or ce double effet de la dévotion nous indique immédiatement la double source à laquelle cette vertu s'alimente :

Il y a une cause extrinsèque et principale de la dévotion; c'est Dieu, dont saint Ambroise dit dans son *Commentaire sur saint Luc* (chap. IX, à *Et conversus increpavit*, etc.) : « Dieu appelle ceux qu'il juge dignes, et rend religieux celui qu'il veut ; et, s'il l'avait voulu, il aurait rendu dévots les Samaritains sans dévotion ». Mais elle doit avoir aussi une cause intrinsèque de notre part, et c'est la méditation ou contemplation. La dévotion consiste en effet dans un acte de la volonté par lequel l'homme se livre avec empressement au service de Dieu; or tout acte de la volonté naît d'une considération de l'esprit qui le précède, puisque c'est le bien connu par l'intellect qui est l'objet de la volonté (d'où Augustin conclut, chap. VIII, au livre XIV *De la Trinité* que « la volonté naît de l'intelligence »). Il | faut donc nécessairement que la médita- **310** tion intervienne comme cause de la dévotion, et c'est en effet par elle que l'homme conçoit le dessein de se livrer au service divin. À quoi deux considérations peuvent le porter. La première est celle de la bonté divine et de ses bienfaits. C'est celle qu'exprime le Psalmiste (*Ps.* LXXII, 28) : *Mon bien, c'est d'adhérer à Dieu, et de mettre dans le Seigneur mon espérance*, et cette considération excite en lui l'amour qui est une cause prochaine de la dévotion. L'autre considération est celle de ses propres défauts, car ce sont eux qui l'obligent à chercher en Dieu son appui, selon cette parole du Psalmiste (*Ps.* CXX, 1-2) : *J'ai levé mes yeux vers les montagnes d'où me viendra le secours ; mon secours me viendra du Seigneur, qui a fait le ciel et la terre*. Cette considération sert à combattre la présomption, qui fait que nous cherchons appui dans nos propres forces et nous détourne de nous soumettre à Dieu (*ST*, IIa IIae, q. 82, art. 3, Concl.).

Quant à l'autre acte intérieur par lequel la religion s'exprime : la prière, il est d'abord licite, et en outre requis pour la perfection de cette vertu. Il est licite parce que la vraie métaphysique nous apprend que les choses ne sont régies ni par une aveugle nécessité, ni par quelque divinité capricieuse, mais par une divine Providence ; d'où il résulte que nous pouvons la prier, non pas afin qu'elle change ses immuables desseins à notre égard, mais afin qu'elle fasse à notre égard | qu'elle a éternellement décidé d'accorder à nos prières (*ibid.*, q. 83, art. 4). Cet acte est en outre requis parce que la prière est essentiellement une demande adressée à Dieu par l'homme pour en obtenir ce dont il a besoin, et que cette reconnaissance par l'homme de sa propre indigence est une base indispensable de la vertu de religion (art. 5). Nous devons donc prier, et lorsque nous serons en peine de savoir que demander à Dieu, qu'il nous suffise d'observer cette règle suivante : on doit demander dans ses prières ce que l'on doit désirer ; c'est-à-dire, d'abord, les biens de l'âme, pour soi, pour ses amis et même pour ses ennemis ; les biens matériels aussi, mais dans la mesure seulement où ils peuvent aider à conquérir le Souverain Bien de l'âme auquel ils doivent rester subordonnés.

Viennent ensuite les actes extérieurs de la religion, et l'on peut dire d'abord que leur nécessité se fonde sur la nature même de l'homme :

Si en effet nous rendons à Dieu honneur et gloire, ce n'est pas pour lui-même, puisqu'il est rempli de sa propre gloire à laquelle aucune créature ne peut rien ajouter; mais c'est bien plutôt pour nous, car révérer Dieu et l'honorer, c'est accomplir l'acte par lequel notre pensée se soumet à Dieu et réalise du même coup sa perfection. Chaque chose est en effet parfaite dans la mesure même où elle se soumet à ce qui est au-dessus d'elle : le corps, en tant qu'il est vivifié par l'âme, et l'air, en tant qu'il est illuminé par le soleil. Or la pensée humaine ne peut se joindre à Dieu que si elle est guidée vers lui par les choses sensibles, puisque *les perfections invisibles de Dieu peuvent nous être connues par le spectacle de ses créatures* | (I *Rom.*, I, **312** 20). C'est pourquoi le culte divin doit mettre en œuvre certains éléments corporels afin que, s'en servant comme de signes, la pensée de l'homme se trouve incitée par eux aux actes spirituels qui l'uniront à Dieu. Ainsi, la religion comporte certains actes intérieurs, à titre d'actes principaux et qui relèvent immédiatement de la vertu de religion, et des actes extérieurs, secondaires en quelque sorte, qui ne sont là que pour les actes intérieurs en vue desquels ils sont ordonnés (*ST*, IIa IIae, q. 81, art. 7, Concl.).

Les plus importants d'entre ces actes extérieurs sont : l'adoration, par laquelle notre corps s'humilie devant Dieu comme notre pensée s'humiliait devant lui par la dévotion (q. 84, art. 2, Concl.); le sacrifice, qui n'est pas une institution spécifiquement chrétienne, mais bien plutôt une obligation de droit naturel reconnue par tous les peuples, et fondée sur le désir de marquer la dépendance où l'homme se reconnaît à l'égard d'un être supérieur, lorsqu'il applique sa raison au problème de sa propre misère (q. 85, art. 1, Concl.); les vœux enfin, par lesquels la volonté de l'âme religieuse s'engage à vivre d'une vie meilleure et se fixe elle-même sous la formule en quelque sorte matérielle des paroles prononcées par lesquelles elle s'engage (q. 88, art. 1, Concl.).

Les autres vertus connexes de la justice, sont celles qui obligent l'homme, non plus seulement à l'égard de Dieu, mais aussi à l'égard de certains autres hommes. L'obéissance, par exemple, fait que la volonté de l'homme reproduit, en se soumettant a celle de ses supérieurs, la subordination des forces naturelles inférieures aux forces supérieures que Dieu a expressément voulue en ordonnant le monde (q. 104, art. 1, Concl.). La reconnaissance, elle aussi, s'annexe à la

313 justice, puisqu'elle ne fait que | nous obliger à rendre à Dieu, à nos parents, ou généralement à nos bienfaiteurs, ce que nous leur devons pour les biens dont ils nous ont comblés (q. 106, art. 1, Concl.). Elle se fonde, comme l'obéissance, sur l'analogie que l'ordre moral doit s'efforcer de maintenir avec l'ordre naturel voulu par Dieu. Tout effet est naturellement tourné vers sa cause comme vers ce qui est sa fin et sa raison d'être; or celui qui reçoit un bienfait se trouve par là même devenir comme l'effet de son bienfaiteur, puisqu'il ne serait pas intégralement ce qu'il est s'il ne possédait le bienfait dont il vient d'être gratifié; il doit donc se retourner vers lui, en quelque sorte, pour reconnaître sa dépendance, et c'est d'ailleurs pourquoi Dieu, étant cause de tout, voit toutes choses tournées vers Lui (q. 106, art. 3, Concl.). Mais l'une des plus belles et plus importantes vertus connexes de la justice est la véracité. Elle est une vertu, car il est bon de dire la vérité, et tout ce qui nous fait faire le bien est une vertu. Et elle est une sorte de justice, en ce sens qu'elle acquitte en quelque sorte une dette, sinon légale, du moins morale, que chacun de nous contracte à l'égard de son voisin du seul fait qu'il vit en société : la manifestation de la vérité.

Puisqu'en effet l'homme est un animal social, c'est une loi de nature que chaque homme doit à l'autre ce sans quoi la société humaine ne pourrait subsister; or les hommes ne pourraient vivre en relations les uns avec les autres s'ils n'avaient les uns dans les autres une confiance fondée sur ce qu'ils se disent réciproquement la vérité; et c'est pourquoi la

vertu de véracité présente à certains égards le caractère d'une
dette (q. 109, art. 3, ad 1).

Il n'y a qu'une vertu de véracité, mais il y a bien des vices qui s'y
opposent : le mensonge, l'hypocrisie, la | jactance, qui fait que l'on **314**
se donne pour meilleur que l'on n'est ; l'ironie, vice plus subtil, qui
fait que l'on dissimule et déprécie injustement sa propre valeur avec
l'intention de tromper les autres sur ce que l'on est (q. 113, art. 1,
Concl.). Et comme la véracité fait que nous rendons aux autres ce que
les exigences de la vie sociale requièrent dans l'ordre de la pensée,
l'affabilité fait que nous satisfaisons à ces mêmes exigences dans
l'ordre des mœurs ; par elle en effet, nous disons et faisons ce qu'il
faut, selon ce que prescrivent, non les règles de la loi, mais celles de
l'honnêteté (q. 114, art. 1-2).

LA FORCE

Avec la Force, nous abordons l'étude de la troisième vertu cardinale. Rappelons en effet que l'on confère ce nom aux quatre vertus qui possèdent éminemment les caractères généraux que l'on requiert communément de toutes les vertus. Or l'un de ces caractères est incontestablement la fermeté dans la manière d'agir; cette fermeté relève directement de la Force, si bien qu'elle fait partie en quelque sorte intégrale de toutes les autres vertus; de là le caractère de vertu cardinale qu'on lui attribue, et la place qu'elle occupe après la justice dans la hiérarchie de ces quatre vertus :

Comme le dit en effet Augustin (*De Trin.*, VI, 8) : « Lorsqu'il s'agit de choses dont la grandeur ne consiste pas dans celle de leur masse, être grand veut dire simplement : être meilleur ». Par conséquent, une vertu est d'autant plus grande qu'elle est meilleure. Or, quel est le bien de l'homme ? C'est le bien de la raison (Denys, *Des Noms Divins*, IV, 4, leç. 22). Ce bien, la prudence le possède comme par essence, puisqu'elle est une perfection de la raison. Quant à la justice, elle met en quelque sorte ce bien en œuvre, en ce sens que c'est à elle | qu'il appartient d'introduire dans toutes les choses humaines **316** l'ordre de la raison. Et pour les autres vertus, elles ne font que conserver ce bien, en dirigeant les passions de telle manière qu'elles ne détournent pas l'homme du bien de la raison. Si donc nous considérons ces deux dernières dans leur ordre, c'est la force qui occupera la première place, parce que rien n'est plus capable que la crainte d'un danger de mort de détourner un homme du bien que prescrit la raison. Vient ensuite la tempérance, parce que, de tous les plaisirs, ce sont ceux du toucher, qui opposent les plus grands obstacles au bien que prescrit la raison. Or ce qui possède l'essence même de la vertu doit passer avant ce qui fait simplement œuvre de vertu, et ce qui fait œuvre de vertu passe avant ce qui ne fait qu'écarter les obstacles à l'accomplissement de cette œuvre. C'est pourquoi la principale des vertus cardinales est la prudence, la deuxième est la justice, la troisième est la force, la quatrième est la tempérance, et viennent ensuite les autres vertus (*ST*, IIa IIae, q. 123, art. 12, Concl.).

Ainsi que nous venons de l'indiquer, l'objet propre de la force est d'écarter du chemin de la vertu l'obstacle que lui opposent les passions, spécialement la passion de crainte, et plus spécialement encore cette crainte particulièrement angoissante qu'inspire à l'homme le péril 317 d'une mort imminente. Qui peut le plus, peut le moins. | Qui donc sera capable de surmonter la peur du plus terrible des maux corporels, sera capable par là même de surmonter la peur que pourraient lui inspirer tous les autres. Voilà pourquoi c'est en présence de la mort que se révèle éminemment la vertu de force ; mais tout péril de mort n'est pas également propre à la manifester :

Comme nous venons de le dire, la force donne à l'esprit de l'homme la fermeté contre les plus grands de tous les périls, qui sont les périls de mort. Mais comme la force est une vertu, et que l'essence de la vertu est de tendre toujours vers le bien, il en résulte que si l'homme fort fait face au danger de mort, ce doit être afin de poursuivre un certain bien. Or les périls de mort que peuvent apporter la maladie, une tempête, une incursion de brigands et autres occasions du même genre, ne semblent pas menacer les hommes à titre de conséquences directes de leurs efforts pour atteindre le bien. Tout au contraire, les périls de mort qu'occasionnent les guerres sont des menaces qui fondent directement sur l'homme en raison du bien qu'il se propose, si du moins il s'agit d'une guerre juste, entreprise pour défendre le bien commun. Or une guerre juste peut revêtir deux aspects ; elle peut être générale, comme lorsque ce sont deux armées qui s'opposent ; mais elle peut être également particulière, comme lorsqu'un juge, ou même une personne privée, se refuse à renier un jugement qu'il estime juste, malgré la crainte du glaive qui le menace, ou de | tout **318** autre péril, même mortel. Il appartient donc à la force de nous conférer la fermeté d'âme contre les dangers de mort, et non pas seulement contre ceux qui menacent lorsqu'il y a guerre générale, mais encore contre ceux qui résultent des attaques particulières auxquelles on peut étendre le nom général de guerre. On accordera donc, en ce sens, que la vertu de force concerne proprement le danger de mort auquel nous expose la guerre ; mais les forts se comportent également bien en présence de tout autre danger de mort, et d'autant mieux qu'il n'est aucun genre de mort dont l'homme ne puisse braver le péril par vertu ; par exemple : ne pas se soustraire, par crainte d'une contagion mortelle, au devoir de soigner un ami malade, ou ne pas renoncer, par crainte de naufrage ou des voleurs, à se mettre en route pour accomplir quelque pieux dessein (*ST*, IIa IIae, q. 123, art. 5, Concl.).

Il résulte de là que l'effet propre de la vertu de force est de *résister*, plutôt que d'*attaquer* :

En effet, résister est plus difficile qu'attaquer, et cela pour trois raisons. Premièrement, on n'a occasion de résister que

lorsqu'on est envahi par plus fort que soi ; or, celui qui attaque le fait à titre de plus fort, et se battre avec plus fort que soi est plus difficile que se battre contre un plus faible. Deuxième-
319 ment, parce que celui | qui résiste éprouve la présence même du péril, au lieu que celui qui attaque le considère dans l'avenir ; or il est plus difficile de ne pas se laisser émouvoir par un péril présent que par un péril futur. Troisièmement, parce que résister demande un temps prolongé, au lieu que l'on peut attaquer par un mouvement brusque, et qu'il est plus difficile de rester longtemps immobile que de se mettre brusquement à quelque chose d'ardu (*ST*, IIa IIae, q. 123, art. 6, ad 1).

Nous nous acheminons ainsi vers la détermination de l'acte de force par excellence, qui est aussi l'acte de la plus haute perfection : le martyre. Qu'il soit le type même de l'acte de force, c'est ce qui apparaît désormais de manière immédiate ; car il est un acte de vertu, puisqu'il confirme l'homme dans le bien ; et il est un acte de force au suprême degré, puisqu'il le confirme dans la résistance au danger de mort qui le menace dans ce combat particulier qu'est une persécution (*ibid.*, q. 124, art. 5, Concl.). Mais le martyre est en même temps un acte de suprême perfection, encore qu'il reste à déterminer en quel sens :

On peut envisager un acte de vertu à deux points de vue. Le premier point de vue concerne l'espèce de l'acte lui-même et le rapporte à la vertu qui le produit immédiatement. En ce sens on ne peut dire que le martyre, qui consiste à supporter la mort comme on le doit, soit le plus parfait des actes de vertu. En effet, supporter la mort n'est pas chose louable en soi, mais
320 seulement parce qu'elle est supportée en vue d'un | bien, qui consiste lui-même en un acte de vertu, par exemple la foi en Dieu et l'amour de Dieu ; par conséquent aussi cet acte de vertu, étant la fin de la constance devant la mort, est meilleur qu'elle. Le deuxième point de vue considère l'acte de vertu par rapport à son premier motif, qui est l'amour de charité, et c'est

principalement par là qu'un acte contribue à la perfection de la vie, selon cette parole de l'Apôtre (*Ep. Col.*, III, 14): *La charité est le lien de la perfection*. Or, entre tous les actes de vertu, le martyre est la démonstration par excellence d'une charité parfaite. On prouve en effet d'autant mieux son amour pour une chose, que l'on aime davantage ce qu'on lui sacrifie et qu'est plus odieux ce qu'on accepte de souffrir pour elle. Mais il est manifeste qu'entre tous les biens de la vie présente l'homme aime par-dessus tout la vie elle-même, et qu'au contraire c'est la mort qu'il déteste par-dessus tout, surtout lorsque s'y joignent les tourments corporels, dont la crainte, au dire d'Augustin (*lib 83 Q.*, q. 36) « détourne les animaux eux-mêmes des voluptés les plus grandes ». Il est donc évident que le martyre est sous ce rapport un acte plus parfait en son genre que les autres actes humains, puisqu'il est le signe de la plus haute charité, selon cette parole de Jean (XV, 13): *Il n'est pas de plus grand amour que de donner sa vie pour ses | amis* (*ST*, **321** IIa IIae, q. 124, art. 3, Concl.).

Les vices opposés à la vertu de force sont au nombre de trois: la timidité, l'incapacité de craindre, et l'audace. Le timide est celui que la peur retient de faire face au danger que la raison lui ordonne d'affronter, et c'est en cela qu'il est le contraire même du fort:

Toute crainte procède en effet de l'amour, car on ne craint jamais que le contraire de ce qu'on aime. Or l'amour, pris en lui-même, ne rentre dans aucun genre déterminé de vertu ou de vice, mais il y a de l'amour ordonné dans toute vertu, puisque tout vertueux aime le bien propre de la vertu, et de l'amour désordonné dans tout péché, car c'est un amour désordonné qui engendre le désordre de la cupidité; et l'on trouvera par là même une crainte désordonnée inclue dans tout péché, comme la crainte de perdre son argent dans l'avarice, la crainte de perdre ses plaisirs dans l'intempérance, et ainsi de suite. Mais, de toutes les craintes, la plus forte est celle que nous éprouvons en danger de mort ; c'est pourquoi le désordre que cette crainte constitue s'oppose à la force, qui consiste surtout à braver la mort, et pourquoi enfin l'on oppose à la force, comme son contraire par excellence, la timidité (*ST*, IIa IIae, q. 125, art. 2, Concl.).

322 Quant à l'incapacité de craindre, si louable qu'elle puisse sembler au premier abord, elle n'en est pas | moins vicieuse. L'homme vraiment fort n'est pas la souche inerte et stupide qui, n'éprouvant rien, n'a peur de rien. Il n'est même pas celui qui, n'aimant guère, ne craint guère de perdre ; ou qui, durci dans son orgueil et sa présomp-tion, croit que nul danger ne pourra jamais menacer ce qu'il aime (*ibid.*, q. 126, art. 1, Concl.). L'homme vraiment fort est l'homme qui aime ce qu'il faut aimer, et qui craint ce qu'il faut craindre lorsqu'il y a lieu raisonnablement de craindre, mais qui se redresse contre cette crainte et se retourne contre le danger (*ibid.*, art. 2, Concl.). Il est donc à mi-chemin entre celui qui craint trop et celui qui ne craint pas assez, ni timide, ni impavide et, ajouterons-nous enfin, ni audacieux. L'audace, nous le savons, est une passion (*cf.* p. 137). Comme toutes les passions, elle est bonne lorsqu'elle est réglée par la raison ; il peut être bon d'attaquer, lorsque le moment est venu de le faire, et qu'il faut éliminer un danger menaçant pour l'avenir ; mais elle est mauvaise lorsqu'elle se présente comme un excès, donc comme un manque de modération dans l'usage de la force, et qu'elle déclenche des attaques inutiles ou prématurées (*ST*, IIa IIae, q. 123, art. 3, Concl., et q. 127, art. 2, Concl.). La vertu fait place au vice chaque fois que le bien cède la place au mal par violation des prescriptions de la raison.

À la vertu cardinale de force, viennent s'annexer quatre vertus qui participent de sa nature sans réaliser pleinement sa définition : la magnanimité, la magnificence, la patience et la persévérance. La magnanimité ne peut ni être confondue avec la force, ni mise sur le même degré qu'elle, car il y a bien de la différence entre rester ferme devant la mort au mépris de sa propre vie, et faire preuve du genre de grandeur d'âme qu'implique la magnanimité (*ST*, IIa IIae, q. 129, art. 5, Concl.). Ce n'en est pas moins une vertu du même ordre, et dirigée elle aussi, contre un certain genre de crainte :

Le nom même de *magnanimité* suppose une | âme capable **323** d'embrasser de grandes choses. Or on peut considérer une vertu sous deux rapports, d'abord quant à la matière sur laquelle s'exerce son opération, ensuite quant à son acte propre, qui consiste à user de cette matière comme il se doit. Et comme c'est principalement en fonction de son acte que la nature d'une vertu se définit, si l'on dit d'un homme qu'il est magnanime, c'est principalement parce qu'il a l'esprit enclin à quelque action qui soit grande. Mais si nous considérons la grandeur de cet acte lui-même, elle nous paraît à son tour être double, selon qu'elle consiste dans une certaine proportion ou qu'on la considère comme absolue. On peut en effet parler d'un acte proportionnellement grand, même s'il consiste à user d'une chose basse ou de médiocre valeur, pourvu que l'usage qu'on en fait soit excellent. Mais on appellera grand, purement et absolument, l'acte qui consistera dans l'usage excellent d'une chose elle-même très grande. Or les choses à l'usage de l'homme sont les choses extérieures et, parmi ces choses, la plus grande de toutes est l'honneur; car nous voyons d'abord que rien ne se rapproche autant de la vertu, puisqu'il en atteste en quelque sorte la présence chez l'homme auquel il échoit (*cf.* IIa IIae, q. 103, art. 1 et 2); nous voyons en outre qu'on le rend à Dieu lui-même, ainsi qu'aux meilleurs d'entre les hommes; et enfin que les hommes sacrifient | tout pour **324** conquérir l'honneur et éviter la honte. Dès lors donc que la grandeur d'âme du magnanime se mesure essentiellement à la grandeur absolue de ses actes, comme la force du fort se mesure essentiellement à leur difficulté, c'est une conséquence nécessaire que la magnanimité se porte vers les honneurs (*ST*, IIa IIae, q. 129, art. 1, Concl.).

Nous dirons plus encore, et pour la même raison : c'est une conséquence nécessaire qu'elle se porte vers les plus grands honneurs, modérant l'espoir que nous en avons selon les prescriptions de la raison. Ici encore la vertu consiste en effet à tenir le juste milieu, car c'est chose excellente que de viser haut et de désirer pour soi ce bien de l'honneur, qui est le plus digne de nos efforts après celui de la vertu ; mais ce n'est chose excellente que si nous désirons seulement le maximum de l'honneur dont notre raison nous avertit que nous sommes dignes (*ibid.*, art. 3, ad 1). On voit en même temps que, sans être à proprement parler identique à la vertu de force, la magnanimité s'y rattache cependant et en dépend, car les honneurs sont choses difficiles à acquérir, même lorsqu'on en est digne ; il y faut de la fermeté d'âme, non certes autant que pour braver la mort, mais assez toutefois pour résister aux obstacles qui nous séparent des récompenses dont nous nous jugeons dignes, et même pour nous en juger dignes, ce qui nous rend capables de les espérer (*ibid.*, art. 5). Bien étroite est l'arête sur laquelle se tient cette vertu, car se croire capable d'obtenir ce qui dépasse nos forces, c'est présomption ; se croire digne d'un honneur disproportionné à son véritable mérite, c'est ambition ; vouloir l'honneur acquis à faux titres, ou devant le jugement faillible des hommes, ou pour une autre fin que l'honneur de Dieu et le salut du prochain, c'est vaine gloire ; mais être incapable enfin de vouloir l'honneur | légitime auquel on a droit devant Dieu, que l'on peut acquérir devant lui comme il faut, et pour la fin qu'il faut, c'est pusillanimité : la petitesse d'âme, que l'étymologie même du mot oppose si justement à la grandeur d'âme, ou magnanimité.

C'est encore l'étymologie du nom qui nous éclairera sur l'essence de la deuxième grande vertu annexée à la force, la magnificence. Il ne s'agit plus alors d'*être* une âme grande, mais de *faire* grand, ou du moins de tendre son esprit à faire grand (*ST*, IIa IIae, q. 134, art. 2, ad 2). La magnanimité est donc grande par les objets qu'elle vise, au lieu que la magnificence met sa grandeur dans ce qu'elle fait et la

manière dont elle le fait. Portant sur le domaine du faire, et par conséquent de la production, elle est une des vertus propres de l'artiste,
qu'elle incline à réaliser des œuvres grandes par leurs dimensions ou
précieuses dans leur matière. C'est une des vertus, est-il besoin de
l'ajouter, qui peuvent le moins se passer des biens extérieurs ; le
magnifique est un homme qui peut et qui sait dépenser.

Le propre de la magnificence, comme nous venons de le
dire, c'est de viser à faire quelque chose de grand. Or, pour
faire quelque chose de grand d'une manière convenable, il
faut des dépenses proportionnées, car on ne fait rien de grand
sans de grandes dépenses, et c'est pourquoi la magnificence
sait engager des dépenses considérables, afin que les grandes
œuvres se fassent comme il faut. Mais dépenser, c'est sortir
de l'argent, et il y a tels hommes que leur amour excessif de
l'argent empêche de la faire ; c'est pourquoi les dépenses elles-
mêmes, que le magnifique engage pour | faire quelque chose **326**
de grand, peuvent être considérées comme constituant la
matière de la magnificence, et aussi l'argent dont il se sert pour
faire ces dépenses, et jusqu'à l'amour de l'argent que le magnifique modère afin que ces grandes dépenses ne se trouvent
empêchées (*ST*, IIa IIae, q. 134, art. 3, Concl.).

La magnificence est si bien une vertu que nous voyons le vice
apparaître aussitôt qu'elle vient à manquer : la petitesse, ou incapacité
de sacrifier l'argent nécessaire à ses entreprises, est le vice de l'homme
à qui la magnificence manque par défaut ; la prodigalité, ou habitude
de gaspiller mal à propos les ressources pécuniaires dont on dispose,
est le vice de l'homme à qui la magnificence manque par excès.

Viennent enfin deux très nobles vertus, connexes elles aussi de la
vertu de force ; ce sont la patience et la persévérance La patience n'est
pas exactement de la force, car elle n'est pas une résistance contre la
crainte qu'engendre le danger de mort, mais elle lui est assez étroitement analogue, car elle est une résistance contre toute tristesse ou

dépression d'âme moindre que celle-là, et qui pourrait nous détourner du bien que prescrit la raison. Quant à la persévérance, elle est le complément pour ainsi dire obligé de toute force véritable, dont elle ne fait, en quelque sorte, que prolonger les effets dans le temps :

> La vertu vise en effet ce qui est bien, mais difficile ; aussi, à chaque espèce définie de bien ou de difficulté, doit correspondre une espèce de vertu. Or la bonté ou la difficulté d'une œuvre vertueuse peuvent tenir à deux choses ; premièrement, à l'espèce même de l'acte, et elle dépend alors de la nature de 327 son objet | propre ; deuxièmement, à la longueur du temps, car le fait d'insister longuement sur quelque chose de difficile présente en soi-même une difficulté spéciale, et c'est pourquoi, persévérer longtemps dans un bien jusqu'à sa consommation, relève d'une vertu spéciale. De même donc que la tempérance et la force sont des vertus spéciales, parce que l'une modère les plaisirs du toucher (ce qui est, de soi, difficile), tandis que l'autre modère les craintes ou les audaces qui accompagnent tout danger de mort (ce qui, de soi, est difficile aussi), de même également la persévérance est une vertu spéciale, à laquelle il revient de nous faire persévérer dans ces œuvres vertueuses, ou dans toute autre, aussi longtemps qu'il est nécessaire (*ST*, IIa IIae, q. 137, art. 1, Concl.).

On ne confondra d'ailleurs pas la persévérance avec une autre vertu, connexe elle aussi de la force, la constance. Ce n'est en effet pas la même difficulté qu'elles ont à surmonter. Ce contre quoi la persévérance résiste et nous prémunit, c'est la longueur même du temps pendant lequel nous devons soutenir notre effort ; au lieu que la constance nous arme principalement contre les obstacles ou difficultés de l'extérieur qui peuvent mettre en péril notre résolution de faire le bien (*ibid.*, art. 3). Cette dernière vertu est donc moins immédiatement reliée à la force que ne l'est la persévérance, parce que la difficulté qui naît de la longueur du temps est plus essentielle et intérieure à l'acte de vertu que celle qui naît des empêchements extérieurs.

On notera enfin que la persévérance est située, | comme le sont **328** toutes les vertus, dans un juste milieu, entre les deux excès opposés de la mollesse et de l'obstination. Un homme mou est celui qui se désiste de ses bons propos aussitôt que surgissent des difficultés, même surmontables. Un homme obstiné est celui qui refuse de renoncer à ses résolutions une fois prises, même lorsqu'il est déraisonnable de s'y attacher. Ainsi, l'obstination persiste dans son dessein plus qu'il ne faut ; la mollesse persiste moins qu'il ne faut ; la persévérance au contraire, persiste exactement aussi longtemps qu'il faut, et c'est pourquoi nous la considérons comme une vertu.

LA TEMPÉRANCE

Avec la vertu de tempérance, nous abordons le nouvel objet par rapport auquel elle se définit : les plaisirs sensibles et les concupiscences charnelles, que c'est son œuvre propre de refréner. On peut même préciser davantage et, suivant la méthode que nous avons adoptée pour définir la vertu de force, chercher quels plaisirs et quelles concupiscences elle doit avant tout modérer. En effet cette vertu est l'une des quatre vertus cardinales; elle porte donc certainement sur une difficulté considérable et liée, pour ne pas dire inhérente, à la nature même de l'être humain que nous sommes (IIa IIae, q. 141, art. 7). Quelle est cette difficulté ?

La tempérance porte sur les concupiscences et les délectations, comme la force sur les craintes et les audaces. Or nous avons assigné comme objet propre à la force : les craintes et les audaces qui accompagnent les plus grands de tous les maux, ceux qui mettent fin à la nature elle-même, c'est-à-dire les périls de mort; pareillement donc, la tempérance devra concerner les concupiscences des délectations les plus fortes de toutes. Et comme une délectation est l'accompagnement d'une opération | naturelle, certaines délectations sont d'autant plus **330** véhémentes que sont plus naturelles les opérations qu'elles accompagnent. Or, chez les animaux, les opérations les plus

naturelles de toutes sont celles par lesquelles les individus se
conservent dans l'existence à l'aide de la nourriture et de la
boisson, et celles par lesquelles ils conservent l'espèce grâce
à l'union du mâle et de la femelle. C'est donc avant tout sur
les délectations de la nourriture, de la boisson, et sur celles
qui dépendent des sexes, que devra porter la tempérance;
et comme les délectations de ce genre dépendent du sens
du toucher, il en résulte que la tempérance concerne les
délectations du toucher (*ST*, IIa IIae, q. 141, art. 4).

En deuxième ligne, et comme objet subordonné au précédent,
nous placerons les délectations du goût, ou même de l'odorat ou de la
vue, qui peuvent se joindre à celles du toucher et les rendre par là
même plus séduisantes. Tous ces plaisirs se trouveront donc soumis
par la vertu de tempérance à une règle fixe, qui en déterminera l'usage,
et cette règle sera cherchée dans la fin même des plaisirs qu'elle aura
charge de modérer. Leur objet propre est en effet d'assurer la vie de
l'individu et la vie de l'espèce; telle sera donc la règle de la tempérance : prendre des biens et des plaisirs du toucher juste autant qu'il
est requis pour les nécessités de la vie (*ibid.*, art. 6). Nous allons
donc trouver cette vertu, elle aussi, à égale distance de deux excès
contraires : l'insensibilité et l'intempérance. L'insensible pèche par
défaut et par manque de désirs; ce vice existe, encore ne faut-il pas en
confondre l'apparence avec ce qui n'est que juste modération :

331 | Tout ce qui contrarie l'ordre naturel est vicieux; or la
nature a associé la délectation aux opérations nécessaires à la
vie de l'homme, et c'est pourquoi l'ordre naturel exige que
nous usions des délectations de ce genre autant qu'il est nécessaire à la conservation de l'homme, qu'il s'agisse de celle de
l'individu ou de celle de l'espèce. Quelqu'un donc qui se
tiendrait à l'écart de tout plaisir, au point de s'abstenir de ce qui
est nécessaire à la conservation de la nature, commettrait un
péché, par le seul fait de se mettre en opposition avec l'ordre

naturel, et c'est une faute qui relèverait du vice d'insensibilité. On notera cependant que, dans certains cas, ce peut être chose louable, ou même nécessaire, de s'abstenir des plaisirs qui accompagnent les opérations de ce genre, lorsqu'il le faut pour une certaine fin. Par exemple, certains s'abstiennent des plaisirs de la nourriture et de la boisson, ou des plaisirs sexuels, par souci de leur santé corporelle. D'autres s'en abstiennent pour remplir leur office, comme les athlètes et soldats, qui doivent s'abstenir de bien des plaisirs pour remplir le leur ; ou encore les pénitents qui, voulant recouvrer la santé de leur âme pratiquent l'abstinence des plaisirs comme une sorte de diète ; ou enfin les hommes qui, voulant vaquer à la contemplation et aux choses divines, doivent s'abstenir davantage | des œuvres **332** charnelles, sans que rien de tout cela ne verse dans le vice d'insensibilité, parce que tout s'en accorde avec la droite raison (*ST*, IIa IIae, q. 142, art. 1, Concl.).

Au contraire de l'insensible, l'intempérant pèche par excès, en se laissant entraîner à la poursuite des plaisirs qui sollicitent nos sens, et spécialement de ceux qui tentent le toucher. Envisagé sous un certain aspect, le vice d'intempérance nous apparaîtrait comme digne d'une certaine indulgence, parce qu'il ne consiste finalement que dans un dérèglement condamnable d'inclinations qui sont en elles-mêmes légitimes et naturelles. En réalité, c'est un vice fort bas et qui mérite éminemment notre complète réprobation ; en effet :

La réprobation semble être le contraire de l'honneur et de la gloire ; or l'honneur doit aller à l'excellence, comme la gloire à l'éclat du mérite ; d'où il résulte que l'intempérance est éminemment digne de la réprobation, pour deux raisons. La première, c'est qu'elle est en complète contradiction avec l'excellence de l'homme, puisqu'elle ne cherche que les délec-tations qui nous sont communes avec les animaux ; d'où cette parole du *Psaume* XLVIII (v. 21) : *l'homme était à l'honneur et il ne l'a pas compris ; mais il s'est apparié aux bestiaux privés de raison, et il est devenu semblable à eux.* Deuxiè-mement, l'intempérance est en complète contradiction avec ce qui fait l'honneur de l'homme ou sa beauté, car les délectations que l'intempérance poursuit sont celles | où s'aperçoit le moins la lumière de la raison, et comme c'est cette lumière qui fait tout l'honneur et la beauté de la vertu, de telles délectations sont considérées comme les plus serviles de toutes (*ST*, IIa IIae, q. 142, art. 4, Concl.).

333

On voit en même temps par là que la vertu de tempérance implique, à titre de partie pour ainsi dire intégrale, une autre vertu qui en est par conséquent inséparable : la pudeur. Celui qui aime la mesure qu'introduit la raison parmi nos plaisirs, déteste par là même le désordre que constitue l'intempérance, et c'est cette honte que l'on nomme pudeur. Pareillement, la tempérance suppose et implique la vertu de l'honneur. Bien qu'en effet l'honneur, pris en soi, ait une extension beaucoup plus vaste que celle de la tempérance proprement dite, c'est bien à elle qu'il se rattache le plus étroitement ; car, la tempérance ayant pour fonction de régler par la raison nos inclina-tions les plus basses et les plus honteuses, elle ne saurait aller sans l'honneur, qui est la volonté même de la beauté spirituelle introduite en nous par l'ordre de la raison.

Nombreuses sont les applications particulières de la vertu de tempérance, car elle a bien des délectations à modérer, et bien des manières de les modérer. L'abstinence, par exemple, ou maîtrise de soi-même dans l'usage de la nourriture, afin de l'accorder aux exi-gences de la raison. Le jeûne, qui est l'acte particulier par lequel s'exerce la vertu d'abstinence et qui par conséquent s'y rattache. Ce sont là des pratiques louables et sûres pour refréner le vice opposé que l'on nomme gourmandise, sous quelque forme d'ailleurs qu'il se manifeste : goût des mets rares et coûteux, recherche dans la façon de les accommoder, quantité excessive de la nourriture consommée, hâte

ou emportement dans la manière dont le gourmand la consomme,
| combien d'erreurs que la raison réprouve et que la vertu de tempé-   **334**
rance s'efforce de corriger! D'autant que ce qui est vrai de la nourriture l'est également de la boisson, la sobriété ayant pour objet propre
d'en mesurer l'usage, et l'ivrognerie étant le vice opposé à la sobriété.
Vertu et vice qui sont d'ailleurs de véritables espèces distinctes parmi
ceux qui les entourent et leur ressemblent; en effet, rien n'est plus
directement et immédiatement contraire à l'exercice de la raison que
l'excès dans l'usage des boissons enivrantes, de telle sorte que nous
sommes ici devant un péril spécial qui menace l'ordre rationnel et
devant un remède spécial destiné à le conjurer. On peut même
aller plus loin et déterminer par là quelles personnes se trouvent
particulièrement tenues à la vertu de sobriété :

Toute vertu peut être considérée sous deux rapports; tout
d'abord quant aux vices contraires qu'elle exclut et aux
concupiscences qu'elle refrène; ensuite, quant à la fin vers
laquelle elle conduit. De là résulte que, si le besoin d'une vertu
se fait particulièrement sentir chez certains, cela peut être pour
deux raisons. La première consisterait dans une pente naturelle
plus forte aux concupiscences que cette vertu doit refréner et
aux vices qu'elle supprime; et, de ce point de vue, la sobriété
est particulièrement exigible chez les jeunes gens et chez les
femmes; chez les jeunes gens, parce que la concupiscence est
chez eux en pleine force à cause de la chaleur de leur âge; et
chez les femmes, parce que leur esprit manque de la force
requise pour résister aux concupiscences, | si bien que, selon   **335**
Valère Maxime (l. II, chap. I, n. 3), les femmes de l'antiquité
ne buvaient pas de vin chez les Romains. La deuxième
raison pour que la sobriété soit particulièrement exigible chez
certaines personnes, c'est qu'elle leur est spécialement nécessaire en raison des occupations qui leur sont propres. En effet,
le vin pris en trop grande quantité trouble surtout l'usage de la

raison, et par conséquent, les vieillards qui doivent garder la vigueur de leur raison pour conseiller les autres; les Évêques, et généralement les ministres de l'Église, qui doivent remplir leurs devoirs spirituels d'une âme dévote; les rois enfin, qui doivent gouverner avec sagesse le peuple qui leur est soumis, sont particulièrement astreints à la sobriété (*ST*, IIa IIae, q. 149, art. 4, Concl.).

Le contraire de la sobriété se nomme l'ivrognerie, dont les signes extérieurs ne sont que trop aisément reconnaissables, mais qui peut cependant se présenter au moraliste sous des aspects bien différents :

L'ivresse est une faute qui consiste dans l'usage immodéré et dans la concupiscence du vin; mais cette faute peut se produire de trois manières. Dans le premier cas, on ne sait pas qu'il y a excès de boisson et qu'elle peut enivrer, et alors il peut y avoir ivresse sans qu'il y ait péché. Dans le deuxième cas, on se rend compte qu'il y a excès de boisson, mais on ne croit pas que ce soit une boisson capable d'enivrer, et alors l'ivresse peut entraîner un péché véniel. Dans le troisième cas, on remarque bien que la boisson est excessive, et qu'il s'agit d'une boisson enivrante, et cependant on aime mieux s'enivrer que de s'abstenir de boire. C'est celui-là qui mérite proprement le nom d'ivrogne, parce qu'en morale les espèces ne se déterminent pas d'après les circonstances accidentelles et indépendantes de l'intention, mais par ce qui constitue l'objet direct de l'intention. En pareil cas l'ivrognerie est un péché mortel, puisque l'homme qui s'y livre se prive, sciemment et le voulant, de cet usage de la raison qui nous fait agir selon la vertu et nous détourne du péché. S'exposant donc au danger de pécher, il pèche mortellement (*ST*, IIa IIae, q. 150, art. 2, Concl.).

On voit en même temps comment doit se résoudre le problème si discuté de savoir si l'ivrognerie est une excuse pour celui qui commet une faute en état d'ivresse. Certes, puisque l'ivrogne est privé de l'usage de sa raison, il ignore ce qu'il fait au moment où il agit, et par conséquent son ivresse lui sert d'excuse. Mais elle ne l'excuse complètement de toute faute que s'il s'agit de cette ivresse accidentelle dont nous avons parlé d'abord, et qui n'est pas elle-même une faute; s'il s'agit au contraire d'une ivresse volontaire, celui qui commet ensuite une faute est responsable de s'être mis en état de la commettre, bien que la faute même se trouve diminuée parce qu'elle n'est plus directement attribuable à la volonté. Ajoutons que, ce que sont la sobriété et l'abstinence par rapport à l'usage de la | boisson et **337** des aliments, la chasteté l'est par rapport aux plaisirs sexuels, avec cette différence toutefois, que l'abstention complète des plaisirs de la table est inconciliable avec les exigences de la nature, au lieu que l'on peut s'abstenir complètement de cette deuxième sorte de plaisirs. La virginité parfaite peut être gardée, et non seulement elle n'est pas illicite, mais même elle est chose éminemment louable, parce qu'elle maintient l'homme dans l'état le plus favorable qui soit à la forme de vie la plus haute qui lui soit accessible :

Dans les actes humains ce qui est vicieux est ce qui se fait en dehors de la droite raison. Or la droite raison veut que l'on fasse usage des moyens selon la mesure requise par leur fin. D'autre part, comme le dit Aristote (*Éthique à Nicomaque*, I, chap. VIII, 1098b12), le bien de l'homme est triple, l'un, qui consiste dans les biens extérieurs, par exemple les richesses; l'autre qui consiste dans les biens du corps; le troisième, qui consiste dans les biens de l'âme, entre lesquels les biens de la vie contemplative passent avant ceux de la vie active comme le dit l'*Éthique à Nicomaque* (X, chap. VII, 1177a12; chap. VIII, 1178a9), et comme le dit aussi le Seigneur (*Luc*, X, 42) : *Marie a choisi la meilleure part*. De tous ces biens, ceux qui sont extérieurs s'ordonnent en vue de ceux du corps; ceux du corps

s'ordonnent à leur tour en vue des biens de l'âme, et enfin, parmi ces derniers, les biens de la vie active s'ordonnent en vue des biens de la vie contemplative. D'où il résulte qu'user des biens extérieurs selon la droite raison, c'est en user selon la
338 mesure qui convient au corps, et | ainsi de suite. Par conséquent, si en vue d'assurer la santé de son corps ou la contemplation de la vérité, quelqu'un vient à s'abstenir de posséder certaines choses qu'il lui serait par ailleurs bon de posséder, il n'agit pas vicieusement mais selon la droite raison. Pareillement, si quelqu'un vient à s'abstenir des délectations corporelles pour vaquer plus librement à la contemplation de la vérité, il fait preuve de rectitude dans l'usage de sa raison. Or lorsqu'une pieuse virginité s'abstient de toute délectation sensuelle, c'est précisément afin de vaquer plus librement à la contemplation de la vérité. L'Apôtre nous dit en effet (I *Cor.*, VII, 34) : *La femme qui n'a pas de mari et la vierge pensent aux choses du Seigneur, afin de rester saintes de corps et d'âme ; la femme mariée pense aux choses du monde et cherche comment plaire à son mari.* La virginité n'est donc pas vicieuse, mais bien plutôt louable (*ST*, IIa IIae, q. 152, art. 2, Concl.).

On objectera peut-être cependant que la virginité est en contradiction directe avec la loi de nature, sanctionnée d'ailleurs par Dieu lui-même, lorsqu'il assura la conservation des espèces en commandant aux individus : Croissez, multipliez, et remplissez la terre (*Gen.*, I, 22). Si ce serait une faute contre la loi naturelle que d'anéantir sa propre individualité en s'abstenant complètement de nourriture, n'en serait-ce pas une aussi que d'agir contre le maintien de l'espèce en refusant d'engendrer ?

339 | À cela il faut répondre que tout précepte entraîne en effet un devoir, mais qu'il y a deux sortes de devoirs : ceux qui s'imposent à l'individu comme tel, et auxquels par conséquent on ne peut se soustraire sans péché ; ceux qui s'imposent au groupe comme tel, et que par conséquent chacun des membres du groupe n'est pas tenu de remplir. Bien des choses en effet sont nécessaires au groupe, qu'un seul individu ne suffirait pas à accomplir ; ce groupe les accomplit cependant en ce sens que l'un de ses membres fait une chose et l'autre une autre. Or le précepte de manger qui a été donné à l'homme par la loi de nature doit nécessairement être accompli par chacun, autrement l'individu ne pourrait pas se conserver ; mais le précepte de se reproduire regarde la multitude totale des hommes, à laquelle il est nécessaire, non seulement de se reproduire corporellement, mais encore de progresser spirituellement. Il sera donc suffisamment pourvu aux besoins de la multitude humaine si, alors que certains en assurent la reproduction charnelle, d'autres s'en abstiennent pour vaquer à la contemplation des choses divines en vue de l'ornement et du salut de tout le genre humain ; de la même manière que, dans une armée, les uns gardent le camp, d'autres portent les enseignes, et d'autres enfin se battent, accomplissant ainsi des devoirs qui incombent tous à la multitude, mais qui ne | sauraient cependant **340** être tous remplis par un seul (*ST*, IIa IIae, q. 152, art. 2, ad 1).

Contre la vertu de chasteté se dresse le vice de luxure qui, défini en son sens le plus strict, concerne principalement les plaisirs sexuels. Ce vice apparaît aussitôt que de tels plaisirs se trouvent détournés, d'une manière et dans une mesure quelconques, de leur fin propre, qui est la conservation de l'espèce au moyen de la génération. Peu de vices introduisent dans les facultés de notre âme un désordre aussi profond et aussi généralisé :

Lorsque les facultés inférieures sont véhémentement absorbées dans leurs objets, il en résulte que les facultés supérieures ne peuvent plus accomplir leurs opérations ou les

accomplissent en désordre. Or, dans le vice de luxure, l'appétit
inférieur, c'est-à-dire le concupiscible, est très véhémentement absorbé dans son objet, c'est-à-dire le délectable, par la
véhémence de la passion et de la délectation. D'où résulte que
la luxure introduit le désordre surtout dans les facultés supérieures, qui sont la raison et la volonté. Or toute action suppose
quatre actes de la raison : le premier est l'acte de simple intelligence qui appréhende une fin quelconque comme un bien, et
que la luxure empêche, selon cette parole de Daniel (XIII, 56) :
*Tu as été trompé par la beauté, et la concupiscence pervertit
ton cœur*; elle engendre donc sous ce rapport l'aveuglement de
341 l'esprit. | Le deuxième acte est la délibération sur les moyens à
employer en vue de la fin, acte que la concupiscence empêche
également; ce qui fait dire à Térence dans l'*Eunuque* (I, 1),
parlant de l'amour libidineux : « Ce qui ne comporte ni réflexion ni mesure, ce n'est pas par la réflexion que tu le condui-
ras »; la luxure engendre donc sous ce rapport la précipitation,
dont nous avons déjà dit (voir p. 236) qu'elle supposait un
manque de délibération. Le troisième acte est le jugement sur
ce qu'il faut faire, et qui est empêché, lui aussi, par la luxure;
car Daniel (XIII, 9) dit des vieillards luxurieux : *ils ont
détourné leur pensée, pour perdre la mémoire des jugements
justes*; la luxure engendre donc sous ce rapport le manque de
réflexion. Le quatrième acte est le précepte par lequel la raison
prescrit ce qu'il faut faire, et qui est à son tour empêché par
la luxure, en ce que son emportement empêche les hommes
d'exécuter ce qu'ils ont décrété qu'il fallait faire; sous ce
rapport, elle engendre l'inconstance, dont Térence dit, dans
l'*Eunuque*, à propos d'un personnage qui parle de se séparer de
son amie : « Voilà des paroles qu'une seule fausse petite larme
fera taire ». Si nous nous plaçons maintenant au point de vue de
la volonté, deux actes désordonnés résulteront de la luxure : le

premier est la volonté de la fin, où elle introduit l'amour de soi par la délectation même dont elle est un | appétit désordonné, **342** et par suite la haine de Dieu, par qui la concupiscence de cette délectation est interdite ; le deuxième est la charité des moyens, où elle introduit l'amour de la vie présente pendant laquelle on veut jouir du plaisir et, par opposition, le désespoir de la vie future, car celui que retiennent les délectations charnelles ne se soucie point de parvenir aux spirituelles et n'en éprouve que dégoût (*ST*, IIa IIae, q. 153, art. 5, Concl.).

Nous venons de voir quelles sont les vertus impliquées dans la tempérance avec les vices qui s'y opposent ; il nous faut étudier maintenant les vertus qui, sans être la tempérance proprement dite ni s'y trouver incluses à titre de parties, s'y rattachent du moins et participent de sa nature. Elles sont au nombre de trois : la continence, la clémence et la modestie.

Si l'on prenait le terme de continence en un sens absolu, comme certains le font, la vertu qu'il désigne ne différerait en rien de la virginité dont nous avons déjà parlé. Mais, à proprement parler, la continence est quelque chose de moindre et de différent : une sorte de qualité plutôt qu'une véritable vertu. L'homme vraiment chaste possède la vertu de maîtriser les mouvements de sa concupiscence ; l'homme qui n'est que continent s'efforce en quelque sorte de les contenir, sans être capable de s'en rendre parfaitement maître. Effort louable et méritoire ; vertueux, en ce sens qu'il lutte contre le mal ; mais imparfaitement vertueux, en ce sens que nulle violente passion ne devrait s'opposer aux ordres de la raison dans une âme où règnerait une vertu achevée. On voit bien son caractère méritoire lorsqu'elle vient à faire défaut. Sans être enraciné dans le mal d'une manière stable, comme l'est l'intempérant qui a contracté l'habitude permanente de mal | faire et se réjouit de s'adonner à la passion, l'incontinent **343** se laisse entraîner au mal par un mouvement passionnel transitoire, dont il se repent ensuite (*ibid.*, q. 156, art. 3, Concl.), mais contre lequel néanmoins il aurait eu le devoir de résister. Les principaux effets de la continence sont de s'opposer à l'appétit sensitif sous ses deux formes passionnelles les plus importantes : la colère et la concupiscence ; les principaux effets de l'incontinence sont au contraire de nous y faire céder.

On peut considérer comme deuxième vertu connexe de la tempérance, la clémence, dont il faut à la fois distinguer et rapprocher la mansuétude. Celui qui possède la mansuétude est capable de modérer intérieurement la passion de colère qui l'agite ; celui qui fait preuve de clémence est spécialement capable de diminuer les peines qu'une vertu de justice trop stricte pourrait l'inciter à infliger (*ST*, IIa IIae, q. 157, art. 1). L'une et l'autre ont ce caractère vertueux de se régler sur la raison, car ce n'est pas selon quelque aveugle sentiment que la mansuétude et la clémence refrènent la colère ou diminuent les châtiments, mais en conséquence d'un jugement rationnel qui condamne cette colère ou ces peines comme excessives (*ibid.*, q. 157, art. 2, ad 1). Les deux contraires de ces qualités, auxquelles nous avons donné le nom de vertu par un élargissement de sens, sont la colère et la cruauté. Considérons d'abord ce qu'est la colère, prise en tant que vice.

Comme nous l'avons dit plus haut (voir p. 138) le terme de colère, pris au sens propre, désigne l'une des passions, et toute passion de l'appétit sensitif est bonne dans la mesure où elle est réglée par la raison ; que si au contraire elle se soustrait à l'ordre de la raison, elle est mauvaise. Or la raison peut régler la passion de colère à deux points de vue. D'abord, quant à la **344** fin désirée vers laquelle elle tend, et qui est | la vengeance ; car lorsque la vengeance que l'on désire est conforme à l'ordre de la raison, le désir qui meut une telle colère est louable et l'on dit qu'elle est un effet du zèle ; mais lorsque ce désir de vengeance viole d'une manière quelconque l'ordre de la raison, par exemple : en ce que l'on désire châtier quelqu'un qui ne mérite pas de l'être, ou plus qu'il ne le mérite, ou pour un motif étranger à l'ordre légitime, qui est le maintien de la justice, ou pour une autre fin que la fin légitime qui est le maintien de la justice et la correction de la faute, alors l'appétit qui meut cette colère est vicieux, et l'on dit qu'elle est un effet du vice. L'autre point de vue duquel la raison peut introduire de l'ordre dans la colère, c'est la manière de s'irriter; car elle peut veiller à ce que le mouvement de colère ne s'échauffe pas à l'excès, ni au dedans, ni au dehors, faute de quoi le désir d'une vengeance même juste n'irait pas sans péché (*ST*, IIae IIae, q. 158, art. 2, Concl.).

Quant à la cruauté, elle consiste essentiellement dans une sorte de dureté et d'âpreté de sentiment qui exclut toute inclination à mitiger les peines infligées aux coupables. Elle ne s'oppose pas à cette maîtrise de soi qui empêche la raison d'excéder les justes limites dans la détermination des peines à infliger, mais à cette douceur de sentiment que nous avons nommée clémence, et qui porte le juge à relâcher quelque chose d'une austérité peut-être excessive (*ibid.*, q. 159, art. 1, ad 1). On ne | confondra d'ailleurs pas la cruauté avec le goût des **345** sévices, sorte de brutalité qui consiste dans le plaisir bestial de faire souffrir et se délecte de la douleur même infligée à la victime. L'ordre de la raison se trouve alors perverti, en ce qu'au lieu de punir pour corriger une faute, on punit pour voir souffrir; faire preuve de cruauté, c'est témoigner d'une malice encore humaine, se complaire dans les sévices, c'est se ravaler au niveau de l'animalité.

La dernière des trois vertus connexes de la tempérance, mais non la moins féconde en heureux effets pour notre vie morale, est la modestie, ou modération concernant les délectations moindres que celles du toucher. Nous avons dit en effet que ces dernières constituent la matière propre de la vertu de tempérance; si donc il faut une vertu spéciale pour les délectations les plus intenses, il en faut une autre pour celles qui le sont moins. Telle sera précisément la modestie, quelle que soit d'ailleurs la forme sous laquelle nous puissions la considérer. Par exemple, nous éprouvons incontestablement un appétit pour les honneurs et tout ce qui est grand, à tel point que nous avons requis la vertu de magnanimité afin de le maintenir contre le vice de désespoir; encore faut-il le préserver du vice contraire qui nous entraînerait par manque de modération vers des buts toujours plus hauts; ce sera

l'office de la modestie que de nous retenir en ce point, et elle portera
dès lors le nom d'humilité. On peut donc dire, en somme, que l'humilité est la forme que revêt la modestie afin de régler nos espérances
(*ST*, IIa IIae, q. 161, art. 4, Concl.), et que son contraire est l'orgueil, le
plus grave dans son genre, et le premier de tous les péchés. En effet,
ainsi que nous le savons déjà, tout péché comporte comme une matière
et une forme : sa matière, c'est le mouvement par lequel l'homme se
tourne vers un bien fini ; sa forme, au contraire, c'est le mouvement
par lequel l'homme se détourne du bien immuable qui est Dieu. Or
l'humilité sous sa forme parfaite consiste dans la soumission de
l'homme à Dieu, l'orgueil consistant au contraire dans le refus de se
346 soumettre à Dieu | et à sa règle ; dès lors, il va de soi que l'orgueil est le
premier des péchés, puisqu'il en réalise pour ainsi dire la définition :

> Dans un genre quelconque, c'est toujours ce qui est par soi
> qui vient le premier ; or nous venons de dire que l'acte par lequel
> on se détourne de Dieu, et qui constitue le principe formel du
> péché, appartient à l'orgueil par soi, et aux autres péchés
> seulement à titre de conséquence ; d'où il résulte que la nature
> de l'orgueil est bien celle du premier des péchés, et que, par là
> même, il est le principe de tous les autres, à cause de l'aversion
> contre Dieu qu'il implique et qui constitue l'élément principal
> du péché (*ST*, IIa IIae, q. 162, art. 7, Concl.).

C'est à quoi s'accorde d'ailleurs tout naturellement l'enseignement traditionnel de l'Église, qui considère comme un péché
d'orgueil le péché originel. La promesse du démon : *Vous serez
comme des dieux, sachant le bien et le mal*, engendra dans l'âme du
premier homme un désir désordonné d'être en effet semblable à Dieu,
c'est-à-dire, d'être capable de déterminer par les forces de sa nature ce
qui devait être pour lui bien ou mal et d'acquérir le pouvoir d'accomplir ce bien ou d'éviter ce mal à l'aide de ses ressources purement
naturelles (*ibid.*, q. 163, art. 2, Concl.). Péché d'une extrême gravité, et
même le plus grave de tous, sinon dans sa matière même, du moins

dans ses conséquences, et en raison de l'état de perfection où se trouvaient placés ceux qui l'ont commis.

La considération du péché originel, qui fut le désir orgueilleux d'une science plus qu'humaine, nous conduit naturellement à l'une des formes de la modestie que les intellectuels courent le plus grand risque d'oublier : | la vertu de limiter sa curiosité. Il importe d'ailleurs **347** d'en bien comprendre la nature ; en effet :

Cette vertu ne concerne pas directement la connaissance, mais l'appétit et le désir d'acquérir la connaissance ; car on ne doit pas juger de la connaissance même de la vérité comme de l'appétit et du désir de connaître la vérité : prise en soi, la connaissance elle-même de la vérité est bonne ; si elle peut devenir mauvaise, c'est seulement par accident et en raison d'une conséquence quelconque, soit que l'on s'enorgueillisse de savoir la vérité, selon cette parole de l'Apôtre (I *Cor.*, VIII, 1) : *La science enfle*, soit en ce que l'on utilise cette connaissance de la vérité, pour commettre le péché. Quant à l'appétit ou désir de connaître la vérité, il peut au contraire être en lui-même soit bon soit pervers. Il sera pervers, par exemple, chaque fois qu'un homme tendra son désir vers la connaissance du vrai pour le mal que l'on peut en retirer ; tels, ceux qui s'efforcent de conquérir la science pour s'en faire gloire, et que nous décrit ainsi saint Augustin (*Des mœurs de l'Église*, 21) : « Il y a des hommes qui, désertant la vertu, ne connaissant ni Dieu, ni la majesté de cette nature qui demeure toujours semblable à elle-même, croient pourtant avoir fait quelque chose de grand lorsqu'ils étudient avec une curiosité passionnée la masse entière de ce corps que l'on nomme le monde ; et ils en conçoivent un tel | orgueil que, ce ciel même dont ils disputent **348** si souvent, ils finissent par avoir l'illusion de l'habiter ». Tels encore ceux dont l'étude est vicieuse parce qu'ils ne s'instruisent qu'en vue de pécher, et dont Jérémie a écrit (IX, 5) : *Ils ont* *instruit leur langue à mentir et se sont travaillés pour mal faire.* Mais le désir de connaître le vrai peut encore être pervers en ce que c'est lui-même qui se trouve désordonné, et il l'est de quatre manières différentes. Il peut d'abord arriver qu'une étude moins utile nous détourne de celle à laquelle nous devrions nous appliquer, et c'est ce que dit saint Jérôme (lettre 146, *Sur le Fils Prodigue*) : « On voit des prêtres délaisser les Évangiles et les Prophètes, pour lire des comédies et chanter les mots d'amour des poèmes Bucoliques ». Mais il peut arriver aussi que l'on cherche à s'instruire auprès de maîtres interdits, comme c'est évidemment le cas de ceux qui demandent aux démons de leur dévoiler l'avenir, et dont saint Augustin écrivait (*De la vraie religion*, 4) : « Je ne sais si la foi même retiendrait les philosophes du vice d'interroger curieusement les démons ». La troisième perversité consiste à désirer de connaître la vérité touchant les créatures sans rapporter cette connaissance à sa fin légitime, qui est la connaissance de Dieu ; d'où cette parole d'Augustin dans le livre *De la vraie religion* (chap. XXIX) : Il ne faut pas qu'une vaine et périssable **349** curiosité nous attarde dans | la considération des créatures, mais qu'elle nous serve de degré vers l'immuable et l'immortel. Enfin le désir de savoir peut encore être désordonné parce que la vérité qu'il vise dépasse les ressources de notre intelligence personnelle, car on tombe par là facilement dans l'erreur, selon cette parole de l'*Ecclésiastique* (III, 22) : *Ne cherche pas ce qui te dépasse, ne scrute pas ce qui est plus fort que toi, et que ta curiosité respecte beaucoup de ses œuvres* ; après quoi il ajoute : *nombreux en effet sont ceux qui furent victimes de leurs propres conjectures et que leur jugement a retenu dans l'erreur* (*ST*, IIa IIae, q. 167, art. 1, Concl.).

On a reconnu déjà le dernier des seize conseils donnés par saint Thomas à frère Jean pour acquérir le trésor de la science : *Altiora te ne quaesieris*, c'est-à-dire ne cherche pas ce qui te dépasse. À plus forte raison devrons-nous réprimer modestement notre curiosité, dans l'ordre des connaissances purement sensibles qui, plus encore que nos connaissances intellectuelles, doivent être subordonnées à notre dernière fin.

Restent enfin les manifestations les plus extérieures, et aussi les mieux connues, de la vertu de modestie, celles qui s'expriment dans la manière de se tenir et de se vêtir. Vertu, la modestie dans le vêtement et dans le maintien l'est sans aucun doute, car ces choses dépendent de notre volonté et doivent par conséquent être soumises à la loi de la raison (*ibid.*, q. 168, art. 1). Or ce que la raison veut avant tout, c'est que chacun se tienne et s'habille comme il convient à son sexe, à sa personne et à ses fonctions. Que la femme s'efforce de plaire à son mari, comme elle doit, mais sans chercher au delà ; et que celles qui n'ont point de mari, et ne | veulent ni ne peuvent en avoir, ne cherchent **350** à plaire à personne. Que chacun se comporte comme tout homme raisonnable l'attendra de lui, étant donné ce qu'il fait et ce qu'il est, soit qu'il travaille, soit qu'il se repose, soit qu'il s'amuse. Car il est déraisonnable, et par conséquent mauvais de ne pas savoir ni vouloir s'amuser, et c'est un véritable vice que d'être ennuyeux soi-même ou d'empêcher les autres de jouer si c'est dans le jeu qu'ils trouvent leur plaisir. Assurément, il serait encore plus mauvais de trop jouer que de ne pas jouer assez, car il faut du plaisir dans la vie comme du sel dans la cuisine : un peu suffit. Encore faut-il savoir l'y mettre, et comment :

L'homme a besoin de repos corporel pour réparer ses forces ; il ne saurait travailler continuellement, parce que ses forces sont limitées et proportionnées à des efforts déterminés. Or il en est de même pour l'âme dont les forces également finies sont aussi proportionnées à des opérations déterminées ; c'est pourquoi, lorsqu'elle outre passe sa mesure dans certaines opérations, elle peine et en éprouve de la fatigue. Cela est d'autant plus vrai que le corps collabore aux opérations de l'âme et fatigue en même temps qu'elle, puisque l'intelligence utilise des facultés qui opèrent au moyen d'organes corporels ; or les biens connaturels à l'homme sont les biens sensibles, de telle sorte que, lorsque l'âme s'élève au-dessus du sensible pour s'efforcer au travail de la raison, il en résulte pour elle une fatigue. Et cela reste vrai qu'il s'agisse d'un effort de la raison

351 spéculative ou | d'un effort de la raison pratique ; car si cela est plus vrai de son activité contemplative en ce que la raison s'y détache encore plus du sensible, c'est vrai aussi de la raison pratique, dont certaines opérations extérieures entraînent une plus grande fatigue corporelle ; et, dans un cas comme dans l'autre, l'homme qui se fatigue le plus est toujours celui qui s'adonne le plus intensément au travail de la raison. De même donc que la fatigue du corps prend fin par le repos du corps, la fatigue de l'âme doit nécessairement prendre fin par le repos de l'âme. Or nous avons dit en traitant des passions que le repos de l'âme consiste dans le plaisir (voir p. 128), il faut donc faire appel au plaisir pour porter remède à la fatigue de l'âme, après avoir interrompu l'effort qu'exige le travail de la raison.

Nous lisons dans les *Conférences des Pères* (XXIV, 21) que certains se scandalisèrent un jour de trouver saint Jean en train de jouer avec ses disciples. Ce que voyant, saint Jean demanda à l'un d'entre eux, qui portait un arc, de tirer une flèche, et lorsqu'il l'eût fait plusieurs fois, le saint lui demanda s'il lui serait possible de le faire continuellement. L'archer répondit que, s'il le faisait continuellement, son arc se briserait ; de quoi saint Jean conclut que l'esprit de l'homme se briserait pareillement s'il demeurait continuellement tendu. Voilà pourquoi l'on doit nécessairement faire appel de temps

352 en temps à ces | paroles ou ces actions, qui n'ont d'autre fin

que le plaisir de l'âme et s'appellent des jeux, pour servir en quelque sorte de repos à l'âme; et c'est d'ailleurs ce que dit Aristote (*Éthique à Nicomaque*, IV, chap. VIII, 1127b33) lorsqu'il dit qu'en cette vie l'on se repose en jouant. Ainsi donc, il faut parfois s'amuser. Toutefois, en le faisant, on prendra garde principalement à trois choses, dont la première et la principale est de ne pas chercher son plaisir en des actions ou paroles qui soient honteuses ou nuisibles; c'est pourquoi Cicéron nous dit qu'il y a une manière de jouer basse, libertine, dissolue et obscène. La deuxième est de veiller à ce que le sérieux de notre âme ne se dissipe jamais complètement; c'est pourquoi saint Ambroise dit: « Prenons garde, sous prétexte de nous détendre l'esprit à ne pas détruire toute l'harmonie et, pour ainsi dire le concert de nos bonnes œuvres »; et Cicéron: « De même que nous ne permettons pas à des enfants qui jouent de tout faire mais seulement ce qui reste dans les limites de l'honnêteté, ainsi que, même dans le jeu, la droiture de notre esprit laisse transparaître sa lumière ». La troisième précaution à prendre est que le jeu, comme d'ailleurs toutes les actions humaines, convienne à la personne qui s'y livre, au moment et au lieu où elle s'y livre, et que, généralement parlant, toutes les circonstances requises soient observées. Qu'il soit « digne du | temps et de l'homme », dit Cicéron au même endroit (*De Officiis*, I, chap. 29). Or rien de tout cela ne peut s'ordonner que selon la règle de la raison, et puisque toute disposition stable à agir comme le veut la raison est une vertu morale, il peut y avoir une vertu dans le jeu, celle précisément qu'Aristote nomme l'*enjouement* (voir p. 167). On qualifie donc d'enjoués (εὐτράπελος: *qui se tourne facilement*) ceux qui s'entendent à donner un tour amusant à ce qui se dit ou qui se fait, et comme

353

c'est à l'aide de cette vertu qu'on refrène le défaut de modération dans les jeux, elle se trouve contenue sous la modestie
(*ST*, IIa IIae, q. 168, art. 2).

Par là nous atteignons le terme de l'étude détaillée des vertus
cardinales que nous nous étions proposée ; il nous reste, pour achever
la morale particulière, à définir et hiérarchiser les divers genres de vie
dans lesquels les hommes sont appelés à exercer ces différentes vertus.

LES ÉTATS

Pour étudier les conditions au milieu desquelles se développe la vie morale, il faut considérer d'abord l'homme en société. Que l'homme soit un animal social, c'est ce que nous avons déjà dit, et d'ailleurs tout le prouve. Les autres animaux sont en effet naturellement pourvus de tout ce qui leur est nécessaire pour vivre seuls : un pelage ou un plumage pour se vêtir; des dents, des cornes, des ongles pour attaquer, ou du moins une course rapide pour fuir et se défendre. L'homme n'a rien de tout cela, et nul homme n'est capable de s'en donner l'équivalent par ses seules ressources si nous le supposons vivant dans l'isolement; d'où la nécessité pour lui de s'unir aux autres afin de profiter de leur travail et de les faire profiter du sien. Bien plus, la nécessité de l'association s'impose aux hommes, même du point de vue de l'acquisition des connaissances; car les animaux savent par une sorte d'instinct inné quelles sont, parmi les choses particulières, celles qui leur sont utiles et celles qui leur sont nuisibles; l'homme au contraire est obligé d'acquérir ce discernement des objets particuliers et cette science de leurs propriétés au moyen de raisonnements déduits eux-mêmes des principes, science qui ne saurait être l'œuvre d'un seul et requiert par conséquent l'organisation d'une société. Mais comment une société peut-elle, comment surtout doit-elle être organisée ?

Il y a trois formes de société possibles : la monarchie, | l'aristo- **355** cratie et la démocratie, à chacune desquelles correspond une autre forme, qui n'en est que la corruption : la tyrannie, l'oligarchie et la démagogie. La monarchie est le gouvernement du peuple par un seul, et sa forme corrompue : la tyrannie, est l'oppression de tout ou partie du peuple par un seul. L'aristocratie est l'administration du peuple par un petit nombre d'hommes vertueux, et sa forme corrompue : l'oligarchie, est l'oppression de tout ou partie du peuple par quelques individus ; c'est donc en somme une tyrannie à plusieurs. La démocratie (*politia*) est le juste gouvernement de l'état par une classe nombreuse, comme celle des soldats par exemple ; et sa forme corrompue, la démagogie (*democratia*), est l'oppression d'une classe sociale par une autre, comme par exemple lorsque le bas peuple, abusant de sa supériorité numérique, opprime les riches ; c'est donc en somme la tyrannie de la foule. Il va de soi que nous ne songeons à opter pour aucune des trois tyrannies, mais on peut se demander, des trois formes de gouvernement juste, quelle est la meilleure ?

À cette question l'on ne saurait fournir de réponse qui soit valable pour tous les cas particuliers. Voici un pays de gouvernement monarchique, comme le fut d'abord Rome, mais dont la monarchie a dégénéré en tyrannie ; on peut s'attendre que le peuple expulsera les tyrans et que, par horreur d'un tel régime, il se donnera un gouvernement aristocratique tel que le régime consulaire. Bien mieux, un tel changement peut devenir le signal d'un incroyable renouveau de vitalité, comme nous savons par Salluste que ce fut réellement le cas :

Il arrive en effet le plus souvent que les hommes qui vivent sous un roi ne travaillent que paresseusement au bien commun, car ils éprouvent l'impression que de tels efforts ne leur profitent pas à eux-mêmes, mais à celui | qui tient en son pouvoir les biens communs à tous. Lorsqu'au contraire ils ne voient pas le bien commun entre les mains d'un seul, ils n'éprouvent plus l'impression que ce bien soit la chose d'un autre, mais chacun veille sur lui comme s'il s'agissait de son propre bien. Voilà pourquoi l'expérience montre que telle cité administrée par des magistrats annuels fait parfois plus qu'un roi qui possèderait trois ou quatre villes, et que de petits services exigés par un roi sont moins volontiers supportés que ne le sont de lourdes charges lorsqu'elles sont imposées par la communauté des citoyens. C'est d'ailleurs ce que l'on a pu observer au cours du développement de la république romaine, car le peuple y fut appelé à la conscription militaire, il lui fallut payer des impôts pour la solde des combattants, et, lorsque le rendement des impôts devint insuffisant pour payer cette solde, on mit les fortunes particulières à la disposition des services publics, à tel point que le sénat se dépouilla lui-même de tout, sauf l'anneau d'or et la bulle d'or que conservait chacun de ses membres comme insignes de sa dignité. Mais fatigués par des dissensions continuelles qui finirent par dégénérer en guerres civiles, ils virent, au cours de ces guerres, la liberté, pour laquelle ils avaient tant lutté, leur échapper des mains, et passèrent sous la domination des empereurs. Au début, ces empereurs ne voulurent | pas prendre le nom de rois parce que c'était un nom **357** odieux aux Romains, toutefois certains d'entre eux travaillèrent fidèlement au bien commun comme l'auraient pu faire des rois, si bien que grâce à leurs efforts l'État romain se trouva conservé et accru ; beaucoup d'entre eux au contraire, tyranniques envers leurs sujets, faibles et lâches devant les ennemis, réduisirent à néant la puissance de Rome. Et l'on pourrait noter une marche analogue dans l'histoire du peuple hébreu. Au commencement, lorsqu'ils étaient gouvernés par les Juges, les Juifs étaient pillés de tous côtés par leurs ennemis parce que chacun ne faisait que ce qui lui semblait bon ; mais lorsqu'à leur demande Dieu leur eut donné des rois, la malice de ces rois détourna le peuple du culte d'un seul Dieu et l'amena finalement à se trouver réduit en servitude. Il y a donc toujours péril des deux côtés, soit que l'on renonce à la meilleure forme de gouvernement, qui est la monarchie, par crainte de la tyrannie, soit qu'au contraire, par crainte d'y renoncer, on adopte un

gouvernement monarchique au risque de le voir dégénérer en
tyrannie (*Du royaume*, I, 4).

L'embarras du choix est pour nous d'autant plus réel que la
gravité des risques à courir augmente avec l'excellence du régime
pour lequel on serait tenté d'opter. La corruption du meilleur est
358 toujours ce qui | conduit au pire; dès lors, quel sera le parti le plus
sage : se contenter de ne pas être très bien par crainte d'être très mal, ou
viser malgré tout au meilleur sans se soucier du pire? L'alternative
n'est peut-être pas aussi absolue qu'on pourrait le croire d'abord, et
c'est de quoi nous pourrons mieux nous rendre compte en définissant
les raisons qui font de la monarchie le meilleur des gouvernements :

On appelle roi, celui qui administre le peuple d'une cité ou
d'une province en vue de son bien commun. Ceci posé, on doit
se demander ce qui serait le plus avantageux pour une cité ou
une province, d'être gouvernée par plusieurs ou par un seul.
Pour le savoir, il faut partir de la fin même que doit se proposer
un gouvernement. En effet, l'intention de tout homme qui
gouverne doit être d'assurer le salut de ceux qu'il a entrepris de
gouverner, comme celle de l'homme qui tient le gouvernail est
de préserver son navire des périls de la mer et de l'amener à
bon port sans avaries. Or en quoi consiste le bien et le salut de
la société politique, sinon dans la paix, sans laquelle la vie
sociale perd toute raison d'être et le peuple divisé se devient à
charge à lui-même? Voilà donc ce que celui qui gouverne un
peuple doit avant tout se proposer, lui assurer l'unité dans la
paix. Et la question n'est pas pour lui de savoir s'il doit faire
régner la paix dans le peuple qui lui est soumis, pas plus que le
médecin ne se demande s'il doit guérir le malade qu'on lui
359 confie, car | on n'a jamais à délibérer sur la fin qu'il faut se
proposer, mais sur les moyens d'y parvenir. C'est pour cela
que l'apôtre Paul, après avoir recommandé l'unité du peuple
fidèle (*Eph.*, IV, 3), ajoute ces paroles : *Ayez soin de conserver*

l'unité de l'esprit par le lien de la paix. Par conséquent, un régime sera d'autant plus utile qu'il sera plus efficace pour assurer l'unité dans la paix, puisque c'est la définition même du plus utile que de nous mieux conduire à notre fin. Or de même que les sources de chaleur les plus puissantes sont les objets qui sont chauds par eux-mêmes, de même il est évident que ce qui est un soi-même, est mieux capable de réaliser l'unité que ne pourraient l'être plusieurs : le gouvernement d'un seul est donc plus utile au peuple que le gouvernement de plusieurs.

En outre, tout ce qui se passe naturellement se passe bien, puisqu'en toute chose la nature fait ce qui est le meilleur, or le mode commun de gouvernement dans la nature est le gouvernement d'un seul. Si l'on considère en effet l'ensemble des membres, on en voit un qui meut tous les autres, à savoir le cœur. Et si l'on considère les parties de l'âme, on trouve une faculté qui préside aux autres : la raison. De même encore les abeilles ont une reine unique, et, dans l'univers tout entier, il n'y a qu'un seul Dieu qui a créé toutes choses et les | gouverne. **360** Non sans raison d'ailleurs, car une pluralité dérive toujours d'une unité, de telle sorte que si les produits de l'art imitent les œuvres de la nature, et si un produit de l'art est d'autant plus parfait que sa ressemblance avec les œuvres de la nature est plus étroite, le meilleur gouvernement pour un peuple consiste nécessairement dans le gouvernement d'un seul.

Ajoutons enfin que l'expérience même le prouve ; car les provinces ou les cités qui ne sont pas gouvernées par un seul souffrent de dissensions et sont agitées par le manque de paix, comme pour accomplir la plainte que le Seigneur nous fait entendre par son Prophète (Jérémie, XII, 19) : *un grand nombre de bergers ont ravagé ma vigne.* Au contraire, les provinces et les cités qui sont régies par un seul roi jouissent de la paix ; la justice y est florissante et l'abondance des biens y entretient la joie ; c'est pourquoi le Seigneur promit à son peuple comme un don magnifique de lui donner un seul chef et de placer un prince unique au milieu de lui (*Du royaume*, I, 2).

Reste, il est vrai, le danger de tomber dans la tyrannie qui, étant l'opposé du meilleur, est nécessairement le pire (*ibid.*, I, 3). Mais d'abord on se souviendra que la tyrannie n'est pas un danger qui menacerait la seule monarchie ; l'oligarchie et la démagogie sont des **361** tyrannies à leur manière et qui, | pour être celles d'un clan ou d'une foule, n'en sont pas toujours moins lourdes à porter. Si l'on dit en effet que la tyrannie d'un seul est la pire de toutes, c'est en pensant à ce que serait une tyrannie absolue ; car de même qu'un seul homme uniquement employé à assurer le bien commun, comme le roi, est la garantie de bonheur politique la plus solide, de même un seul homme uniquement employé à exploiter le peuple dans son intérêt personnel, comme le tyran, serait la source des malheurs politiques les plus effroyables. Mais il est rare qu'une pareille tyrannie se réalise avec un seul ; elle se borne le plus souvent soit à l'exploitation de quelques familles, soit à celle d'une classe plus ou moins nombreuse de citoyens, laissant ainsi tous les autres tranquilles et ne compromettant le bonheur que d'une partie du peuple ou de la cité. Au contraire, lorsque c'est le gouvernement de plusieurs qui se corrompt et devient tyrannique, le mal réside dans le gouvernement lui-même et trouble totalement l'équilibre de la cité ou du pays tout entiers. Si l'on ajoute à cela que le gouvernement de plusieurs engendre plus fréquemment des tyrannies que le gouvernement d'un seul, en raison des jalousies qui s'élèvent parmi les chefs et incitent l'un d'entre eux à éliminer les autres l'on conclura que, toutes choses égales d'ailleurs, c'est encore la monarchie qui présente le moins de dangers. De deux maux, il faut en effet choisir le moindre. Or, d'une part, nous avons le gouvernement le meilleur, avec peu de risques de tomber dans le pire qui serait la tyrannie complète d'un seul ; d'autre part, nous avons des gouvernements moins bons, avec beaucoup de risques de tomber dans des tyrannies dont la moindre affecterait déjà le bon ordre de l'État tout entier. Si donc la seule raison de se priver du meilleur des régimes est la crainte de la tyrannie, et que la tyrannie soit plus à craindre encore dans les régimes les moins bons que dans le meilleur, il ne nous reste plus aucune raison de ne pas choisir le meilleur : nous choisirons par conséquent le gouvernement d'un seul (*Du royaume*, I, 5).

| La royauté une fois choisie, il reste à choisir le roi et à l'instruire **362** dans les devoirs de sa charge. De ce que l'intérêt du peuple est de remettre sa conduite entre les mains d'un seul, il ne résulte en effet nullement que le peuple doive la remettre entre les mains du premier venu. Au contraire, son choix devra se porter de préférence sur un homme dont le naturel permette d'espérer qu'il ne se transformera jamais en tyran ; on organisera en outre son gouvernement et l'on tempérera sa puissance de telle manière qu'il n'ait ni l'occasion ni le pouvoir de verser dans la tyrannie. Que si, malgré toutes ces précautions, il y verse, on fera sagement de le supporter aussi longtemps qu'il sera supportable, car on n'échange souvent un mauvais tyran que pour un pire. Et si l'on se trouvait finalement réduit à l'extrémité de s'en débarrasser, il faudrait bien se garder de recourir à la violence et au meurtre, mais imiter plutôt la patience dont usait le peuple chrétien à l'égard des empereurs romains ses persécuteurs. En pareil cas, on doit toujours s'efforcer d'aboutir par des voies légales et d'obtenir du tyran qu'il se démette, car le peuple, qui choisit les rois, a toujours le pouvoir de destituer les tyrans indignes de leur charge (*ibid.*, I, 6).

Quelle est en réalité la garantie la plus sûre que puisse avoir un peuple contre la tyrannie ? Que le lourd fardeau de la royauté s'accompagne de l'espoir d'une digne récompense au cas où celui qui l'exerce l'exerce bien. Les rois sont des hommes, et s'ils savent qu'un juste monarque est toujours récompensé tandis que l'injustice des tyrans est toujours punie, on peut espérer qu'ils ne se laisseront point corrompre. Mais quelle sera cette récompense ?

Certains ont soutenu, et notamment Cicéron, qu'il faut nourrir les princes avec de l'argent et de la gloire. Or il n'est pas douteux que la gloire ne soit une récompense digne d'un prince, qu'elle ne lui soit même nécessaire, et qu'en outre il n'ait besoin d'argent pour subvenir aux nombreuses charges dont la responsabilité pèse sur lui ; un prince sans gloire et sans argent n'est | pas un prince. Mais, même de ce point **363** de vue tout extérieur, on observera que le bon roi est mieux partagé que le tyran, car une tyrannie ne dure jamais bien longtemps, elle coûte fort cher en armée et en police, et elle laisse derrière soi, en fait de gloire, le souvenir d'un nom exécré (*ibid.*, I, 10). Ce n'est cependant pas avec des récompenses de ce genre qu'il convient d'encourager les princes à se comporter en bons rois et il y aurait de la part du peuple quelque maladresse à le faire, car un roi qui brûle de s'illustrer et de s'enrichir le fait trop souvent aux dépens de ses sujets, levant des armées et entreprenant des guerres où son peuple perd parfois jusqu'à sa liberté. En outre, nous avons établi déjà (p. 50) que nulle récompense terrestre n'est suffisante à combler les désirs légitimes d'un homme quelconque; comment des honneurs et des richesses pourraient-ils combler ceux d'un roi, à moins qu'il ne s'agisse des honneurs célestes réservés par Dieu à ses élus?

C'est en ce sens, en effet, qu'il est vrai de dire des rois que l'honneur et la gloire sont leur récompense. Quel honneur mondain et passager pourrait donc valoir pour un homme celui de vivre dans la cité et dans la maison de Dieu, et de partager avec le Christ l'héritage du royaume céleste? C'est le désir et l'admiration de cet honneur qui faisaient dire au roi David (*Ps.* CXXXVIII, 17): *Seigneur, vous avez comblé d'honneur vos amis!* Mais en outre, quelle gloire humaine pourrait-on comparer à cette louange, dont nous sommes sûrs qu'elle n'est pas une flatterie destinée à nous tromper, ni une erreur de l'opinion sur notre compte, mais qu'elle est décernée par le témoignage intérieur de notre | conscience, et confirmée par le témoignage de Dieu, qui promet à ses fidèles de leur être à son tour fidèle en présence des anges de Dieu, dans la gloire du Père? Or, qui cherche cette gloire la trouve, et la gloire humaine qu'il ne cherche pas lui est octroyée par surcroît; c'est ce que prouve l'exemple de Salomon, car non seulement la Sagesse qu'il demandait lui fut accordée par le Seigneur, mais il devint en outre le plus glorieux de tous les rois.

On doit ajouter d'ailleurs que celui qui s'acquitte bien de son devoir royal occupera un rang particulièrement éminent dans la béatitude céleste. Si en effet la béatitude est le prix de la vertu, il est normal qu'une vertu plus grande soit récompensée par une plus grande béatitude. Or la plus haute vertu est celle qui rend l'homme capable, non seulement de se diriger soi-même, mais encore de diriger les autres ; et elle l'est d'autant plus que plus grand est le nombre des hommes qu'elle dirige, comme un homme passe pour doué d'une vertu physique d'autant plus grande que plus nombreux sont les adversaires qu'il est capable de vaincre ou plus lourds les poids qu'il est capable de lever. Si donc il faut plus de vertu pour gouverner sa famille que pour se gouverner soi-même, il en faut beaucoup plus encore pour gouverner une cité et un royaume ; il est donc d'une éminente vertu de bien exercer les fonctions royales et éminente aussi, par | conséquent, sera la béatitude qui doit en 365 être le prix (*Du royaume*, I, 8-9).

Supposons maintenant un prince unique, pénétré du sentiment des devoirs de sa charge, et animé du désir de s'en bien acquitter pour se rendre digne d'une telle récompense, comment concevra-t-il la tâche du souverain ? Nous avons déjà noté que l'idéal des opérations de l'art est de procéder comme celles de la nature ; or le gouvernement royal n'est pas le seul cas de gouvernement, et il n'est pas sans modèles naturels à imiter ; que le roi se demande donc comment l'âme gouverne le corps, comment la raison gouverne l'âme ou, mieux encore, comment Dieu gouverne le monde, et il saura comment se comporter. Que si le bon souverain imite la Providence divine, il se reconnaîtra en effet une double tâche : fonder des royaumes, des cités ou des institutions, comme Dieu crée ; administrer son peuple et le conduire à sa fin, comme Dieu régit le monde et le conduit à la sienne. S'agit-il de fonder ? Le prince imitera l'œuvre de distinction, par lequel Dieu sépara les éléments, distingua les êtres et mit chacun d'eux à sa place ; nous verrons donc le roi choisir un lieu salubre, abondant en ressources naturelles, plaisant à habiter, sûr contre les ennemis dans le cas d'une ville ; dans le cas d'un royaume, il lui faudra en outre choisir les emplacements des villes, des camps, des universités, des terrains d'exercices militaires, des marchés pour le commerce, et ainsi de suite ; il lui faudra même veiller à ce que chacun se trouve établi selon son état et serve selon ses aptitudes ; que, l'emplacement du tribunal une fois choisi, ce soit le plus juste qui juge, et que, l'église une fois construite, des hommes vraiment dignes en soient les prêtres. S'agit-il maintenant de gouverner ? Le roi observera que Dieu gouverne le monde en conduisant tous les êtres vers leur fin et il s'efforcera par conséquent avant tout de conduire tous ses sujets vers la leur. Quelle est-elle ? Et peut-il l'atteindre seul ?

366   On doit se représenter la fin d'un ensemble | d'individus comme identique à la fin de chacun d'eux. Si donc la fin de l'homme était un bien qui lui fût intérieur, la fin dernière du gouvernement d'un peuple serait de procurer ce bien à tout le peuple et de le lui conserver. Supposons que la fin dernière de l'homme, individu ou peuple, fût la vie et la santé corporelle, le roi devrait faire œuvre de médecin ; supposons encore que la fin dernière de l'homme fût la richesse, c'est un financier qu'il faudrait choisir comme roi ; supposons enfin que la connaissance de la vérité fût un souverain bien accessible à la foule, c'est la charge de professeur que le roi devrait remplir. Or il semble bien que la fin d'un peuple qui s'assemble soit de vivre conformément à la vertu. En effet, si les hommes se réunissent, ce n'est que pour bien vivre ensemble et parce qu'ils ne sauraient bien vivre en demeurant isolés ; mais, bien vivre, c'est vivre selon la vertu ; la vie vertueuse constitue donc la fin pour laquelle les hommes se réunissent en société.

    Le signe qu'il en est ainsi est que les seuls individus dont l'union forme une société sont ceux qui partagent en commun la préoccupation de bien vivre. Si en effet les hommes ne s'assemblaient qu'afin de vivre, les animaux et les esclaves feraient partie de la société civile; si c'était pour acquérir des richesses tous ceux qui font du commerce ensemble appartiendraient | à la même cité, comme nous voyons compter pour un **367** seul peuple tous ceux qui, afin de bien vivre, se sont réunis sous les mêmes lois et obéissent au même gouvernement. Mais puisque l'homme qui vit conformément à la vertu se dirige vers une fin plus haute, celle qui consiste à jouir de Dieu, il faut nécessairement que ce qui est la fin d'un seul homme soit aussi la fin de toute société humaine. On dira donc que la fin dernière d'un peuple qui s'assemble n'est pas de vivre conformément à la vertu mais, au moyen d'une vie vertueuse, de parvenir à la jouissance de Dieu.

Si donc une telle fin pouvait être atteinte par une vertu purement humaine, ce serait l'office du roi que de diriger les hommes vers cette fin. En effet, nous admettons que l'on donne le nom de roi à celui qui exerce la forme de gouvernement humain la plus haute. Or un gouvernement est de forme d'autant plus haute que plus haute est la fin qu'il se propose; aussi, celui qui se charge de la fin commande toujours aux ouvriers qui travaillent à en réaliser les moyens; tel, le pilote, qui doit organiser un voyage en mer, commande au constructeur de navires un bateau fait de telle sorte qu'il puisse accomplir ce voyage; tel encore le citoyen qui a besoin d'armes prescrit à l'armurier quelles armes il doit lui fabriquer. Mais puisque la jouissance de Dieu n'est pas une fin qui soit accessible à | l'homme par une vertu purement humaine, selon cette **368** parole de l'Apôtre (*Rom.*, VI, 23): *La grâce de Dieu, voilà la vie éternelle*, ce n'est pas d'un gouvernement humain qu'il dépend de nous conduire à cette fin, mais du gouvernement divin.

Le roi auquel appartient un gouvernement de ce genre ne saurait par conséquent être un homme, mais Dieu lui-même, c'est-à-dire Notre-Seigneur Jésus-Christ, qui introduit les hommes dans la gloire céleste en les rendant enfants de Dieu. Voilà le gouvernement qui lui a été confié et qu'il ne laissera point corrompre. Aussi l'Écriture Sainte le nomme-t-elle, non seulement prêtre, mais roi ; car Jérémie a dit de lui (XXIII, 5) : *Il règnera en roi et possèdera la Sagesse*, et c'est par conséquent de lui que le sacerdoce royal tient son origine. Et, qui plus est, tous les fidèles du Christ, en tant qu'ils sont ses membres, méritent les noms de rois et de prêtres. Or, comme il fallait distinguer le domaine spirituel du domaine terrestre, l'administration de ce royaume n'a pas été confiée à des rois de la terre, elle l'a été à des prêtres, et principalement au prêtre suprême, le successeur de Pierre et vicaire du Christ, le pontife romain, à qui tous les rois du peuple chrétien doivent être soumis comme à Notre-Seigneur Jésus-Christ lui-même. En effet, disions-nous, celui qui a charge de la fin a droit que ceux

369 qui | en préparent la réalisation soient soumis et obéissants à ses ordres. Or, chez les païens, le sacerdoce et le culte de la divinité tout entier avaient pour fin la conquête des biens temporels, et comme ces biens contribuent au bien commun du peuple dont la charge incombe au roi, il était naturel que les prêtres fussent soumis aux rois dans les sociétés païennes. Dans l'ancienne loi elle-même, nous voyons le vrai Dieu, et non les démons, promettre des biens terrestres au peuple pieux, et c'est pourquoi, là encore, nous voyons des prêtres soumis aux rois. Dans la nouvelle loi au contraire, le sacerdoce est plus élevé, puisque les biens vers lesquels il guide les hommes sont les biens célestes, et c'est pourquoi les rois doivent être soumis aux prêtres dans la loi du Christ.

On aperçoit du même coup combien furent admirables les voies suivies par la divine Providence, lorsqu'elle fit en sorte que, dans cette ville de Rome où Dieu prévoyait l'établissement futur du siège principal de la Chrétienté, la coutume s'introduisit progressivement de soumettre aux prêtres les administrateurs de la cité. Si nous en croyons en effet Valère Maxime : « Cette Ville estima toujours que tout devait passer après la religion, même ce qu'elle entendait honorer de la majesté suprême. Aussi les empereurs n'hésitèrent-ils pas à participer au service des autels, dans la pensée qu'ils s'assureraient | la maîtrise dans les affaires humaines s'ils servaient **370** bien et fidèlement le pouvoir divin ». Et comme la religion du sacerdoce Chrétien devait plus tard être florissante en France, Dieu permit que les prêtres païens des Gaulois, que l'on nommait les Druides, prescrivissent ses lois à la Gaule tout entière, comme nous l'apprend Jules César dans le *De bello Gallico* (*Du royaume*, I, 14).

Telle nous apparaît donc la structure idéale d'une humanité qui serait intégralement organisée selon les exigences de la morale chrétienne : au sommet de la hiérarchie, le Pape, vicaire du Christ, qui dirige tous les peuples vers la fin dernière et surnaturelle de l'homme, c'est-à-dire vers Dieu. Au-dessous du Pape, un ensemble de monarchies, dont chaque roi se subordonne au Souverain Pontife en même temps qu'il commande à ses sujets. Le roi doit être soumis au Pape, car il n'administre son royaume que pour le bien commun de ses sujets, et comme ce bien réside finalement dans un ordre spirituel qui relève du Souverain Pontife, il faut que le roi reconnaisse les limites de sa juridiction : son gouvernement prépare les hommes en vue d'une fin qu'il ne suffit pas à leur faire obtenir. Par contre, cette œuvre préparatoire est son œuvre propre et c'est le fondement même de l'autorité légitime que chaque souverain exerce sur ses sujets. Les regards fixés sur la loi divine, que Dieu a révélée et que l'Église enseigne, le souverain organise la vie présente de son peuple en vue de la béatitude future, assurant par ses lois le respect de la vertu, et en rendant l'exercice possible par le maintien de la paix d'où découlent l'ordre et la prospérité (*ibid.*, I, 15). Ainsi, des sujets les plus humbles aux officiers subalternes, puis aux ministres, puis aux rois, jusqu'au pontife suprême qui est à la fois le chef de l'Église et de l'humanité, les indi-

371 vidus, | les groupes, les sociétés, se subordonnent et se hiérarchisent sous la fin suprême de toute vie sociale qui est aussi la fin de toute vie morale, de toute vie rationnelle, de tout ordre naturel, et que nous appelons Dieu.

Supposons maintenant un individu quelconque, situé à l'un quelconque des degrés de cette hiérarchie, et se demandant comment il doit vivre ; deux genres de vie nettement distincts s'offriront à son choix : la vie contemplative et la vie active. L'homme se définit en effet : un animal raisonnable ; or la raison peut se proposer deux fins différentes : ou bien elle vaque à la contemplation de la vérité sans autre fin que cette contemplation même, et l'homme mène alors la vie contemplative ; ou bien la raison cherche la vérité afin que l'homme sache ce qu'il doit faire, et c'est alors la vie active. D'un mot, la distinction des deux fonctions de la raison en théorique et pratique définit du même coup les deux seuls genres de vie qu'un être raisonnable puisse mener (*ST*, IIa IIae, q. 179, art. 1 et 2). Faut-il choisir entre les deux, et comment faut-il choisir ?

Certes, si l'on suppose qu'il s'agisse d'un sage dont le choix soit déjà fait, et qui, ayant choisi la meilleure part, n'use de la moins bonne qu'en vue de la meilleure, nulle incompatibilité n'existe entre la vie active et la vie contemplative. Tout au contraire, la vie active peut et doit être un puissant adjuvant de la vie contemplative, lorsqu'elle s'exerce sur les passions de l'âme pour les ordonner, les apaiser et laisser par là même le champ libre à la contemplation (*ST*, IIa IIae, q. 182, art. 3). On peut aller en ce sens jusqu'à dire que la vie active est le préambule obligé de la vie contemplative (*ibid.*, art. 4). Toutefois, il est clair que si l'on envisage la question d'un point de vue absolu, les deux genres de vie qui s'offrent à l'homme sont essentiellement incompatibles : on ne peut pas penser pour penser en même temps que l'on pense pour agir et il serait plus impossible encore de vaquer à la contemplation en même temps qu'à l'exercice de l'action. Il faut donc choisir et opter pour la vie la meilleure : nul doute que ce ne | soit la vie **372** de la contemplation, et, pour le prouver, il suffira de la définir :

En parlant de vie contemplative nous ne pensons maintenant qu'à la forme sous laquelle elle est accessible à l'homme. Or il y a cette différence entre l'ange et l'homme (voir Denys, *Des Noms divins*, VII, lect. 2) que l'ange appréhende la vérité par une intuition simple, au lieu que l'homme est obligé de partir de données multiples pour s'élever à cette intuition d'une vérité simple. La vie contemplative comporte donc d'une part un acte où elle trouve son achèvement final et qui lui confère son unité, c'est la contemplation de la vérité ; elle comporte d'autre part une multiplicité d'actes, grâce auxquels elle parvient à cet acte final, et qui sont eux-mêmes de deux sortes : les uns consistant dans l'appréhension des principes au moyen desquels on parvient à la contemplation de la vérité, les autres consistant à déduire de ces principes la vérité que l'on cherche à connaître ; mais l'acte ultime qui l'achève est la contemplation même de la vérité (*ST*, IIa IIae, q. 180, art. 3, Concl.).

Rien de plus aisé dès lors que d'assigner l'objet final de la vie contemplative et de manifester sa supériorité par la manière dont elle se subordonne la vie active :

Une chose peut appartenir à la vie contemplative de deux façons : soit à titre principal, soit | à titre secondaire et prépara- **373** toire. Ce qui appartient à la vie contemplative à titre principal, c'est la contemplation de la vérité divine, puisque cette contemplation est la fin de la vie humaine tout entière. C'est pourquoi nous lisons dans saint Augustin (*De Trin.*, I, 8) que « la contemplation de Dieu nous est promise comme la fin de toutes nos actions et l'éternelle perfection de nos joies » ; elle sera donc parfaite dans la vie future, lorsque nous verrons Dieu face à face et qu'elle nous rendra parfaitement bienheureux; maintenant au contraire, la contemplation de la vérité divine ne nous est qu'imparfaitement accessible, car nous ne l'atteignons que dans son reflet et comme une énigme, si bien qu'elle ne constitue pour nous qu'un commencement de béatitude, et ne débute ici que pour continuer dans l'avenir. Le Philosophe ne l'indiquait-il pas d'ailleurs (*Éth. Nic.*, X, chap. VII, 1177a17) en plaçant dans la contemplation du parfait intelligible la félicité suprême de l'homme? Mais comme les effets divins sont les guides qui nous conduisent à la contemplation de Dieu, selon cette parole de l'Apôtre (*Ép. Rom.*, I, 20) : *Ce sont les œuvres de Dieu qui permettent à notre intelligence de contempler ses attributs invisibles*, il en résulte que la contemplation des œuvres de Dieu fait elle-même partie de la vie contemplative, à titre secondaire, et dans la mesure où | nous sommes guidés par elle vers la connaissance de Dieu. D'où cette parole d'Augustin (*De la vraie religion*, chap. XXIX) qu'« il ne faut pas employer une vaine et périssable curiosité à l'étude des créatures, mais en user comme d'un degré vers l'immuable et l'éternel ». Par conséquent, on peut hiérarchiser de la manière suivante les quatre moments de la vie contemplative : premièrement, les vertus morales; deuxièmement, les actes intellectuels autres que la contemplation; troisièmement, la contemplation des œuvres de Dieu; quatrièmement, et pour achever tout le reste, la contemplation elle-même de la divine vérité (*ST*, IIa IIae, q. 180, art. 4, Concl.).

Supposons donc qu'un homme soucieux de perfection morale eût opté pour le meilleur des deux genres de vie qui nous sont accessibles, reste encore pour lui à choisir un état qui lui permette de le réaliser. Il est en effet manifeste que les hommes se trouvent placés dans des états socialement différents. Et nous ne voulons pas dire simplement par là que les uns sont riches, les autres pauvres; que les uns sont célèbres, les autres ignorés; car ce sont là des différences individuelles variables et sujettes même à de fréquents changements. Un *état*, c'est une situation stable, inséparable ou difficilement séparable de la personne, c'est avant tout, la condition libre ou serve de l'individu considéré. Il n'y a donc au fond que deux états de vie, soit dans l'ordre civil, soit dans l'ordre spirituel : la servitude ou la liberté (*ST*, IIa IIae, q. 183, art. 1, Concl.). Puisque nous cherchons la vie morale la plus parfaite, nous n'avons évidemment pas à nous préoccuper de choisir entre la servitude et la liberté politiques; ce sont là des | conditions qui **375** intéressent l'ordre de l'action, et nous avons opté déjà pour la vie spirituelle de la contemplation. Tournons-nous donc vers cet ordre supérieur pour y transporter cette distinction :

Ainsi que nous venons de le dire, tout état est un état de servitude ou de liberté; or, dans l'ordre spirituel, il n'y a que deux servitudes et deux libertés : la servitude du péché et la servitude de la justice, la liberté du péché et la liberté de la justice. C'est ce qu'indique la parole de l'Apôtre (*Rom.*, VI, 18-20) : *Lorsque vous étiez dans la servitude du péché, vous étiez libres à l'égard de la justice, si bien qu'ayant été libérés du péché vous êtes devenus les serviteurs de la justice.* Or vivre dans la servitude du péché ou de la justice, c'est être incliné au mal par le vice du péché ou au bien par la vertu de justice. Pareillement, être libre du péché, c'est ne pas être vaincu par l'inclination du péché, au lieu qu'être libre de la justice, c'est ne pas être détourné du mal par l'amour de la justice. Mais puisque la raison naturelle de l'homme l'incline vers la justice, et que le péché est contraire à la raison naturelle, il en résulte que la liberté du péché, avec la servitude de la justice qui l'accompagne, constitue la véritable liberté. En effet, par l'une comme par l'autre, l'homme tend vers le bien qui lui convient. La vraie servitude au contraire sera la servitude du péché, avec

376 la liberté de la | justice qui l'accompagne, puisque l'une et l'autre l'empêchent d'atteindre son bien propre. Or, que l'homme devienne le serviteur de la justice ou du péché, c'est de lui que cela dépend, puisque, ainsi que le dit l'Apôtre au même endroit : *Lorsque vous vous mettez au service de quelqu'un pour lui obéir, vous devenez ses serviteurs, qu'il s'agisse du péché pour la mort, ou de l'obéissance pour la justice* (*Rom.*, VI, 16). Et comme toute entreprise humaine comporte un commencement, un milieu et une fin, il faut distinguer trois moments dans chaque état de servitude, ou de liberté spirituelle : son commencement, qui constitue l'état des débutants ; son milieu, qui constitue l'état de ceux qui progressent ; et sa fin, qui constitue l'état de perfection (*ST*, IIa IIae, q. 183, art. 4, Concl.).

Ainsi le terme de la morale, si nous l'envisageons du point de vue des états de vie, consiste dans la perfection de l'état contemplatif, et nous retrouvons par là même ce que nous enseignait déjà la définition du Souverain Bien. Celui qui s'y trouve parvenu vit surtout de la plus haute des vertus, la vertu théologale de charité (voir p. 217). S'il est parfait, ce n'est pas que son amour tende déjà vers Dieu de tout son pouvoir, car notre capacité d'amour ne se réalisera pleinement que dans la vie future, mais c'est du moins que son amour exclut tout péché mortel, et par conséquent tout ce qui peut détruire en l'homme la vertu de charité (*ibid.*, q. 184, art. 2). Dès lors, il est aisé d'apercevoir que la somme totale de la perfection se réduit à l'observation des deux grands

377 préceptes de | l'Écriture : aimer Dieu de tout son cœur, et son prochain pour l'amour de Dieu. Voilà, comme nous le dit saint Mathieu, la Loi et les Prophètes. Tout le reste s'y trouve nécessairement inclus : jeûner, veiller, méditer, mortifier son corps, renoncer aux richesses, rien de tout cela n'est perfection, mais instrument et moyen de perfection (*ibid.*, q. 184, art. 3). Que faut-il donc pour que cette perfection morale intérieure devienne un véritable état ? Qu'elle se fixe, se stabilise en s'enchaînant volontairement par des vœux et des promesses sous une règle qui la lie. Tel peut être parfait qui ne vit pas en état de perfection; tel, hélas! peut embrasser l'état de perfection qui cependant n'est pas parfait (*ibid.*, q. 184, art. 4). La vie morale sous sa forme achevée requiert au contraire l'un et l'autre, et c'est celle du religieux contemplatif: astreint par un vœu solennel au genre de vie le plus parfait, il l'observe fidèlement, imitant par la stabilité de même l'état auquel il s'engage la continuité future de la vision béatifique. Conclusion qui n'a rien pour nous surprendre; une dernière fois, le problème de la conduite humaine, posé par la morale, ne trouve sa solution complète que dans l'ordre de la religion.

LE BIEN ET LA RAISON

Mais c'est d'abord la raison qu'il faut consulter sur tout problème relatif à la bonne conduite morale, et ce que la raison fait d'abord est de s'assurer de la nature de l'acte et de son objet. Saint Thomas surprend parfois son lecteur par le sang-froid indémontable dont il fait preuve au cours des opérations de ce genre.

C'est un préjugé répandu que la nature peccamineuse de l'acte sexuel. Certains même pensent que le péché originel consistait en l'accomplissement de cet acte et dans le plaisir qu'y prirent Adam et Ève. Le problème s'est offert à saint Thomas d'Aquin dans la *Somme de Théologie*, I, q. 98, art. 2, où il demande : *Si, dans l'état d'innocence, il y aurait eu génération par coït ?*

Paul Valéry a dit que, faire l'amour, c'est être bêtes ensemble. Saint Thomas observait déjà que, « dans l'union charnelle, l'homme devient tout à fait semblable aux bêtes à cause de l'intensité du plaisir qu'il éprouve. La continence est d'ailleurs louable parce qu'elle s'abstient des plaisirs de ce genre. Or c'est par le péché que l'homme se rend semblable aux bêtes, ainsi qu'on le lit au psaume 48, 21 : *L'homme était en honneur, mais il ne l'a pas compris ; il s'est comporté comme les bestiaux stupides et leur est devenu semblable* ; il ne devait donc pas y avoir accouplement du mâle et de la femelle avant le péché ».

C'est ce que plusieurs pensent encore, mais au | contraire il est **379** dit dans l'Écriture, *Gen.* 1 et 2, que Dieu a fait Adam et Ève mâle et femelle avant le péché. Or rien n'est fait en vain dans les œuvres

de Dieu. Donc, même si l'homme n'avait pas péché, il y aurait eu
coït, puisque c'est en vue de cela qu'il y a eu distinction des sexes.
D'anciens théologiens, par exemple Grégoire de Nysse, ont imaginé,
pour l'homme en état d'innocence première, un autre mode de
multiplication que le coït, *considerantes concupiscentiae faeditatem
quae invenitur in coitum* :

Mais cette manière de parler n'est pas raisonnable. En
effet, ce qui est naturel à l'homme, ne lui est ni ôté ni donné par
le péché. Or il est manifeste que, selon sa vie animale, qu'il
avait déjà avant le péché, il était aussi naturel à l'homme
qu'aux autres animaux parfaits, de se reproduire par coït. Les
membres naturels prévus à cet usage en font foi. Il ne faut donc
pas dire qu'avant le péché l'homme n'aurait pas usé de ces
membres naturels comme de tous les autres.

Dans l'état présent de l'homme, il y a donc à considérer
deux choses. L'une, qui relève de la nature, est la conjonction
du mâle et de la femelle en vue de la génération. En effet, toute
génération requiert une vertu active et une vertu passive. C'est
pourquoi, puisque partout où il y a distinction de sexes, la vertu
active est dans le mâle et la vertu passive dans la femelle,
l'ordre de la nature exige que le mâle et la femelle s'unissent
par le coït afin d'engendrer. L'autre chose à prendre en considération dans le coït est la difformité de la concupiscence
immodérée, qu'il n'y aurait pas eue dans l'état d'innocence, où
380 les forces | inférieures étaient entièrement soumises à la raison.

Dire que le plaisir de l'union sexuelle eût été réglé par la raison
avant le péché ne signifie pas qu'il eût été moindre. Au contraire :

Les bêtes manquent de raison. De ce point de vue,
l'homme devient bestial dans le coït, parce que sa raison ne
peut plus alors surmonter le plaisir du coït et l'ardeur de la
concupiscence. Mais, dans l'état d'innocence, il n'y aurait rien
eu de tel qui ne fût gouverné par la raison. Non pas que la

délectation sensible eût été moindre, comme certains le disent ;
car la délectation sensible eût été d'autant plus grande que la
nature eût été plus pure et le corps plus sensible ; mais le désir
ne se serait pas répandu de manière aussi désordonnée sur une
délectation réglée par la raison comme l'était celle-là. Non que
la raison ait pour fonction de diminuer le plaisir du sens, mais
elle doit veiller à ce que le désir ne s'attache pas immodérément à la jouissance. Je dis *immodérément* à cause de la
mesure de la raison. C'est comme un homme sobre, qui n'a pas
moins de plaisir à manger que le goinfre, mais dont le désir se
complaît moins dans cette jouissance. Ce qu'en dit Augustin
(*De civ. Dei*, XIV, 26) n'exclut pas de l'état d'innocence
l'intensité de la jouissance, mais l'ardeur du désir et le trouble
de l'esprit. Dans l'état d'innocence, la continence n'aurait
donc pas été méritoire. En effet, si elle l'est à présent, ce n'est
pas pour l'absence de fécondité qu'elle entraîne, mais pour la
répression du désir | désordonné qu'elle opère. Alors, en effet, **381**
il y aurait eu fécondité sans désir (*ST* Ia, q. 98, art. 2, ad 3).

On a certainement remarqué la clause : *non quia esset minor
delectatio secundum sensum, ut quidam dicunt; fuisset enim tanto
major delectatio sensibilis, quanto esset purior natura*. Le plaisir
sexuel aurait été plus grand au paradis terrestre qu'il ne l'est à présent
dans l'état de nature déchue. On ne peut lire ces lignes sans se souvenir
de l'innombrable clientèle des psychanalystes, hommes qui se lamen-
tent sur le nombre d'actes sexuels qui sont des actes manqués, femmes
qui, dit-on, s'épuisent à la vaine poursuite d'un orgasme qui ne leur
est que parcimonieusement accordé. Tout le domaine de l'érotisme
relève du péché originel. Sans le dérèglement de la sensibilité par la
faute, Freud, Jung et Lacan seraient aujourd'hui sans emploi.

La solidité de la réponse tient à celle du principe sur lequel elle se
fonde, savoir la nature même de l'homme. Doué dès sa création d'un
corps et d'une âme, il est naturel que l'homme se soit reproduit par

accouplement comme tous les autres animaux, et puisque c'est naturel, c'est moral.

Cette manière d'argumenter à partir de la nature de l'être et de sa situation vaut pareillement pour les problèmes dont les données relèvent de l'ordre surnaturel. L'économie du salut de l'homme voulu par Dieu entraîne d'innombrables conséquences dont aucune n'est naturelle, mais dont chacune devient nécessaire dès qu'elle est exigée par Dieu comme condition du salut.

Tel est par exemple le cas des sacrements, notamment du mariage et des obligations qui en découlent. On nommait *Questions Quodlibétiques*, ou *de Quolibet* (sur n'importe quoi) celles que les étudiants avaient droit de choisir à leur gré. Ils en profitaient souvent **382** pour poser au maître des questions embarrassantes, | par exemple : *Un Frère Prêcheur peut-il accepter des aumônes que lui ferait un usurier ?* Ou encore : *Si quelqu'un pêche en honorant un riche pour ses richesses ?* C'est un bon exercice que de chercher les réponses correctes aux questions de ce genre. Celui qui s'y exerce apprendra du moins la modestie en comparant ses réponses à celles de saint Thomas d'Aquin.

L'une des questions quodlibétiques les plus pittoresques demande : « Un mari peut-il se croiser s'il redoute l'incontinence de sa femme incapable de le suivre ? ». Une réponse possible est qu'un homme ne doit pas compromettre son propre salut pour assurer celui d'une autre personne. Or un homme s'assure de son propre salut en se croisant, puisqu'il obtient ainsi la pleine rémission de ses péchés. Il ne doit donc pas omettre de se croiser pour assurer le salut de sa femme (*Quodl.* IV, q. 7, art. 2).

On aimerait savoir ce que saint Thomas pensait de cette manière d'assurer son salut. Elle paraît d'autant moins certaine que, si ce que l'on en dit est vrai, les femmes n'étaient pas rares dans les bagages des croisés. Mais saint Thomas n'en dit rien. Il ne s'attarde pas non plus à morigéner cette femme amoureuse de son mari au point de compromettre le succès de la croisade. La théologie de la croisade n'était peut-être pas très précise dans la pensée de saint Thomas ; peut-être était-il d'accord avec l'auteur anglais d'un traité intitulé : « Dieu ne le veut pas ! ». Mais si nous ne connaissons pas, que je sache, sa pensée sur la valeur religieuse de la croisade, nous savons fort bien ce qu'il pensait du mariage.

Saint Augustin l'avait déjà dit : « Si tu t'abstiens sans le consentement de ton épouse, tu lui accordes la permission de forniquer et son péché sera imputé à ton abstinence ». S'élevant alors au principe, selon sa coutume, Thomas fait observer que « le nécessaire ne doit pas être omis en faveur du volontaire ». C'est ainsi que saint Matthieu blâme les pharisiens qui se dispensaient du précepte d'honorer leurs parents | pour faire à Dieu quelques offrandes volontaires **383** (*Matth.* XV, 6) : « Or prendre soin de sa femme est pour le mari une nécessité, car *le mari est le chef de la femme*, comme il est dit dans I *Corinthiens*, XI, 3, au lieu que prendre la croix pour aller outre-mer dépend de la volonté personnelle. Si donc sa femme est telle qu'elle ne puisse le suivre pour quelque empêchement légitime, et qu'on puisse redouter son incontinence, on ne doit pas lui conseiller de la quitter pour se croiser. Tel n'est pas le cas si l'épouse offre de garder volontairement la continence, ou si elle veut et peut accompagner son mari » (*Quodl.* VII, art. 2). On réfléchira à loisir à la complexité des questions qui se posent tant à la femme qu'au mari. On ne trouvera pas deux cas identiques. En aucun cas, pourtant, on ne pourra alléguer que le mari doive se croiser pour assurer son propre salut, « car son propre salut est intéressé à ce qu'il prenne soin de celui de sa femme, qui est confiée à sa *conduite* ».

Thomas d'Aquin trouvait dans les problèmes relatifs à la vie du prélat ecclésiastique et du maître enseignant, de nombreuses occasions d'exercer la même sagacité. Ses élèves lui demandèrent un jour (*Quodl.* XII, art. 1) : « si un docteur qui a toujours prêché ou enseigné principalement par vaine gloire, pourra regagner son auréole s'il se repent au moment de mourir ? ». La réponse est non, « car la pénitence rend les récompenses que l'on a méritées, elle ne confère pas celles que l'on n'a pas méritées, sauf en tant que le mouvement de pénitence lui-même est méritoire. Ce prédicateur, ou maître, ne mérite donc pas l'auréole ». Même en discutant des questions aussi hautement hypothétiques, saint Thomas s'en réfère donc toujours à la nature des choses et au jugement de la raison.

GUIDE DE LECTURE

ÉTIENNE GILSON

Étienne Gilson a composé l'ouvrage que nous republions en complément de la synthèse qu'il avait proposée de la philosophie thomasienne (*Le thomisme*) et dont la première version paraissait à Strasbourg en 1920. Il retravailla continuellement cette «introduction à la philosophie de saint Thomas d'Aquin». L'ouvrage présent complète cette présentation synthétique par un choix de textes relevant du domaine de la philosophie pratique et constituant une anthologie très richement commentée.

De la vie de ce très important philosophe et historien de la philosophie (né le 13 juin 1884), on peut retenir qu'il a étudié à la Sorbonne sous la direction de Lucien Lévy-Bruhl (1857-1939) et qu'il suivit parallèlement les cours d'Henri Bergson (1859-1941) au Collège de France. Dans une sorte d'auto-biographie intellectuelle, publiée en 1960 sous le titre *Le philosophe et la théologie* (rééd. Paris, Vrin, 2005), Gilson rend hommage à ces maîtres, en particulier à Bergson: «Aucune parole ne dira suffisamment l'admiration, la gratitude, l'affection que nous avons éprouvées pour lui et que nous lui gardons »[1]. Après avoir enseigné à la Sorbonne (dès 1921) et à l'École Pratique des Hautes Études, il fut élu en 1932 au Collège de France. Il partageait alors son activité d'enseignement entre la France et le Canada où il avait fondé à Toronto en 1929 le *Pontifical Institute of Mediaeval Studies*. Depuis 1946 il était membre de l'Académie française. Il est décédé le 19 septembre 1978 à Auxerre.

Parmi ses œuvres majeures, il convient de mentionner en premier lieu *L'Être et l'essence* (Paris, Vrin, 1948) et *L'esprit de la philosophie médiévale* (Paris, Vrin, 1932) mais il faut également accorder une place à ses travaux magistraux sur Augustin (*Introduction à l'étude de Saint Augustin*, Paris, Vrin, 1929), Bernard de Clairvaux (*La théologie mystique de saint Bernard*, Paris, Vrin, 1934), Bonaventure (*La philosophie de saint Bonaventure*, Paris, Vrin, 1924), Dante (*Dante et la philosophie*, Paris, Vrin, 1939) et Duns Scot (*Jean Duns Scot, introduction à ses positions fondamentales*, Paris, Vrin, 1952). Le grand historien de la philosophie s'est également intéressé aux problèmes de la connaissance (*Le réalisme méthodique*, Paris, Téqui, 1935; *Réalisme thomiste et critique de la connaissance*, Paris, Vrin, 1939) et à la question de l'art (*Peinture et réalité*, Paris, Vrin, 1958; *Introduction aux arts du Beau*, Paris, Vrin, 1963; *Matières et formes. Poïétiques particulières des arts majeurs*, Paris, Vrin, 1964). Il ne faut pourtant pas oublier ses travaux sur Descartes par lesquels il avait commencé sa carièrre intellectuelle (*La Liberté chez Descartes et la Théologie*, Paris, Alcan, 1913; *Études sur le rôle de la pensée médiévale dans la formation du système cartésien*, Paris, Vrin, 1930). L'ouvrage sur la correspondance

---

1. Voir également: Institut de France – Académie française, *Hommage public à Henri Bergson*, Panthéon, le 11 mai 1967, allocution de M. Étienne Gilson, Paris, Firmin-Didot, 1967.

entre Abélard et Héloïse (Paris, Vrin, 1938) compte probablement parmi les œuvres les plus connues du célèbre médiéviste[1]. Une vaste correspondance permet de mieux situer l'œuvre de Gilson dans la vie intellectuelle du XXe siècle. Grâce à ses échanges épistolaires non seulement avec Jacques Maritain[2] mais encore avec d'autres thomistes comme le dominicain Michel Labourdette[3] ou avec des historiens de la philosophie comme Henri Gouhier[4], Bruno Nardi[5] et Fernand

1. Sur la biographie de Gilson voir L.K. Shook, *Etienne Gilson*, Toronto, Pontifical Institute of Mediaeval Studies, 1984; H. Gouhier, *Étienne Gilson, trois essais*, Paris, Vrin, 1993. Voir aussi les ouvrages collectifs, *Étienne Gilson, philosophe de la chrétienté*, J. Maritain, Mgr de Solages, A. Forest, H. Gouhier, H.-J. Marrou et M. de Gandillac, Paris, Le Cerf, 1949; *Étienne Gilson et nous : la philosophie et son histoire*, M. Couratier (éd.), Paris, Vrin, 1980; la bibliographie la plus complète est celle de M. Macgrath, *Etienne Gilson : a bibliography*, Toronto, Pontifical Institute of Mediaeval Studies, 1982.

2. Ét. Gilson et J. Maritain, *Correspondance 1923-1971*, G. Prouvost (éd.), Paris, Vrin, 1991.

3. « Correspondance Étienne Gilson – Michel Labourdette », présentation et notes H. Donneaud, *Revue thomiste*, 94 (1994), p. 479-529. Voir dans le même numéro de la revue l'analyse de S.-Th. Bonino, « Pluralisme et théologisme : Deux aspects doctrinaux de la correspondance Gilson – Labourdette ».

4. G. Prouvost, « Les relations entre philosophie et théologie chez É. Gilson et les thomistes contemporains. Lettres d'Étienne Gilson à Henri Gouhier », *Revue thomiste*, 94 (1994), p. 460-478. On lira aussi avec intérêt les pages sur Gilson dans *Henri Gouhier se souvient... ou comment on devient historien des idées*, cinq entretiens avec J.-M. de Montremy, bibliographie générale des œuvres de Henri Gouhier, G. Belgioioso et M.-L. Gouhier (éds.), Paris, Vrin, 2005.

5. *Etienne Gilson's letters to Bruno Nardi*, P. Dronke (ed.), Firenze, SISMEL-Ed. del Galluzzo, 1998. *Cf.* G.M. Cao, « Appunti storiografici in margine al carteggio Gilson-Nardi », *Giornale critico della filosofia italiana*, 21 (2001), p. 137-170.

Van Steenberghen[1] il est possible de mieux saisir la pensée vigoureuse de Gilson. Les lettres échangées avec Marie-Dominique Chenu[2] ou Henri de Lubac[3] révèlent divers aspects de la personnalité et permettent notamment de comprendre l'évolution de l'auteur face au développement de l'église catholique après le Concile Vatican II[4].

Si on voulait esquisser en quelques traits l'apport de Gilson à la philosophie et à l'histoire de la philosophie, il faudrait en premier lieu, avant d'évoquer les aspects théoriques et doctrinaux, rappeler qu'il a réussi à donner aux études de philosophie médiévale en France un véritable statut scientifique et institutionnel[5]. Par ses travaux sur Bernard de Clairvaux, Bonaventure, Scot et Dante, Gilson n'a pas seulement consi-

---

1. « Correspondance avec Étienne Gilson », *Revue philosophique de Louvain*, 87 (1989), p. 612-625.

2. F.A. Murphy, « Correspondance entre Marie-Dominique Chenu et Étienne Gilson : un choix de lettres (1923-1969) », *Revue thomiste*, 105 (2005), p. 25-87.

3. *Lettres de M. Étienne Gilson adressées au P. Henri de Lubac et commentées par celui-ci*, Paris, Le Cerf, 1986. Ce volume contient plusieurs annexes d'un très grand intérêt, notamment celui qui est intitulé : « La grande famille "thomiste" » (p. 181-204) qui permet de mieux situer Gilson dans le mouvement thomiste. On retiendra la leçon (p. 197) : « "L'art d'être thomiste" est un art difficile… Dans la "grande famille" thomiste, chacun l'entend et s'y adonne à sa manière. Il y faut un "apprentissage", qui n'est pas le même pour tous. Aussi, dans un effort de sagesse autant que de charité, le thomiste Étienne Gilson propose-t-il que chacun de ceux qui se réclament de saint Thomas, parlant en son propre nom, rapporte simplement son expérience personnelle, sans y engager autrui ».

4. Sur ce point, *cf.* aussi *Les tribulations de Sophie*, Paris, Vrin, 1967.

5. On lira à ce propos avec grand profit l'article « Les études de philosophie médiévale en France de Victor Cousin à Étienne Gilson », dans *Gli studi di filosofia medievale fra Otto e Novecento. Contributo a un bilancio storiografico*, a cura di R. Imbach e A. Maierù, Roma, Storia e Letteratura, 1991, p. 1-20.

dérablement élargi l'horizon dont il faut tenir compte lorsqu'on veut parler de philosophie médiévale mais il a en même temps défendu une certaine idée de la philosophie médiévale et de sa place dans l'histoire de la pensée européenne. Lorsqu'il parle de « philosophie chrétienne » il veut faire comprendre que la rencontre entre la foi chrétienne et la pensée antique a transformé la philosophie et que celle-ci n'est pas sortie du Moyen Âge comme elle y était entrée. Si cette notion comporte incontestablement une certaine conception du rapport entre la foi et la raison, selon laquelle la révélation est considérée comme un auxiliaire de la raison, il n'est pas moins vrai que Gilson, en interprétant la philosophie médiévale comme philosophie chrétienne voulait aussi signaler que la rencontre entre le christianisme et la philosophie a joué un rôle observable historiquement dans la constitution de la philosophie moderne [1].

Gilson est avant tout un interprète de la pensée de Thomas d'Aquin. La plus profonde originalité de la pensée thomiste réside selon lui dans sa conception de l'être, plus exactement dans la conception du primat de l'acte d'exister : Thomas affirme avec toute la clarté voulue « le primat radical de l'exis-

---

1. Il faut à ce sujet lire le chapitre qui traite du thème dans *L'esprit de la philosophie médiévale*, Paris, Vrin, 1932, et l'opuscule *Christianisme et philosophie*, Paris, Vrin, 1936. Th.-D. Humbrecht consacre au débat sur la philosophie chrétienne une note instructive dans sa « Présentation » de la nouvelle édition de l'*Introduction à la philosophie chrétienne*, Paris, Vrin, 2007. Pour une vue très complète de la discussion autour de la notion de philosophie chrétienne dans le monde francophone, *cf.* « Der französischsprachige Raum. Die dritte Scholastik in Frankreich », dans *Christliche Philosophie im katholischen Denken des 19. und 20. Jahrhunderts*, E. Coreth, W.M. Neidl, G. Pfligersdorffer (eds.), Bd 2, Graz, Styria, 1988, p. 412-564, en particulier l'article de A. Maurer sur Gilson (p. 519-545); voir aussi R. Imbach, « Paul Vignaux et la philosophie chrétienne » (sous presse).

tence sur l'essence »[1]. « L'acte d'exister se situe au cœur, ou si l'on préfère, à la racine même du réel. C'est donc le principe des principes de la réalité »[2]. Par conséquent, le cœur de la position philosophique de Thomas réside dans le fait qu'il refuse absolument de réduire l'être à l'essence et qu'il résiste à la tentation permanente de l'esprit de vouloir « définir l'être par l'essence »[3]. A cette réforme de l'ontologie est directement liée la thèse que la philosophie chrétienne du Moyen Âge est une *métaphysique de l'Exode*[4]. Il entend par là un type de métaphysique qui affirme qu'il y a identité entre « être » et « Dieu », conformément à *Exode* 3,14 où Dieu se désigne en disant « Je suis celui qui suis ». Cette identité est la pierre angulaire fondant toute philosophie chrétienne dont Moïse est l'initiateur[5].

Parmi les nombreuses études dédiées à la doctrine gilsonienne de l'être[6] une place particulière revient au numéro spécial de la *Revue thomiste* de 1994, *Autour d'Étienne Gilson*[7].

1. *Le thomisme*, 6e éd. Paris, Vrin, p. 175.

2. *Ibid.*, p. 175.

3. *L'être et l'essence*, *op. cit.*, p. 326.

4. A propos de cette notion, cf. *L'Esprit de la philosophie médiévale*, *op. cit.*, p. 51.

5. Concernant la fécondité de cette conception de la métaphysique, voir *Celui qui est. Interprétations juives et chrétiennes d'Exode 3,14*, A. de Libera et É. Zum Brunn (éds.), Paris, Le Cerf, 1986.

6. *Cf.* A. Livi, « Bibliografia Gilsoniana », *Doctor communis* 38 (1985), p. 381-390.

7. Voir aussi G. Prouvost, *Thomas d'Aquin et les thomismes*, Paris, Le Cerf, 1996. Ce livre contient un intéressant chapitre sur Gilson. Sur l'historien de la philosophie, voir F. Van Steenberghen, « Étienne Gilson, historien de la pensée médiévale », *Revue philosophique de Louvain*, 77 (1979), p. 487-508; L. Elders, « Étienne Gilson et l'histoire de la philosophie », *Nova et vetera*, 68 (1993), p. 128-141. Sur le philosophe, *cf.* J.F. Wippel, « Etienne Gilson an Christian Philosophy », dans J.K. Ryan (ed.), *Twentieth Century Thinkers. Studies in the work of seventeen modern philosophers*, New York, Alba House,

Introductions à Thomas d'Aquin

Pour constituer son dossier, Gilson a utilisé principalement des textes extraits de quatre œuvres de Thomas, à savoir la *Somme contre les gentils* (*Summa contra gentiles*), la *Somme de théologie* (*Summa theologiae*), la question disputée *Sur la vérité* (*De veritate*) et la question disputée *Sur les vertus* (*De virtutibus*). Le lecteur intéressé par ce que l'on peut appeler la biographie intellectuelle de Thomas d'Aquin trouvera tout ce qu'il faut savoir dans l'ouvrage de J.-P. Torrell, *Initiation à saint Thomas d'Aquin*, 2ᵉ éd., Fribourg-Paris, Éditions Universitaires-Le Cerf, 2002. Cet ouvrage très complet contient, outre un catalogue des œuvres de Thomas, une chronologie de la vie et des œuvres. L'ouvrage *Introduction à l'étude de saint Thomas d'Aquin* (Paris, Vrin, 1950) de M.-D. Chenu propose une initiation plus technique à l'œuvre et à la pensée du dominicain. L'auteur esquisse le contexte intellectuel, présente les genres littéraires, la langue, la méthode de travail de Thomas et, dans la deuxième partie, décrit rapidement les œuvres principales. Au lecteur intéressé par la philosophie de Thomas, on peut recommander les livres suivants en français :

GILSON Ét., *Le thomisme. Introduction à la philosophie de saint Thomas*, 6ᵉ éd., Paris, Vrin, 1965.

HUMBRECHT Th.-D., *Lire saint Thomas d'Aquin*, 2ᵉ éd. revue, Paris, Ellipses, 2009.

IMBACH R. et OLIVA A., *La philosophie de Thomas d'Aquin. Repères*, Paris, Vrin, 2009.

Les deux volumes de l'*Initiation à la philosophie de saint Thomas d'Aquin* de H.-D. Gardeil (1952, rééd. avec une intro-

1965, p. 59-87 ; M. Stickelbroeck, « Gilson Etienne », dans *Thomistenlexikon*, D. Berger et J. Vijgen (eds.), Bonn, nova et vetera, 2006, p. 212-221.

duction de F.-X. Putallaz, Paris, Le Cerf, 2007) contiennent des traductions d'un grand nombre de textes; il faut cependant noter que la philosophie pratique manque. Les cinq volumes de l'ouvrage de J.-B. Echivard, *Une introduction à la philosophie. Les proèmes des lecteurs de saint Thomas aux œuvres principales d'Aristote*, Paris, François-Xavier Guibert, 2003-2008, ne proposent pas seulement le texte et les traductions des *Prologues aux Commentaires* d'Aristote mais également d'abondants commentaires; l'ouvrage fournit ainsi un bonne introduction.

Pour une approche plus théologique et spirituelle, on peut se référer à J.-P. Torrell, *Saint Thomas, maître spirituel*, Fribourg-Paris, Éditions Universitaires-Le Cerf, 2e éd. 2002, ou en anglais à la synthèse de Th. F. O'Meara, *Thomas Aquinas theologian*, Notre Dame, University of Notre Dame Press, 1997.

Parmi les introductions en langue étrangère, on peut conseiller:

DAVIES B., *The Thought of Thomas Aquinas*, Oxford, Clarendon Press, 1993.

FORSCHNER F., *Thomas von Aquin*, München, Beck, 2006.

KRETZMANN N. et STUMP E., *The Cambridge Companion to Aquinas*, Cambridge, Cambirdge UP, 1993.

HEINZMANN R., *Thomas von Aquin. Eine Einführung in sein Denken*, Stuttgart, Kohlhammer, 1994.

LEPPIN V., *Thomas von Aquin*, Münster, Aschendorff, 2009.

MCINERNY R., *Aquinas*, Cambridge, Polity Press, 2004.

PASNAU R. et SHIELDS Ch., *The Philosophy of Aquinas*, Boulder (Col.), Westview Press, 2004.

SCHÖBERGER R., *Thomas von Aquin zur Einführung*, Hamburg, Junius, 1998.

VANNI ROVIGHI S., *Tommaso d'Aquino*, 8e éd. revue, mise à jour A. Tarabochia, Bari, Canavero, 1999.

Traductions des œuvres de Thomas d'Aquin

Il existe un assez grand nombre de traductions françaises des œuvres de Thomas d'Aquin. Il faut mentionner en premier lieu, en rapport avec le thème de ce volume, la *Somme théologique*. Il s'agit de l'œuvre majeure de Thomas, mais inachevée. L'édition courante en français est la suivante :

Thomas d'Aquin, *Somme théologique*, A. Raulin (dir.), trad. fr. A.-M. Roguet, 4 vols., Paris, Le Cerf, 1984.

Cette traduction est censée remplacer la traduction dite de la *Revue des jeunes* (en 69 fascicules publiés entre 1921 et 1981 aux Éditions du Cerf). Une nouvelle présentation de cette série, avec d'amples commentaires, est en cours de publication aux Éditions du Cerf. Une excellente traduction du Traité de la loi mérite d'être signalée :

Thomas d'Aquin, *Les lois*, trad. fr. et présentation J. Kaelin, Paris, Téqui, 1998.

Somme contre les gentils. De cet ouvrage de synthèse il existe une excellente traduction française avec des introductions d'une remarquable qualité :

Thomas d'Aquin, *Somme contre les gentils. Livre sur la vérité de la foi catholique contre les erreurs des infidèles*, trad. fr., présentations et notes V. Aubin, C. Michonet D. Moreau, Paris, Flammarion, 1999.

De la *Question disputée De veritate* il n'existe pas encore de traduction complète :

Thomas d'Aquin, *Questions disputées sur la vérité. Question I, La vérité (De Veritate)*, texte latin de l'édition Léonine, introd., trad. fr. et notes Ch. Brouwer et M. Peeters, Paris, Vrin, 2002.

Thomas d'Aquin, *Questions disputées sur la vérité. Question II, De la vérité ou la science en Dieu*, trad. fr. et comm. S.-Th. Bonino, préface R. Imbach, Fribourg-Paris, Le Cerf, 1996.

THOMAS D'AQUIN, *Questions disputées sur la vérité. Question IV, Le verbe*, texte latin de l'édition Léonine, introd., trad. fr. et notes B. Jollès, Paris, Vrin, 1992.

THOMAS D'AQUIN, *Questions disputées sur la vérité. Question V, La providence – Question VI, La prédestination*, texte latin de l'édition Léonine, introd., trad. fr. et notes D. Chardonnens et J.-P. Torrell, Paris, Vrin, 2011.

THOMAS D'AQUIN, *Questions disputées sur la vérité. Question X, L'esprit*, texte latin, introd., trad. fr., notes et postface K.S. Ong-Van-Cung, Paris, Vrin, 1998.

THOMAS D'AQUIN, *Questions disputées sur la vérité. Question XI, Le maître*, texte latin de l'édition Léonine, introd., trad. fr. et notes B. Jollès, Paris, Vrin, 1983.

THOMAS D'AQUIN, *Questions disputées sur la vérité. Question XII, De la prophétie*, texte latin de l'édition Léonine, trad. fr S.-Th. Bonino, introd. et notes J.-P. Torrell, Paris, Vrin, 2006.

THOMAS D'AQUIN, *Questions disputées sur la vérité. Question XV, Raison supérieure et raison inférieure – Question XVI, De la syndérèse – Question XVII, De la conscience*, texte latin, introd., trad. fr. et notes R. P.J. Tonneau, Paris, Vrin, 1991.

Les deux autres séries de questions disputées importantes pour l'éthique sont traduites en français :

THOMAS D'AQUIN, *Cinq questions disputées sur les vertus, De virtutibus*, 2 vols., D. Pillet (dir.), Paris, Éditions du Sandre, 2008.

THOMAS D'AQUIN, *Questions disputées sur le Mal (De malo)*, texte latin de l'édition Léonine, trad. fr. par les moines de Fontgombault, introd. R.P. L. Elders, 2 vols., Paris, Nouvelles Éditions Latines, 1992.

Pour le traité *De regno* on peut recommander la traduction suivante :

THOMAS D'AQUIN, *Du royaume, De regno*, trad. fr. et présentation M.-M. Cottier, Fribourg-Paris, 1947.

Parmi les choix de textes concernant plus directement l'éthique, on peut signaler :

THOMAS D'AQUIN – BOÈCE DE DACIE, *Sur le bonheur*, éd., introd. et trad. fr. R. Imbach et I. Fouche, Paris, Vrin, 2005.

SAINT THOMAS D'AQUIN, *Petite somme politique*, anthologie de textes politiques, trad. fr. et présentation D. Sureau, Paris, Téqui, 1997 (contient aussi une traduction du *De regno*).

Le site docteurangelique.free.fr propose un grand nombre de traductions françaises très utiles mais de qualité inégale.

On trouvera une bibliographie plus complète des traductions et notamment des éditions des œuvres de Thomas dans R. Imbach et A. Oliva, *La philosophie de Thomas d'Aquin*, *op. cit.*, p. 11-13 et 169-171. On trouvera également dans cet opuscule une description plus détaillée de certains ouvrages majeurs du dominicain.

Enfin, le *Corpus thomisticum* est un site internet (www.corpusthomisticum.org) qui comporte l'édition intégrale des œuvres de Thomas (en latin), une bibliographie courante depuis 2001 et le célèbre *Index thomisticus*. L'équipe qui travaille sous la direction d'E. Alarcón publie également depuis 2007 un annuaire bibliographique, *Thomistica, An International Yearbook of Thomistic Bibliography*, Bonn, nova et vetera. Jusqu'à présent un volume a paru, consacré à l'année 2006.

Bibliographies plus anciennes

MANDONNET P. et DESTREZ J., *Bibliographie thomiste*, 2ᵉ éd. revue et complétée M.-D. Chenu, Paris, Vrin, 1960.

MIEHTE T.L. et BOURKE V.J., *Thomistic bibliography : 1940-1978*, London, Greenwood Press, 1980.

INGARDIA R., *Thomas Aquinas: international bibliography, 1977-1990*, Bowling Green (Ohio), Philosophy Documentation Center Bowling Green State University, 1993.

A propos des œuvres de Thomas dont les textes traduits sont extraits

Dans le choix de textes, Gilson renvoie à une dizaine de passages des *Questions disputées sur la vérité* que Thomas a rédigées lors de son premier enseignement magistral à Paris (1256-1259). Thomas y aborde surtout des thèmes concernant la connaissance humaine, angélique et divine. Il traite cependant dans la q. 21 du bien et dans la q. 22 de la volonté. La q. 26, dans son ensemble traite des passions (*cf.* le passage traduit p. 104-105 sur le concept de passion). Pour une description plus complète de cette œuvre; *cf.* R. Imbach et A. Oliva, *La philosophie de Thomas d'Aquin, op. cit.*, p. 96-102.

Les *Questions disputées des vertus* de la fin du second enseignement parisien de Thomas (1271-1272) et sont donc contemporaines de la rédaction de la IIaIIae de la *Somme théologique*. Elles se composent de 36 articles qui sont regroupées en cinq questions (La vertu en général, La charité, La correction fraternelle, L'espérance, Les vertus cardinales). Les passages traduits dans le choix de Gilson proviennent surtout de la q. 1 et concernent la définition et la nature de la vertu.

Pour certains exposés de nature plus métaphysique, Gilson dans son choix de textes se réfère à la *Somme contre les gentils* (œuvre à laquelle Thomas a travaillé de 1259-1265)[1], mais la

---

1. Pour une présentation succinte de cette œuvre, *cf.* R. Imbach et A. Oliva, *La philosophie de Thomas d'Aquin, op. cit.*, p. 108-115; pour une étude plus approfondie, *cf.* R.-A. Gauthier, *La Somme contre le gentils. Introduction*, Paris, Éditions Universitaires, 1993; R. Schönberger, *Thomas von Aquins*

très grande majorité des textes traduits provient de la *Somme théologique*. On peut même affirmer qu'il a suivi l'ordre systématique de la deuxième partie de cette œuvre thomasienne pour structurer son ouvrage. Comme le rappelle le texte cité p. 29-30, la *Somme* se compose de trois parties dont la première traite de Dieu (*prima pars*), la troisième du Christ (*tertia pars*) et la deuxième, selon les termes mêmes de Thomas du « mouvement de la créature raisonnable vers Dieu ». Au début de la deuxième partie, Thomas a lui-même esquissé son projet :

> Puisque, selon s. Jean Damascène, l'homme a été créé à l'image de Dieu, ce qui signifie qu'il est doué d'intelligence, de libre arbitre et du pouvoir d'agir par lui-même, il faut maintenant, après avoir traité de l'exemplaire, à savoir Dieu, et des êtres qui ont procédé de sa puissance selon sa volonté, étudier son image, c'est-à-dire l'homme selon qu'il est, lui aussi, le principe de ses œuvres possédant le libre arbitre et étant maître de ses actes. (*ST*, Ia IIae, prologue)

Dans un premier temps (q. 1-5), Thomas va considérer la fin ultime des actes humains, avant de se demander ce qui spécifie l'acte humain en tant que tel. Au début de la q. 6, Thomas a remarquablement résumé le programme qu'il va suivre – et que Gilson a respecté dans la conception du plan prescrivant son choix de textes, puisqu'il propose d'abord des textes sur le bonheur comme fin ultime ainsi que sur l'acte humain, avant d'aborder les principes intérieurs et extérieurs des actes humains, et puisqu'il distingue, comme Thomas lui-même, la partie générale de la morale de la morale particulière :

> Puisque le bonheur ne peut être obtenue que par certains actes, il faut maintenant étudier les actes humains, pour savoir quels sont ceux qui nous permettent de l'atteindre et par lesquels la voie du bonheur est empêchée. Mais puisque les opérations et les actes se réfèrent à des réalités singulières, la science qui se rapporte à l'action ne peut trouver son achèvement que dans une étude particulière. La théorie morale des actes humains doit donc d'abord être générale et ensuite particulière.
>
> Quant à l'étude générale des actes humains, elle doit d'abord traiter des actes humains eux-mêmes et ensuite de leurs principes : mais, parmi les actes humains, certains sont propres à l'homme, d'autres lui sont communs avec les animaux. Et parce que le bonheur est le bien propre de l'homme, les actes de la première sorte se rapprochent plus que les autres. Nous traiterons donc d'abord des actes qui sont propres à l'homme, puis de ceux qui sont communs à l'homme et aux autres animaux et qu'on appelle les passions de l'âme. (*ST*, Ia IIae, q. 6, prologue)

Le plan de la deuxième partie de la Somme s'articule donc de la manière suivante :

ST, Ia IIae : morale générale
    La fin de la vie humaine : q. 1-5
    Les actes humains : q. 6-48
        Les actes propres de l'homme : q. 6-21
        Les passions de l'âme : q. 22-48
    Les principes des actes humains : q. 49-114
        Les principes intrinsèques : q. 49-89
            Les habitus en général : q. 49-54
            Les vertus et les vices en général : q. 55-89

Il est aisé de constater que Gilson suit la démarche de Thomas, non seulement pour ce qui est de l'organisation de la morale générale mais encore lorsqu'il structure la morale particulière. Il faut toutefois ici préciser que Thomas, dans la IIa IIae de la *Somme*, examine d'abord les trois vertus théologales (foi, espérance et charité) dans les q. 1-46, avant de consacrer son attention aux vertus cardinales (prudence, justice, force, tempérance). Pour son recueil, Gilson n'a retenu des vertus théologales que la charité à laquelle il réserve un chapitre (p. 217-229). Il a également laissé de côté les questions que Thomas consacre aux charismes et aux états ecclésiastiques. Il évoque rapidement la vie active et contemplative (*cf.* p. 289-290, 316-317)[1]. En revanche, il a ajouté un

_____

1. On trouvera une traduction de l'essentiel de cet important traité sur les deux vies dans Thomas d'Aquin – Boèce de Dacie, *Sur le bonheur, op. cit.*, p. 108-129. Il s'agit de fait d'une sorte d'autobiographie intellectuelle de

chapitre entier intitulé *Les États* (p. 304-321). Dans cette section, il propose en premier des extraits du traité (inachevé) qui porte le titre *De regno* ou *De regimine principum*. La datation de ce texte de philosophie politique n'est pas certaine (peut-être vers 1267). Pour une description du contenu de cette œuvre et sur sa signification, *cf.* R. Imbach et A. Oliva, *La philosophie de Thomas d'Aquin, op. cit.*, p. 129-131.

Le lecteur qui cherche une présentation complète et détaillée de l'ensemble de la Deuxième partie de la *Somme* peut consulter l'ouvrage de L. J. Elders, *L'Éthique de saint Thomas d'Aquin. Une lecture de la* Secunda pars *de la* Somme théologique, Paris, L'Harmattan, 2005. L'article « Thomas d'Aquin » de J.-P. Torrell dans le *Dictionnaire d'éthique et de philosophie morale*, M. Canto-Sperber (dir.), Paris, PUF, Paris 1996, p. 1947-1954, donne une magnifique synthèse de la pensée morale de Thomas.

Il existe deux ouvrages collectifs sur les divers aspects de la *Somme théologique* :

B. DAVIES (ed.), *Thomas Aquinas's* Summa Theologiae. *Critical Essays*, Lanham, Rowman and Littlefield Publishers, 2005.

A. SPEER (ed.), *Thomas von Aquin : Die* Summa theologiae. *Werkinterpretationen*, Berlin-New York, De Gruyter, 2005.

Une présentation plus synthétique de cette œuvre mais très bien informée est donnée par J.-P. Torrell, *La* Somme *de saint Thomas*, Paris, Le Cerf, 2007. Les indications sur la *Somme* dans son ouvrage, *Initiation à saint Thomas d'Aquin, op. cit.*, p. 207-232, sont très instructives et précieuses. Sur la *Somme* en général, on peut, en outre, mentionner les études suivantes :

Thomas; dans tous les cas d'une ample explication de la devise dominicaine, « *contemplata aliis tradere* », devise qui résume la vie et l'œuvre du dominicain.

BOYLE L., *The Setting of the* Summa theologiae *of Saint Thomas*, Toronto, Pontifical Institute of Mediaeval Studies, 1982, rééd. dans L. Boyle, *Facing History : a different Thomas Aquinas with an Introduction by J.-P. Torrell*, Louvain-la-Neuve, FIDEM, 2000.

LAFONT G., *Structure et méthode de la « Somme théologique » de saint Thomas d'Aquin*, 2ᵉ éd. Paris, Le Cerf, 1966.

METZ W., *Die Architektonik der theologiae des Thomas von Aquin. Zur Gesamtsicht des thomasischen Gedankens*, Hamburg, Meiner, 1998.

PATFOORT A., *La Somme de saint Thomas et la logique du dessein de Dieu*, Paris, Parole et silence, 1998.

THÈMES PARTICULIERS

Nous voudrions, dans ce qui suit, donner quelques indications bibliographiques pour permettre au lecteur d'approfondir certains aspects de l'éthique thomasienne.

Ouvrages généraux sur l'éthique de Thomas d'Aquin

Aquinas's Moral Theory. Essays in Honor of N. Kretzmann, S. MacDonald et E. Stump (eds.), Ithaca, Cornell UP, 1998.

ELDERS L.J. et HEDWIG K., *L'Éthique de saint Thomas d'Aquin*, Città del Vaticano, Libr. Ed. Vaticana, 1984.

FINNIS J., *Aquinas. Moral, Political and Legal Theory*, Oxford, Oxford UP, 1998.

INGLIS J., *Thomas Aquinas*, Aldershot, Ashgate, 2006 (recueil d'articles très importants).

KLUXEN W., *Philosophische Ethik bei Thomas von Aquin*, 2ᵉéd. Hamburg, 1980.

LOTTIN O., *Psychologie et Morale aux XIIᵉ et XIIIᵉ siècles*, 6 vols., Gembloux, Duculot, 1942-1960 (très important du point de vue historique).

MARITAIN J., *Science et sagesse suivi d'éclaircissements sur la philosophie morale*, dans *Œuvres complètes*, t. 6, Fribourg, Éditions Universitaires, 1984.

MCINERNY R., *Ethica Thomistica*, Washington, Catholic University Press of America, 1997.

PINCKAERS S., *Les sources de la morale chrétienne*, 4eéd. Paris, Le Cerf, 2007.

POPE S.J. (ed.), *The Ethics of Aquinas*, Washington, Georgetown UP, 2002 (ouvrage très complet qui contient des articles sur l'ensemble des thèmes traitées dans la deuxième partie de la *Somme théologique*, et des études sur la réception de la morale thomiste au XX e siècle).

Sur les sources de la morale thomasienne

AUBERT J.-M., *Le droit romain dans l'œuvre de saint Thomas*, Paris, Vrin, 1955.

BATAILON L.J., « Saint Thomas et les Pères : de la Catena à la Tertia pars », dans *Ordo sapientiae et amoris*, J. Pinto de Oliveira (éd.), Fribourg, Éditions Universitaires, 1993, p. 15-36.

GAUTHIER R.-A., « Saint Thomas et l'Éthique à Nicomaque », *Sancti Thomae de Aquino Opera omnia*, iussu Leonis XIII P. M. edita, vol. 48 (1971), p. I-XXV.

INGHAM M.B., *La vie de la sagesse. Le stoïcisme au Moyen Âge*, Fribourg-Paris, Academic Press-Le Cerf, 2007.

PINCKAERS S., « The Sources of the Ethics of St. Thomas Aquinas », dans S.J. Pope (ed.), *The Ethics of Aquinas, op. cit.*, p. 17-29.

SPANNEUT M., « Influences stoïciennes sur la pensée morale de saint Thomas », dans L.J. Elders et K. Hedwig, *L'Éthique de saint Thomas d'Aquin, op. cit.*, p. 50-79.

VANSTEENKISTE Cl., « Cicerone nell'opere di s. Tommaso », *Angelicum*, 36 (1959), p. 343-382.

VERBEKE G., « S. Thomas et le stoïcisme », *Miscellanea mediaevalia* 1, 1962, p. 48-68.

– *The Presence of Stoicism in Medieval Thought*, Washington, CUA Press, 1983.

Béatitude-bonheur, la fin de la vie humaine

KLEBER H., *Glück als Lebensziel. Untersuchungen zur Philosophie des Glücks bei Thomas von Aquin*, 2ᵉ éd. Münster, Aschendorff, 1988.

PINCKAERS S., *La quête du bonheur*, Paris, Téqui, 1979.

– « Le rôle de la fin dans l'action morale selon saint Thomas », *Revue des sciences philosophiques et théologiques*, 45 (1961), p. 393-421.

THOMAS D'AQUIN, *Somme théologique : La béatitude*, trad. fr., notes et appendices, Paris, Le Cerf, 2001.

WÉBER Ed.-H., « Le bonheur dès à présent, fondement de l'éthique selon Thomas d'Aquin », *Revue des sciences philosophiques et théologiques*, 78 (1994), p. 389-413.

Actes humains, liberté

CORBIN M., « Le libre arbitre selon s. Thomas d'Aquin », *Archives de philosophie*, 1991, p. 177-212.

GARRIGOU-LAGRANGE R., « Intellectualisme et liberté chez Saint Thomas », *Revue des sciences philosophiques et théologiques*, 1 (1907), p. 649-673 et 2 (1908), p. 5-32.

LOTTIN O., « La preuve de la liberté humaine chez saint Thomas d'Aquin », *Recherches de théologie ancienne et médiévale*, 23 (1956), p. 323-330.

MCINERNY R., *Aquinas on Human Action: A Theory of Practice*, Washington (DC), Catholic University of America, 1992.

MICHON C., « Le libre arbitre », dans *Saint Thomas d'Aquin*, Th.-D. Humbrecht (dir.), Paris, Le Cerf, 2010, p. 237-272.

PESCH O.H., « Philosophie und Theologie der Freiheit bei Thomas von Aquin in q. 6 De malo. Ein Diskussionsbeitrag », *Münchner Theologische Zeitschrift*, 13 (1962), p. 1-25.

PINCKAERS S., *S. Thomas d'Aquin. Somme théologique. Les actes humains* I, Paris, Le Cerf, 1962.

Les passions de l'âme

BRUNGS A., *Metaphysik der Sinnlichkeit : das System der Passiones Animae bei Thomas von Aquin*, Halle, Hallescher Verlag, 2003.

JORDAN M.D., « Aquinas's Construction of a Moral Account of the Passions », *Freiburger Zeitschrift für Philosophie und Theologie*, 33 (1986), p. 71-97.

KNUUTTILA S., *Emotions in Ancient and Medieval Philosophy*, Oxford, Oxford, UP, 2004.

MARMO C., « Hoc autem etsi potest tollerari... Egidio Romano e Tommaso d'Aquino sulle passioni dell'anima », *Documenti e studi sulla tradizione filosofica medievale*, 2 (1991), p. 281-315.

KING P., « Aquinas on the Passions », dans B. Davies (ed.), *Thomas Aquinas : Contemporary Philosophical Perspectives*, Oxford, Oxford UP, 2002, p. 353-384.

MAURO L., *Umanità delle passione in Tommaso d'Aquino*, Firenze, Le Monnier, 1974.

NOBLE H.D., *Les passions dans la vie morale*, 2 vols., Paris, Lethielleux, 1931-1932.

PINCKAERS S., « Les passions et la morale », *Revue des sciences philosophiques et théologiques*, 74 (1990), p. 379-391.

Les lois

ARMSTRONG R.A., *Primary and Secondary Precepts in Thomistic Natural Law Teaching*, The Hague, Nijhoff, 1966.

BROWN O.J., *Natural Rectitude and Divine Law : An Approach to an Integral Interpretation of the Thomistic Docrine of Law*, Toronto, Pontifical Institute of Medieval Studies, 1981.

ELDERS L. et HEDWIG K, Lex et libertas : *freedom and law according to St. Thomas Aquinas*, Città del Vaticano, Libr. Ed. Vaticana, 1987.

FINNIS J., *Natural Law and Natural Rights*, Oxford, Clarendon Press, 1980.

GRISEZ G., « The First Principles of Practical Reason : Commentary on S.T., I-II, Q. 94, a. 2 », *Natural Law Forum*, 10 (1965), p. 168-201.

IMBACH R., « Thomas von Aquino, Das Gesetz », dans A. Beckermann et D. Perler, *Klassiker der Philosophie heute*, Stuttgart, Reclam, 2004.

LIPPERT S., *Recht und Gerechtigkeit bei Thomas von Aquin, eine rationale Rekonstruktion im Kontext der Summa theologiae*, Marburg, Evangelische Verlagsanstalt, 2000.

LISSKA A.J., *Aquinas's Theory of Natural Law. An Analytic Reconstruction*, Oxford, Clarendon Press, 1996.

DAVIS S., « Doing What Comes Naturally : Recent Work on Thomas Aquinas and the New Natural Law Theory », dans J. Inglis, *Thomas Aquinas, op. cit.* p. 185-211.

Les vertus

DEMAN Th., *La Somme théologique, la prudence, 2a-2ae, questions 47-56*, Paris, Le Cerf, 2006 (commentaire exemplaire).

PESCH O.H., « bleibende Bedeutung der thomasischen Tugendlehre », *Freiburger Zeitschrift für Philosophie und Theologie*, 21 (1974), p. 359-391.

PORTER J., « Recent Studies in Aquinas's Virtue Ethics : A Review Essay », *Journal of Religious Ethics*, 26 (1998), p. 191-215.

– *The Recovery of Virtue : The Relevance of Aquinas for Christian Ethics*, Westminster, John Knox, 1990.

SCHOCKENHOFF E., *Bonum hominis. Die anthropologischen und theologischen Grundlagen der Tugendethik des Thomas von Aquin*, Mainz, Grünewald, 1987.

– « The Theological Virtue of Charity (IIa IIae, q. 23-46) », dans S.J. Pope, *The Ethics of Aquinas, op. cit.*, p. 244-258.

STUMP E., « Aquinas's Virtue Ethics and Its Metaphysical Foundation », dans J. Szaif, J. et M. Lutz-Bachmann, *Was ist das für den Menschen Gute ? Menschliche Natur und Güterlehre – What Is Good for a Human Being ? Human Nature and Values*, Berlin, de Gruyter, 2004, p. 209-228.

– « A representative moral virtue : justice », dans *Aquinas*, London, Routledge, 2003, p. 309-338.

Théorie politique

BLYTHE J.M., *Le gouvernement idéal et la constitution mixte au Moyen Âge*, Fribourg-Paris, Academic Press-Le Cerf, 2005 (contient un chapitre remarquable sur Thomas).

BOYLE L.E., «The De regno and the Two Powers», dans J.R. O'Donnel (ed.), *Essays in Honour of A.C. Pegis*, Toronto, Pontifical Institute of Medieval Studies, 1974, p. 237-247.

CATTIN Y., *L'anthropologie politique de Thomas d'Aquin*, Paris, L'Harmattan, 2001.

DAGUET F., «Principes d'anthropologie politique chez saint Thomas d'Aquin», *Revue Thomiste*, 107/1 (2007), p. 5-46.

– «Le meilleur régime politique selon saint Thomas d'Aquin», *Revue Thomiste*, 107/4 (2007), p. 561-590.

– «Le politique chez Thomas d'Aquin», dans Th.-D. Humbrecht (éd.), *Saint Thomas d'Aquin, op. cit.*, p. 379-410.

IMBACH R., «Démocratie ou monarchie? La discussion sur le meilleur régime politique chez quelques interprètes français de Thomas d'Aquin (1893-1928)», dans S.T. Bonino (éd.), *Saint Thomas au XXᵉ siècle*, Actes du Colloque du Centenaire de la *Revue Thomiste* (1893-1992), Toulouse, 25-28 mars 1993, Paris, Éditions saint Paul, 1994, p. 198-217.

JORDAN M.D., «*De regno* and the Place of Political Thinking in Thomas Aquinas», *Medioevo*, 18 (1992), p. 151-168.

MARTÍNEZ BECERRA J., «De l'ordre politique chez saint Thomas d'Aquin», dans J. Follon et J. McEvoy, *Actualité de la pensée médiévale, op. cit.*, p. 247-267.

MIETHKE J., *De potestate papae. Die Päpstliche Amtskompetenz im Widerstreit der politischen Theorie von Thomas von Aquin bis Wilhelm Ockham*, Tübingen, Mohr, 2000 (contient une excellente analyse du *De regno*).

MOLNAR P., «Thomas d'Aquin et les traditions de la pensée politique», *Archives d'Histoire Doctrinale et Littéraire du Moyen Âge*, 69/1 (2002), p. 67-113.

On peut rendre attentif ici à certains thèmes politiques qui ne sont pas traités très explicitement dans l'anthologie de Gilson : pour la question de la *guerre juste* on consultera l'ouvrage bien documenté de G. Beestermöller, *Thomas von Aquin und der gerechte Krieg. Friedensethik im theologischen Kontext der « Summa Theologiae »*, Köln, Bachem, 1990. Pour une vue plus ample sur les différentes théories en matière de guerre *cf.* E. Marmursztejn, « Juste et paix chez les scolastiques », dans R.M. Dessì, *Prêcher la paix et discipliner la société. Italie, France, Angleterre (XIIIe-XVe siècles)*, Turnhout, Brepols, 2004, p. 123-140. Pour une première information sur les doctrines d'*éthique économique*, le livre de R.A. De Roover, *La pensée économique des scolastiques : doctrines et méthodes*, Paris, Vrin, 1971, reste toujours utile. Quant à l'étude des doctrines concernant l'*usure*, il faut encore consulter l'ouvrage de J.T. Noonan, *The Scholastic Analysis of Usury* (1957), mais il convient de voir aussi l'étude plus récente de C.A. Franks, « Usury Prohibition and Natural Law : A Reappraisal », *The Thomist*, 72/4 (2008), p. 625-660.

Certaines problématiques occupent aujourd'hui une place dans les discussions qu'elles n'avaient pas au moment de la rédaction de l'ouvrage de Gilson. Il peut être instructif de connaître la position de Thomas sur ces points, tels que l'*avortement*, le *feminisme*, l'*homosexualité* et le *suicide*. Sur chacune de ces questions, il existe une littérature abondante. Les articles cités ci-dessous permettront d'aller plus loin.

En ce qui concerne l'interruption de la grossesse :

HALDANE J. et LEE P., « Aquinas on Human Ensoulment, Abortion and the Value of Life », dans J. Inglis, *Thomas Aquinas*, *op. cit.*, p. 363-386.

PASNAU R., « To J.J. Haldane ; P. Lee, "Aquinas on Human Ensoulment, Abortion, and the Value of Life" », *Philosophy*, 78/304 (2003), p. 521-531 (en réplique à l'article de J. Haldane et P. Lee).

Une première information sur la conception thomasienne de la femme se trouve dans :

PORTER J., « At the Limits of Liberalism : Thomas Aquinas and the Prospects for a Catholic Feminism », dans J. Inglis, *Thomas Aquinas*, *op. cit.*, p. 389-404.

Sur l'homosexualité :

ROGERS E.F., « On Natural Law and the Virtues in Biblical Context : Homosexuality as a Test Case », *Journal of Religious Ethics*, 27/1 (1999), p. 29-56.

JORDAN M., « Thomas Aquinas : The Sin against Nature », dans J. Inglis, *Thomas Aquinas*, *op. cit.*, p. 407-429.

À propos du suicide :

LEGET C., « And Plausibility : Aquinas on Suicide », dans P. Geest *et alii*, *Aquinas as Authority : A Collection of Studies Presented at the Second Conference of the Thomas Instituut te Utrecht*, December 14-16, 2000, Louvain, Peeters, 2002, p. 277-294.

MCEVOY J. et ROSEMANN Ph.W., « Thomas Aquinas on Ethics, the Body and Suicide », *Forum Linguisticum*, 3/5 (1993), p. 553-561.

TABLE ANALYTIQUE DES THÈMES

TABLE DES MATIÈRES

THOMAS D'AQUIN

TEXTES SUR LA MORALE

PREMIÈRE PARTIE

MORALE GÉNÉRALE

DEUXIÈME PARTIE

MORALE PARTICULIÈRE

Imprimerie de la Manutention à Mayenne - Février 2011 - N° 628484H
Dépôt légal : 1er trimestre 2011

Imprimé en France